Burgen und Schlösser im Odenwald

Thomas Biller

Burgen und Schlösser im Odenwald

Ein Führer zu Geschichte und Architektur

Unter Mitwirkung von Achim Wendt

In Zusammenarbeit mit der
Verwaltung der Staatlichen Schlösser
und Gärten Hessen

SCHNELL + STEINER

Abbildung vordere Umschlagseite:
Die Starkenburg über Heppenheim (Foto: Heinz Straeter)

Abbildung hintere Umschlagseite:
Die »Mittelburg« von Neckarsteinach (Foto: Thomas Biller)

Frontispiz:
Burg Schadeck bei Neckarsteinach (Foto: Thomas Biller)

Abbildung Seite 8/9:
Die Bergfestung Otzberg am Nordrand des Odenwaldes (Foto: Helicolor Luftbild)

HESSEN
Hessisches
Ministerium für
Wissenschaft
und Kunst

Bibliografische Information der Deutschen Nationalbibliothek:
Die Deutsche Nationalbibliothek verzeichnet diese Publikation
in der Deutschen Nationalbibliografie; detaillierte bibliografische
Daten sind im Internet über http://dnb.dnb.de abrufbar.

2., aktualisierte Auflage 2014
© 2014 Verlag Schnell & Steiner GmbH, Leibnizstraße 13, 93055 Regensburg
Satz: typegerecht, Berlin
Umschlaggestaltung: Anna Braungart, Tübingen
Druck: Erhardi Druck GmbH, Regensburg

ISBN 978-3-7954-2841-9

Weitere Informationen zum Verlagsprogramm erhalten Sie unter:
www.schnell-und-steiner.de

Inhalt

»Für unsere Burgenforschung
wäre es besser, wenn auf
gründlichen Untersuchungen
von einzelnen Burgen aufgebaut
würde, anstatt in Überblicken
und Abbildungswerken immer
wieder die alten falschen
Datierungen zu wiederholen.«

FRITZ ARENS
Die Baugeschichte der Burgen Stolzeneck …
(1969)

Ziele und Grundlagen
des Burgenführers

Burgen und Schlösser sind heute für die meisten von uns Orte der Freizeit und Erholung – von ihrer großen Vergangenheit blieb kaum mehr als ein romantischer Nimbus, der die gewünschte Distanz zum Alltag verstärkt.

Wer allerdings in unserer Geschichte etwas erkennt, was auch mit Gegenwart und Zukunft zu tun hat, dem werden solche Empfindungen nicht genügen. Er wird genauere Information verlangen und über Zusammenhänge nachdenken – hier vor allem über die Frage, wie die Menschen des Mittelalters lebten und warum sie die Bauten, die sie bewohnten, immer wieder neu gestaltet haben. Dieser Führer richtet sich an jene, die solche Fragen stellen. Er versucht, unser Wissen über die Geschichte und die Burgen und Schlösser des Odenwaldes zu einem verständlichen und zuverlässigen Gesamtbild zu vereinen.

Trotz des Bemühens um Einheitlichkeit wird dem Leser aber gewiss erkennbar bleiben, wie wenig wir letztlich wissen. Schon ein Blick auf die Grundrisse – es sind stets die besten verfügbaren – zeigt, dass im Laufe von über hundert Jahren ganz unterschiedliche Forscher die Bauten bearbeitet haben. Dabei sind Untersuchungen mit den modernen, aber sehr aufwendigen Mitteln der Archäologie und Bauforschung im Odenwald bisher Ausnahme geblieben; in der Regel haben wir es mit älteren Ergebnissen zu tun, die zwar brauchbar sind, aber heutigen Anforderungen nicht mehr ganz entsprechen können. Wir Autoren haben daher stets versucht, in der Formulierung deutlich zu machen, wo das Wissen endet und die Vermutung beginnt.

Besser sieht es bei den historischen Untersuchungen aus, denn hier gibt es seit langem – und in den letzten Jahrzehnten noch verstärkt – eine Fülle von Einzeluntersuchungen und eine lebendige Diskussion. Und der Stand wurde erst 1998 von Thomas Steinmetz, einem der aktivsten regionalen Forscher, in einem Buch zusammengefasst.

Wer die Forschung im Einzelnen nachvollziehen möchte, findet im Literaturverzeichnis die wichtigsten Veröffentlichungen, auf denen dieser Führer beruht. Thomas Biller, im März 2005

Zur 2. Auflage 2014

Neun Jahre sind zu Anfang des 21. Jahrhunderts eine lange Zeit, in der viel geschieht – auch in der Burgenforschung im Odenwald. Die Überarbeitung dieses Führers für die 2. Auflage gab daher Gelegenheit zu einer Vielzahl von Ergänzungen und Aktualisierungen, auch zu Korrekturen einiger Irrtümer. Die meisten Änderungen, die nur wenige Worte oder höchstens einige Sätze umfassen, wird der Leser nur bemerken, wenn er die erste Auflage Satz für Satz vergleicht oder auf das Thema spezialisiert ist. Auffälliger sind sicher die vielen neuen Fotos oder die Tatsache, dass der Artikel über die vier Neckarsteinacher Burgen völlig neu geschrieben werden musste. Die Ausgrabungen auf der Burg »Hundheim« am Neckar – ihr mittelalterlicher Name ist unbekannt – sind wegen der Seltenheit und Bedeutung so früher Burgen ganz neu aufgenommen worden, auch wenn der Besucher vor Ort nur noch die Umrisse der Anlage ahnt; auch zum »Templerhaus« in Amorbach wurde eine Kurzdarstellung im Einleitungsteil neu eingefügt. Selbstverständlich ist das Literaturverzeichnis um eine ganze Anzahl neuer Titel ergänzt worden.

Dank gebührt unter anderen Hans-Martin Maurer (Stuttgart), Christian Burkart (Dossenheim) und Tilman Mittelstraß (Regensburg), die wichtige Hinweise zu einzelnen Burgen und zum historischen Hintergrund gaben. Thomas Steinmetz (Wiesbaden) sendet mir stets seine neuesten Aufsätze, deren Stärke in der Aufarbeitung der Quellenlage zu vielen Odenwald-Burgen liegt, während man seinen Deutungen des Baulichen nicht immer zustimmen kann. Schließlich übernahm Achim Wendt (Weinheim/Heidelberg), der mich gleichfalls regelmäßig über seine neuen Forschungen informiert, auch diesmal einige Burgen als Coautor. Danken möchte ich schließlich auch dem Verlag Schnell & Steiner für die stets gute Zusammenarbeit.

Thomas Biller, im Januar 2014

Einleitung

Landschaft und Geologie

Die Ruine der
Strahlenburg über
Schriesheim. Die
Ortsbefestigung
schloss an die
Burg an.

Der Rand des Odenwaldes ist vor allem im Westen unübersehbar, wo die schnurgerade Gebirgskante 40 km lang die Rheinebene überragt, von der alten Verkehrsachse der »Bergstraße« begleitet. Ähnlich deutlich ist die Kante im Norden, wenn auch stärker durch Talmündungen gegliedert. Im Süden wirkt der scharf eingeschnittene Neckar nur auf den ersten Blick als Grenze, in Wahrheit hat er sich durch den Rand des Odenwaldes gefressen und dieser endet erst etwas südlicher, wo der landwirtschaftlich genutzte, hügelige Kraichgau anschließt. Am unauffälligsten ist die Grenze gegen das »Bauland« im Südosten – dort endet der Wald eher zufällig, ohne echten Wandel der Hügellandschaft. Diese Grenzen des Gebirges sind mehrheitlich geologisch begründet, und quer durch den Odenwald läuft eine weitere Grenze, die zwar kaum auffällt, aber ähnlich bedeutsam ist. Ein Blick auf die Karte zeigt nämlich, dass der Odenwald dem Bild der unbesiedelten Waldeinsamkeit nicht überall entspricht. Der Nordwesten des Gebirges – um das Weschnitz-

und Gersprenztal – bildet vielmehr ein im Norden breites, südlich immer schmaleres Dreieck, wo die Landschaft anders aussieht. Wiesen und Äcker überziehen die Hügel, das Netz der Dörfer und auch der Burgen ist dichter – die Nutzung entspricht eher dem Gebirgsvorland im Westen und Norden als dem viel größeren, bewaldeten Teil des Odenwaldes im Südosten. Ein Blick auf die geologische Karte zeigt den Grund des Unterschiedes: Der Wald wächst auf dem landwirtschaftlich sterilen Buntsandstein – man vergleiche etwa Spessart oder Pfälzerwald –, die besiedelte Zone entspricht dagegen dem »Granit-Odenwald«; der verwitternde Granit und anderes Gestein bieten der Landwirtschaft viel bessere Bedingungen.

Sich die Geologie einer Landschaft klar zu machen, ist gerade im Zusammenhang des Burgenbaues doppelt wichtig. Einerseits bestimmt die Geologie, welche Möglichkeiten eine Region der Landwirtschaft bietet, und damit lenkte sie auch den Ablauf der Besiedlung, zu der der Burgenbau als wichtiges Element gehörte. Andererseits sind die Burgen aus den Gesteinen ihres Bauplatzes errichtet; ihre Architektur ist also ebenfalls geologisch geprägt, und auch ihre Häufigkeit und ihr Erhaltungszustand haben etwas damit zu tun. Denn leicht verfügbarer und gut zu bearbeitender Stein machte den Bau von Burgen einfacher – sie entstanden daher früher und häufiger – während die Seltenheit von gutem Stein nach dem Mittelalter häufig zu Abrissen führte, um das Material anders zu verwenden.

Klöster und Anfänge der Rodung

Auch wenn an seinen Rändern schon bronzezeitliche Besiedlung belegt ist, war das Innere des Odenwaldes noch in römischer Zeit menschenleer; nur im Westen und Norden gab es vereinzelt römische Steinindustrie, durch den Ostteil zog der ältere Limes. Dass das Gebirge in der Übergangsphase von der Antike zum Frühmittelalter als Jagdrevier genutzt wurde, wird in der sog. »Handschrift C« des Nibelungenliedes angedeutet, nach der Siegfried an einem Brunnen im Odenwald ermordet worden wäre; freilich wurden die entsprechenden, heute sehr populären Angaben dort wohl erst um/nach 1200 eingefügt, und die diversen »Siegfriedbrunnen« der Region sind erst noch viel später als solche bezeichnet worden. Dass Menschen im Wald selbst zu siedeln

Die »Einhardsbasilika« in Steinbach bei Michelstadt, um 815–821 von Einhard, einem Berater Karls des Großen, errichtet.

Die karolingische Torhalle in Lorsch ist heute der bedeutendste Rest des Klosters in der Rheinebene, von dem die frühe Erschließung des Odenwaldes ausging.

versuchten, wird erst zur Zeit Karls des Großen erkennbar, wobei zunächst Klöster als Grundherren auftraten. Vor allem Lorsch, 764 in der Rheinebene gegründet und dem Karolinger 772 geschenkt, spielte eine entscheidende Rolle. Karl übergab dem Kloster 773 die »Mark Heppenheim«, die weit in den Wald reichte. Damit war die Erschließung des Odenwaldes angestoßen, denn Klöster waren nicht nur geistige Zentren jener Epoche, sondern auch Träger der Erschließung unbesiedelter Gebiete, mit Hilfe der bäuerlichen Bevölkerung und einer regionalen Aristokratie, die sich später zunehmend verselbständigte. Im Osten des Odenwaldes war Amorbach, in der würzburgischen Einflusszone, ein bescheidenes Gegenstück zu Lorsch, freilich unter den Bedingungen des unfruchtbaren Sandsteins in seiner Rodung viel eingeschränkter.

Beispielhaft für die Situation im Inneren des Waldes war das Kloster, das Einhard, auch ein Mann von Karls Hof, in Michelstadt gründen wollte. Kaiser Ludwig hatte ihm 815 den Platz geschenkt, wo 40 Hörige an der Kreuzung der beiden wichtigsten Straßen des Odenwaldes lebten – von Worms zum Maintal, und von Höchst zum Neckarknie beim späteren Eberbach. Einhard wählte den Ort zum Alterssitz und erbaute beim nahen Steinbach eine Kirche – heute eine der großen Sehenswürdigkeiten des Odenwaldes –, aber 13 Jahre später gründete er das geplante Kloster doch lieber im Altsiedelland, in Seligenstadt; auch er selbst zog um. Eindeutig ist dies die Geschichte eines Scheiterns – zu abgelegen war der Ort, zu unsicher sein landwirtschaftlicher Ertrag und die Anziehungskraft für Pilger. So fiel Michelstadt bald ans Kloster Lorsch, das erst 130 Jahre später hier ein »Steinhaus« baute; 1073 endlich entstand auch das Kloster, 250 Jahre verspätet, und im frühen 12. Jh. wurde die Bedeutung der Straßen durch eine Lorscher Zollstätte unterstrichen.

Solche Daten sind nicht nur für Michelstadt aussagekräftig. Allgemein kam die Rodung, die Verwandlung von Wald in landwirtschaftliche Fläche, in Süd- und Westdeutschland im 10.–12. Jh. in Gang. Der Ablauf ist im Odenwald wie fast überall nur zu ahnen; die Quellen der Zeit vermerkten »Unwichtiges« wie die Gründung von Höfen und Dörfern praktisch nie. Nur aus einzelnen späteren Belegen – etwa dem ersten Erscheinen von Siedlungen in den Quellen – lässt sich erahnen, was wann ablief. Im südwestlichen Odenwald war die Gründung des Zisterzienserklosters Schönau 1142 ein solches Ereignis. Obwohl gegenüber Lorsch, Amorbach und Steinbach/Michelstadt ein Spätling, war es doch ein Kristallisationspunkt für die Besiedlung dieses Raumes, der anfangs dem Bistum Worms gehörte. Nach dem Bau der Burg Heidelberg wurde Schönau dann zum Hauskloster der Pfalzgrafen.

Früher Burgenbau
im 11. und 12. Jahrhundert

Die ältesten Burgen des Odenwaldes lagen einerseits über der Bergstraße, andererseits am unteren Neckar – also am Rand schon besie-
delter Gebiete, aus denen ihre Erbauer kamen. Dabei passen die ersten
Bauten, die uns die Quellen nennen, noch gut zur frühen Stufe der
Erschließung durch die Klöster, denn die Starkenburg über Heppenheim (erbaut 1065) und Windeck über Weinheim (vor 1119/vor 1139;
beide Burgen erhielten erst später ihre heutigen Namen) wurden beide
vom mächtigen Kloster Lorsch errichtet. Bei der Starkenburg lassen die
Nachrichten keinen Zweifel, dass zunächst nur eine Behelfskonstruk-
tion in Notzeiten entstand; erst um 1200 wird der Ausbau zur Steinburg
greifbar, wohl schon als Mainzer Stützpunkt. Wie Windeck im frühen
12. Jh. aussah, ist ebenfalls unklar – eher klein, weil der Gipfel das vor-
gab, und mit einem Torturm, von dem Reste erkennbar sind; zumindest
mit ihrem Ausbau vor 1167 mag die Burg Wohnsitz des Abtes geworden
sein, also eine Adelsburg im weiteren Sinne. Dieser Übergang von einer
Fliehburg zu einer echten Adelsburg ist wohl auch in Lindenfels zu fassen. Hier, mitten im früh besiedelten Granit-Odenwald, erscheint 1088
die »Slirburc«, die der Lorscher Abt unrechtmäßig verschenkt hatte; ihr
1123 erscheinender Name »Lindenfels««, der entweder einen Neubau
dieser Burg an heutiger Stelle oder in ihrer Nähe meint, spiegelt wohl
den Stolz des neuen, allerdings unbekannten Herren.

In ebendem Zeitraum, der durch die Erstnennungen von Starkenburg, Windeck und Lindenfels markiert ist, in der ersten Hälfte des
12. Jhs., vielleicht schon vor 1100, entstanden an Neckar und Bergstraße weitere frühe Steinburgen eines Adels, über den wir nur noch wenig
wissen. Und auch über die Burgen selbst haben wir praktisch keine
Quellen, sondern nur geringe Baureste und leider auch kaum Ausgra-
bungsergebnisse. Anderswo im Südwesten des deutschen Sprachrau-
mes, in Württemberg, im Elsass, in der Schweiz, haben Quellenfor-
schung und Archäologie in den letzten Jahrzehnten belegen können,
dass die Anfänge des Baues von Adelsburgen im 10. und vor allem
11. Jh. gelegen haben, woraus man auf eine Verselbständigung und

Die Starkenburg
bei Heppenheim
wurde schon
1065 provisorisch
befestigt; der heu-
tige Baubestand
gehört aber erst
ins 13.–15. Jahr-
hundert, der
Hauptturm sogar
erst ins 20. Jahr-
hundert.

zunehmende Aktivität aristokratischer, anfangs besonders gräflicher Familien schließen darf. Das war im Odenwald sicher ähnlich – vielleicht mit einer gewissen Verzögerung, weil das Gebirge zu dieser Zeit eben erst erschlossen wurde. Im Vorland allerdings findet man noch wichtige Zeugen dieser Frühphase des Burgenbaues – als Motten etwa den »Weilerhügel« bei Alsbach-Hähnlein oder den »Hohenhardter Hof« im Kraichgau, in Dreieichenhain den Rest eines Wohnturmes oder in Zullestein eine Wasserburg, die an eine römische Befestigung und einen karolingischen Königshof anknüpfte.

Die besterhaltene Burg dieser Phase im Odenwald selbst ist – nach Ausgrabungen im frühen 20. Jh. – die Vorderburg Eberbach, die offenbar von den Grafen von Lauffen erbaut wurde. Der Stammsitz der Grafen war Lauffen bei Heilbronn, also eine Burg im längst dicht besiedelten Weinbauland am mittleren Neckar; von dort lag es nahe, einen Stützpunkt in den Wald vorzuschieben. Die Lauffener waren auch Grafen im Lobdengau um Ladenburg, also wieder im Altsiedelland vor dem Gebirge; von hier bzw. vom Kraichgau aus gründeten sie wohl Ende des 12. Jhs. auch Burg Dilsberg. Dass selbst so mächtige Dynasten bis ins 12. Jh. mit eher bescheidenen Bauten auskamen, zeigt anschaulich Eberbach – die Ringmaueranlage besaß nur 33 m Durchmesser, einen sehr kleinen Bergfried und zwei ebenfalls kleine Gebäude; selbst nach Hinzufügung eines Wohnturmes um 1200 blieb sie bescheiden.

Eine wichtige Vermehrung unseres Wissens über die frühen Burgen des Odenwaldes brachten in den letzten Jahren die Sondagen in der namentlich gleichfalls unbekannten Burg über Neckarhausen, die heute »Hundheim« genannt wird. Die Anlage, deren Größe der Eberbacher Vorderburg entspricht, ist nach Meinung des Ausgräbers vor 1070 entstanden und schon um 1130 wieder zerstört worden. Sie besaß einen dünnwandigen, wohl bewohnbaren Achteckturm gegen die Angriffsseite und einen kleinen Wohnbau über dem Neckar, nahm also ähnlich Eberbach Merkmale des »klassischen« Burgkonzeptes des späten 12. und 13. Jh. vorweg.

Weiter neckarabwärts, um den Austritt des Flusses in die Rheinebene, gibt es weitere frühe Burgen, die überwiegend schon bald wieder aufgegeben wurden; meist ist sogar ihr Name vergessen. Unter ihnen ist die im 19. Jh. »Kronenburg« genannte Anlage bei Dossenheim noch gut erkennbar; es handelte sich um zwei kleine Burgen, die dem um 1200 erreichten Zustand von Eberbach sehr ähnelten. Die Burg auf der Spornspitze besteht hier aus der Ringmauer um einen Wohnbau oder –turm, mit kleiner Vorburg; die zweite Anlage ist ohne Grabung nicht einzuschätzen, ebensowenig zwei Ringgräben weiter oberhalb.

Eine Ringmauer ohne erkennbare Innenbebauung bildete die heute »Schanzenköpfel« genannte Anlage über der Ruine Hirschberg, in der deren Vorgänger vermutet wird, also die Stammburg der freiadeligen Herren von Hirschberg. Damit ist eine Familie berührt, die an der südlichen Bergstraße und am unteren Neckar eine wichtige Rolle bei der Erschliessung des Waldes gespielt hat. Sie wird mit den 1142 zuerst genannten Herren von (Neckar-) Steinach identifiziert, welche wiederum nicht nur später dort drei Burgen erbauten, sondern auch die Harfenburg bei Heddesbach, und schließlich, bereits mitten im 13. Jh., mit Hirschhorn den letzten noch »burgfreien« Abschnitt des unteren Neckars besetzten. All diese frühen Burgen bezogen sich noch auf die wichtigsten Verkehrswege am Rand des Odenwaldes, Bergstraße und Neckar, die Anlagen weiter im Wald wirkten als Vorposten, ähnlich wie I indenfels im Granit-Odenwald. Im wirklichen Inneren des Sandstein-Odenwaldes gab es vor dem späten 12. Jh. nach heutigem Wissen noch keine Burgen. Nur das »Beerfurther Schlösschen« als typische Turmburg mit romanischem Mauerwerk könnte so weit zurückgehen. Seine Hauptfunktion liegt auf der Hand, nämlich die Sicherung der West-Ost-Verbindung Worms-Michelstadt-Amorbach, aber die Erbauer sind unbekannt.

So ähnlich muss bisher ganz allgemein das Fazit zum frühen Burgenbau des Odenwaldes lauten – mangels Forschung kennen wir zwar eine Reihe von Burgresten, die ins frühe 12. Jh. oder noch weiter zurückgehen könnten, aber ihre Gestalt ist nur selten noch zu ahnen.

Die ersten klassischen Burgen (um 1170–1200)

Die frühen Anlagen, wie sie im vorigen Abschnitt angesprochen wurden, spielen im heutigen Bild des deutschen Burgenbaues kaum noch eine Rolle. Sie waren zu selten und zu klein und vor allem verschwanden sie bald wieder, durch Aufgabe oder Umbau. Denn in der zweiten Hälfte des 12. Jhs. – in der Zeit der Staufer (1138–1250) – kam eine neue Art Burg in Mode, die sich von den frühen Versuchen durch anspruchsvollere Architektur und größere Wohnlichkeit unterschied. Diese klassische deutsche Burgform, deren Charakter man auch als »Monumentalstil« beschrieben hat, beherrschte dann – ergänzt und weiterentwickelt – das späte Mittelalter. Neben mächtigen Bergfrieden und gut ausgestatteten, mehrgeschossigen Wohnbauten sind sorgfältiges Mauerwerk und – im Sandsteingebiet – insbesondere Buckelquader die auffälligsten Merkmale dieser Entwicklungsphase der Adelsburg.

Im Odenwald kann man mindestens zehn Burgen dieser Phase zurechnen, also noch immer nicht allzu viele. Auch sie entstanden noch weitgehend in Randlagen des Gebirges und im direkten Anschluss an bestehende Siedlungen. Im Gegensatz zur vorhergehenden Phase waren sie aber nun wichtige Stützpunkte fürstlicher Bauherren oder zumindest Sitze einflussreicher Familien, und sie behielten diese Bedeutung mindestens für den Rest des Mittelalters. Und auch architektonisch gehören einige von ihnen – nur sieben sind in wesentlichen Teilen erhalten – zu den bedeutenden Burgen Deutschlands.

Am deutlichsten werden Architektur und Funktion dieser Burgen im Nordosten des Odenwalds, gegen den Main, wo primär die Interessen des Erzbistums Mainz und jene des Bistums Würzburg konkurrierten. Hier begann Mainz, am Rand des Siedellandes, wohl schon einige Zeit vor 1200 seine Burg Miltenberg, eine große Anlage, von der Ringmauer und Bergfried erhalten sind, der Wohnbau nur sehr verändert. Etwa gleichzeitig, um 1170–90, entstand Wildenberg, das von (Wall-)Dürn, dem Herkunftsort seiner Erbauer, als Rodungsburg in den Wald bei Amorbach vorgeschoben wurde, wohl als Sitz des neuen Klostervogtes;

Wildenberg bei Amorbach. Der Saalbau – hier ein Rekonstruktionsversuch von W. Hotz, mit Ergänzungen von Th. Biller – stammt im unteren Geschoss und mit dem angebauten Turm aus der Bauzeit um 1170–90, das Obergeschoss wurde in den 1220er Jahren aufgesetzt.

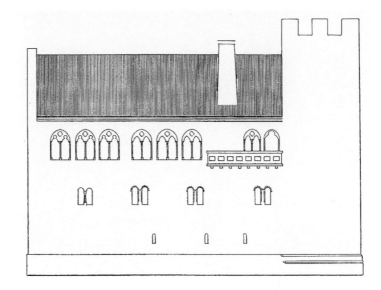

hier zeigten sich auch Interessen des staufischen Kaisers Friedrich I., der damit über seinen Gefolgsmann Ruprecht I. von Dürn indirekt einen Stützpunkt der Reichsgewalt etablierte. Wildenberg ist als Bau, in einer Klarheit und architektonischen Ausgestaltung, die Miltenberg weit übertraf, eine der bedeutenden Burgen Deutschlands aus staufischer Zeit. Wohl erst als Nachzügler besetzte schließlich der Bischof von Würzburg eine vorgeschobene Position am Main, indem er vor 1197 Burg Freudenberg begann.

In ihrer Rolle den Bauten der Kirchenfürsten am Main vergleichbar war die Burg, die die Pfalzgrafen bei Rhein wohl in den 1170er Jahren über dem Austritt des Neckars aus dem Gebirge erbauten, mit Blick auf den Flussübergang der Bergstraße. Leider wissen wir von der Gestalt dieser ersten Burg Heidelberg nichts mehr, und ebenso wenig von der nahen Burg Dilsberg der Grafen von Lauffen. Dagegen ist neben der ersten, Lauffener Burg in Eberbach eine Burg des späten 12. Jhs. erkennbar geblieben, die klar die Merkmale des »Monumentalstils« zeigt: einen großen Bergfriedstumpf in Buckelquadern und einen Wohnbau mit Rundbogenarkaden als Fenster. Ungewöhnlich für die Entwicklungsphase ist hier freilich die Kleinheit der Anlage – und unklar

Wildenberg bei Amorbach. Das Buckelquaderwerk des Bergfrieds aus dem späten 12. Jahrhundert ist charakteristisch für viele Bauten aus der klassischen Zeit des Burgenbaues.

bleiben die Erbauer: noch die Grafen von Lauffen, schon die Staufer ... oder »nur« einer von deren Burgmannen?

Verglichen mit dem Geschehen an Main und Neckar bleiben an der Bergstraße und im Gebirgsinneren die Neubauten des späten 12. Jhs. noch nebelhaft. In der neuzeitlich sehr veränderten Starkenburg ahnt man einen ausgedehnten spätromanischen Neubau mit Kern- und Vorburg – aber stammt er noch aus der Lorscher Zeit, um 1200? Auch das 1210 belegbare Tannenberg mag ins späte 12. Jh. zurückgehen, ohne dass dies wirklich belegt wäre. Weiter im Norden, dort, wo die Straße vom Neckar und von Michelstadt wieder stärker besiedeltes Gebiet erreichte, bietet der Breuberg noch anspruchsvolle Bausubstanz, die wohl in die Zeit um 1200 oder wenig später gehört. Im Inneren des Waldes, nahe der alten Siedlung Michelstadt, entstand wohl schon vor 1180 mit Erbach eine der wichtigsten Burgen des Odenwaldes. Denn die Schenken von Erbach bauten ab dem 14. Jh. ihr Territorium zum größten innerhalb des Gebirges aus, während die anderen großen Mächte der Region ihre Zentren am Rande oder außerhalb des Waldes hatten. Begründer dieser späteren Machtstellung können auch hier, ähnlich wie bei den Dürnern, die Staufer gewesen sein, die den Erbachern Rechte auf den bei Michelstadt sich kreuzenden Straßen verliehen hätten.

Wildenberg bei Amorbach, das Tor aus dem beginnenden 13. Jahrhundert

Die Blütezeit des Burgenbaues im 13. Jahrhundert

Das 13. Jh. war – wie später das 16. Jh. und das 19. Jh. – eine jener Epochen, in denen viel in Bewegung war. Eine wachsende Bevölkerungszahl und günstige klimatische Bedingungen, ein differenziertes politisches System und wirtschaftliche Dynamik waren Grundlage für eine intensive Erschließung auch abgelegener Gebiete. Nicht nur im Odenwald bedeutete dieses Jahrhundert den Höhepunkt adeligen Burgenbaues – es bildeten sich viele Kleinherrschaften, besonders in bisher ungerodetem Gebiet, und zugleich verfestigten sich die großen geistlichen und weltlichen Fürstentümer, in deren Abhängigkeit der kleinere Adel dann allmählich geriet.

Erst um 1150–70 hatten die damals staufischen Pfalzgrafen begonnen, Rechte und Besitz am untersten Neckar zu erwerben, bei ihrer neuen Burg Heidelberg; sie wurden Vögte des Bistums Worms und des Klosters Lorsch. Auf dieser Basis bauten sie ihre Macht aus, und das verstärkte sich noch, als die Wittelsbacher 1214 Pfalzgrafen wurden. Sie gründeten eine zweite, größere Burg in Heidelberg und darunter eine ebenso erstaunlich große Stadt. Nach 1232 profitierten sie von der Herabstufung von Lorsch, das nun Mainz unterstellt wurde, und gleichzeitig sind ihre politischen Aktionen bis in den nördlichen Odenwald spürbar, wo sie vielleicht Burg Otzberg auf fuldischem Grund erbauten. Bereits 1257 erscheinen sie unter den sieben Kurfürsten, der zur Königswahl berechtigten Spitze des deutschen Adels, und bis zum Spätmittelalter schufen sie ein Territorium, dessen Zentrum weiterhin am Neckar lag, das dabei aber vom Oberelsass bis an den Mittelrhein reichte.

Verglichen mit Pfalzgrafschaft bei Rhein waren die Herren von Dürn zweitrangig, aber in der ersten Hälfte des 13. Jhs. konnten sie ihren Besitz im Osten des Odenwaldes doch zunächst erweitern, übernahmen Teile des Erbes der Grafen von Lauffen und nannten sich gelegentlich sogar Grafen von Dilsberg. Nach dem Ende der Staufer aber gerieten sie in eine Krise und mussten ihren Besitz in schneller Folge verkaufen, u.a. an die Pfalzgrafen; Anfang des 14. Jhs. starben sie aus. Ein

Gegenbeispiel dazu sind die Erbacher, die ursprünglich sogar Ministerialen waren, Unfreie im Dienste eines Herren, hier des Königs bzw. des Reiches. Ausgehend von ihrer abgelegenen Stammburg schafften sie es im Laufe der Jahrhunderte, das größte Territorium im Inneren des Odenwaldes aufzubauen, das allerdings nirgends ins wirtschaftlich attraktivere Vorland hinausreichte, auch wenn die Burgen Schönberg und Dagsberg im 14. Jh. der Bergstraße nahe kamen. Aber auch die Erbacher hatten um 1300 harte Konflikte mit Kurpfalz und Kurmainz durchzustehen; Zeugnis dessen ist Burg Fürstenau, die Mainz unerlaubt auf erbachischem Boden errichtete. Die Schenken von Erbach arrangierten sich aber mit den Pfalzgrafen und konnten so ihr Überleben bis in die Neuzeit sichern – ein Verhaltensmodell, das für viele Herrschaften des Odenwaldes ebenso zutrifft.

Auf der Basis dieses noch lange konfliktreichen Gefüges von Fürstentümern, größeren und kleineren Herrschaften entstanden im 13. Jh. zahlreiche Burgen – im gesamten deutschen Raum und auch im Odenwald. Diese Epoche prägte das bis heute typische Bild vieler Mittelgebirgsregionen, bei dem die Höhen dicht von den Türmen der Burgen markiert sind, wie besonders eindrucksvoll entlang der Bergstraße und am Neckar.

Das wichtigste Territorium im Norden der Bergstraße war schon im 13. Jh. jenes der Grafen von Katzenelnbogen, das später Grund-

Harfenburg bei Heddesbach, Anhänger eines Pferdegeschirrs mit mythologischer Vogeldarstellung, Bronze vergoldet, 13. Jahrhundert. Fund aus einer archäologischen Sondage 1964 (Kurpfälzisches Museum der Stadt Heidelberg)

lage hessischer Herrschaft im Odenwald wurde, als die Grafen 1479 ausstarben. Von den katzenelnbogischen Burgen der Zeit vor 1300 ist freilich wenig erhalten – das Auerbacher Schloss wurde später völlig erneuert, ebenso Lichtenberg; Darmstadt und wohl auch Zwingenberg entstanden erst nach 1300. Abhängig von Katzenelnbogen, vielleicht als Lehen, war von Anfang an Rodenstein, das vor 1256 von mehreren Abkömmlingen der Familie von Crumbach als Rodungsburg nahe deren Stammsitz erbaut wurde. Gründung einer anderen mächtigen Familie aus dem Land nördlich des Odenwaldes ist offenbar Tannenberg, das die Münzenberger wohl schon vor 1200 errichteten.

Außerhalb der katzenelnbogischen und der münzenbergischen Einflusszone gab es an der nördlichen Bergstraße kleinere Herrschaften, die teils auch ins 12. Jh. zurückgehen. Die Entwicklung einer solchen Herrschaft veranschaulicht Burg Bickenbach – das »Alsbacher Schloss« –, die als Nachfolgerin einer Motte in der Ebene entstand, des »Weilerhügels«. Schon diese Motte war im 12. und frühen 13. Jh. eine imposante Burg mit Steinbauten, aber sie entsprach im 13. Jh. nicht mehr dem Standard – eine Adelsburg musste nun eine Höhenburg klassischen Typs sein, mit Bergfried und Wohnbau. Deswegen erbauten die Herren von Bickenbach auf der nahen Gebirgskante eben das »Alsbacher Schloss«, das 1254 zuerst erwähnt wird. Praktisch gleichzeitig, 1252, erscheint auch das nahe Frankenstein als Gründung eines Familienmitglieds der Breuberger – eines von mehreren Beispielen, dass Familien aus dem abgelegenen Osten des Odenwaldes oder gar dem Spessart zum Oberrhein strebten. Baulich war Frankenstein ähnlich Rodenstein Vertreter eines sparsameren Typs – die Kernburg hatte in beiden Fällen keinen Bergfried, war aber von einem Zwinger mit Vorburg umgeben, der – falls wirklich aus der ersten Bauzeit – ein sehr früher Zwinger wäre.

Ganz anders stellt sich die Starkenburg auf einem isolierten Gipfel in der Mitte der Bergstraße dar. Hier entstanden offenbar noch vor 1250 eine große Kernburg und eine ähnlich große Vorburg – eine bedeutende Anlage, die freilich nur noch aus den romanischen Mauerwerksstrukturen einiger Partien zu ahnen ist und später erheblich verändert wurde. Konnte das im Niedergang befindliche Kloster Lorsch noch einen solchen Neubau errichten? Wahrscheinlicher ist, dass Mainz hier nach 1232 das neu gewonnene Territorium durch eine große, mit Burgmannen ausgestattete Burg sicherte.

Breuberg, das profilierte Tor der Kernburg, aus dem frühen 13. Jahrhundert, ist in seiner Rechteckblende mit Rundbogenfries eines der aufwendigsten deutschen Burgtore der romanischen Epoche

Hinter der nördlichen Bergstraße erstreckt sich der Granit-Odenwald, das im Norden breitere Dreieck relativ fruchtbaren Hügellandes, das dichter besiedelt ist als der größere Sandstein-Odenwald. Bis ins frühe 13. Jh. hatte es hier nur eine wichtige Burg gegeben, das wohl aus einer Lorscher Fliehburg entstandene Lindenfels. Die ersten Sitze der Adelsfamilien, die schon im 12. Jh. in dieser Region nachweisbar sind – etwa die Crumbacher oder die Herren von Lützelbach – sind in ihrer Gestalt nicht mehr bekannt. Im 13. Jh. aber kam es auch hier zu einer Anzahl neuer Burgen, die dazu beitragen, dass das Siedlungsbild dieses Bereiches bis heute offener wirkt als der Wald im Süden und Osten des Gebirges. Der Breuberg als älteste und von Anfang an bedeutendste unter ihnen wurde schon erwähnt, der noch beherrschendere Otzberg

entstand wohl um 1230; die Umstände seines Baues sind unklar, aber
er könnte einen zunächst missglückten Vorstoß der Pfalzgrafen an den
Nordrand des Gebirges darstellen. Der allein erhaltene, gewölbte Rundbergfried war für seine Zeit modern; solche Rundtürme wurden dann
typisch für den Granit-Odenwald, dessen hartes Steinmaterial – anders
als der Sandstein – zu Bruchstein und rundlichen Grundrissen führte.
Einen Rundturm besaß auch Reichenberg, dessen Entstehung ebenfalls
unklar ist; vermutlich war es ein Vorposten der Erbacher gegen die
Katzenelnbogen, die ihrerseits mit dem Rodenstein einen lehensabhän-
gigen Stützpunkt in Sichtweite erbauten. Erbach selbst erhielt im 13. Jh.
einen Rundbergfried, ausnahmsweise aus Sandstein-Buckelquadern;
wie die übrige Burg damals aussah, wissen wir nicht. Als Beispiel weiterer Burgen, deren Namen und Herren verloren sind, ist die kleine
Anlage auf dem »Schnellerts« zu nennen. Nur archäologisch konnte ihre
kurze Existenz im 13. Jh. festgestellt werden; manch andere mysteriöse
Burgstelle des Odenwaldes würde bei näherer Untersuchung sicher ein
ähnliches Bild bieten.

Die Südwestecke des Odenwaldes, wo der Neckar die Rheinebene
erreicht, war schon im 12. Jh. der am stärksten besiedelte Teil des
Sandstein-Odenwaldes gewesen. Nicht nur die frühen Burgen der Bergstraße – Hirschberg, »Kronenburg«, Strahlenburg u.a. – belegen dies,
sondern auch das Zisterzienserkloster Schönau und die erste Burg Heidelberg. Im 13. Jh. verstärkte sich diese Entwicklung, vor allem durch
die Entstehung der Stadt Heidelberg noch in der ersten Jahrhunderthälfte, mit einer großen zweiten Burg. Offensichtlich wollten die Pfalzgrafen – ab 1214 die Wittelsbacher – hier dauerhaft ihren Hauptsitz
einrichten, und dies zeigte sich auch im Ausbau ihrer Besitzungen am
unteren Neckar und in der Rheinebene, aber auch im Odenwald; die
älteren Rechte von Worms wurden dabei zurückgedrängt und der Adel
der Region in die Abhängigkeit gezwungen.

Anschaulich zeigt das die Familie der »Landschaden von Steinach«,
deren namengebender Sitz an der Mündung der Steinach in den Neckar
liegt, nahe Kloster Schönau. Wahrscheinlich waren sie stammesgleich
mit den Herren von Hirschberg an der Bergstraße, die hier eine zweite Linie ausbildeten. Noch im 13. Jh. erbauten die Steinacher weitere
Burgen und erschlossen große Teile des Waldes. Die Harfenburg über
Heddesbach – ihr Name bezieht sich auf das Familienwappen, eine Harfe – war dabei der abgelegenste Vorposten. Am Neckar entstanden zwi-

Das »Templer-
haus« in Amor-
bach hat nicht
das Geringste mit
dem Templerorden
zu tun, sondern
ist Rest eines
Ministerialensitzes
des 12./13. Jahr-
hunderts. Der
Fachwerkaufsatz
ist dendrochrono-
logisch auf 1291
datiert.

schen etwa 1230 und dem frühen 14. Jh. drei Burgen in Steinach selbst,
schließlich neckaraufwärts Burg Hirschhorn. Die Steinacher Burgen,
unter denen die Hinterburg ein wichtiges Denkmal aus der Blütezeit
des deutschen Burgenbaues ist, gerieten schon im 14. Jh. weitgehend
in fremden Besitz, vor allem von Speyer und Worms, weil ihre Gründer
Finanzprobleme hatten. Die verselbständigten Hirschhorner dagegen
entwickelten sich im 14. Jh. zu einer der reichsten Familien der Region,
vor allem durch die hohen Ämter, die sie am kurpfälzischen Hof inne-

hatten. Ein bescheideneres Parallelbeispiel zu den Steinachern waren die wohl mit ihnen verwandten Strahlenberger, deren erste Burg an der Bergstraße nicht lokalisiert ist. Sie bauten vor 1237 eine modernere, gleichnamige Burg über Schriesheim, die als sehenswerte Ruine erhalten ist, und stießen mit der Erbauung von Waldeck noch im 12. Jh. ebenfalls weit ins Gebirge vor. Waldeck ist neben Rodenstein die Burg des Odenwaldes, die die Rodung am deutlichsten im Namen trägt.

Beispiel einer besonders kleinen Burg und Herrschaft, wie sie nur in der Blütezeit des Burgenbaues und in einer Randzone entstehen konnte, ist Stolzeneck. 1268 zuerst erwähnt, hatten ihre Erbauer, Reichsministerialen wohl aus Eberbach, offenbar das Interregnum genutzt, um sich das Statussymbol »Burg« zuzulegen. Das Fehlen einer genügenden wirtschaftlichen Grundlage und die Tatsache, dass die Burg schon 1284 an die Pfalzgrafen fiel, zeigt überdeutlich, wie schmal die Basis für solche Experimente war.

Ein bescheideneres, aber gut erforschtes Beispiel eines Ministerialensitzes ist schließlich das Amorbacher »Templerhaus« (der historisch unsinnige Name stammt wie in vielen Parallelfällen erst aus dem 19. Jh.). Nahe dem Flüsschen Mud, vielleicht anfangs durch Gräben oder Sumpf gesichert, lag hier im 12. Jh. ein archäologisch nachgewiesener Hof, der wohl bereits Ministerialen der Herren von Dürn gehörte; die Dürner waren 1168 Vögte des Klosters Amorbach geworden und hatten wenig später die nahe Burg Wildenberg erbaut. Wohl noch im späten 12./frühen 13. Jh. wurde der Hof mit einer Steinmauer umgeben und – so meint T. Mittelstraß – durch einen quadratischen Steinturm mit Kamin im Obergeschoss ergänzt. Dass auf diesen (zuvor verkürzten?) Turm dann 1291 – so nach dendrochronologischen Proben – ein allseitig vorkragender, zweigeschossiger Fachwerkbau mit kleinen Rundbogenfenstern aufgesetzt wurde, führt Mittelstraß darauf zurück, dass der Ministerialensitz mit dem Niedergang der Dürner und dem Übergang der Stadt an Mainz 1272 an Bürger der Amorbacher Oberschicht fiel, die ihn dann wohnlich umgestalteten.

Entwicklung der Burgen im Spätmittelalter (14. bis frühes 16. Jahrhundert)

Das 13. Jh. hatte den Odenwald zu einer besiedelten und burgenreichen Landschaft gemacht, in der sich das Nebeneinander großer und kleiner Territorien spiegelte – nun erst war die Einöde Teil der bewohnten Welt geworden. Höhepunkt der Besiedlung waren die Städte, die fast alle erst im 14. Jh. entstanden, auch wenn es natürlich Vorgängersiedlungen gab; in staufische Zeit vor 1250 gehen nur Heidelberg, Eberbach und Miltenberg zurück, die fürstlichen und königlichen Gründungen an den Flüssen. Auch im 14. Jh. entstanden die Städte primär am Gebirgsrand, was wieder am Neckar besonders anschaulich ist – in Neckargemünd, Dilsberg, Neckarsteinach und Hirschhorn – und mehr noch an der Bergstraße, in Schriesheim, Weinheim, Heppenheim, Bensheim,

Ernsthofen. Rekonstruktionsversuch des mittelalterlichen Zustandes (nach Bronner, Odenwaldburgen, mit Änderungen von Th. Biller)

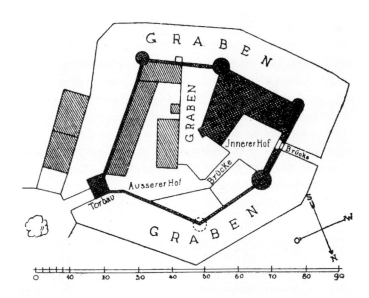

Zwingenberg und Darmstadt. Im Inneren des Waldes entstanden nur vier kleine Städte, durchweg in Anknüpfung an Siedlungen von besonderer Bedeutung – beim Kloster Amorbach und an der Straßenkreuzung in Michelstadt, bei Burg Lindenfels und schließlich, am Nordrand des Gebirges, Neustadt unter Breuberg. Auf die Gestalt der Burgen hatten die Städte aber wenig Einfluss, weil selbst solche Burgen, an die eine Stadt direkt anschloss, in der Regel älter waren als diese – Heidelberg ist hier die Ausnahme. Und dass man sich nicht scheute, die Stadt von der nahen Burg zu isolieren, wenn diese ungünstig lag, lehren etwa Eberbach, Weinheim, Heppenheim oder Neustadt.

Die Blütezeit des Burgenbaues lief Anfang des 14. Jhs. langsam aus. Bis um 1330 werden noch Fürstenau, Zwingenberg/Bergstraße, Handschuhsheim, Schönberg, Dagsberg, Darmstadt und die Minneburg neu erwähnt und dürften kaum viel älter sein; danach aber werden Neubauten seltene Ausnahmen. Wohl nach dem Kauf 1344 erneuerte Kurpfalz die Weinheimer Burg des 12. Jhs., die heutige Windeck, und Ende des 14. Jhs. errichteten die Katzenelnbogener mit dem Neubau des Auerbacher Schlosses ein beeindruckendes Symbol ihrer Macht. Eindrucksvoll in seinen die Stauferzeit zitierenden Formen ist auch der Neubau des 1363 »gebrochenen« Zwingenberg/Neckar ab 1403, während das 1367 ersterwähnte Hemsbach mit seiner hausförmigen Kernburg bescheiden wirkt. Nauses, vor 1439 entstanden, war im Grunde nur ein Gutshof, mit Wassergraben und kleinem Torturm eher symbolisch gesichert. Dagegen war mit den Rundtürmen von Ernsthofen – das, 1445 zuerst genannt, wohl die letzte neue Burg des Odenwaldes war – endgültig das Zeitalter der Artillerie erreicht, das sich auch im »Bollwerk« des Auerbacher Schlosses schon angekündigt hatte.

Entstanden schon diese Burgen meist an alter Stelle – nur eben als umfassende Neubauten –, so wurden im 14./15. Jh. Ergänzungen bestehender Bauten zum eigentlichen Normalfall. Und in diesen Umbauten zeigten sich die Burgen weniger wehrhaft, sondern im Vordergrund standen neue Wohnbauten und auch Kapellen. Das ist durchaus erklärlich, denn bis ins 15. Jh. hinein spielten die Feuerwaffen noch keine große Rolle – hohe Mauern und Türme, wie sie die Burgen des 12./13. Jhs. entwickelt hatten, blieben Mittel der Wahl. So konnte sich die Aktivität jener Adelsfamilien, die nun noch bauten, vor allem auf Wohnkomfort und Repräsentation konzentrieren. Das aufwendigste, aber auch späteste Wohnkonzept verfolgte Ende des 14. Jhs. das »Au-

Stolzeneck. Der Südteil der Schildmauer lässt den Übergang vom Buckelquaderwerk zum Bruchsteinwerk des Oberteils gut erkennen.

erbacher Schloss«, wo sich allerdings nur der Saalbau mit der Kapelle
als Ruine erhalten hat, während der ebenso große Wohnflügel zerstört
ist; die Burg Darmstadt war von denselben, katzenelnbogischen Bauherren schon vorher ausgebaut worden, jedoch ist dort wenig erhalten.
Wichtig wegen seiner inschriftlichen Datierung »1361« ist der Wohnbau
von Freudenberg, wohl mit der Küche im Keller, einem Saal im ersten Obergeschoss und Wohnräumen zuoberst, in einem Fachwerkge-
schoss. Anspruchsvoll rippengewölbte Innenräume erhielt 1345–50 der
ältere Wohnbau von Hirschhorn, der damals auch vergrößert wurde,
mit einer Kapelle im Obergeschoss. Weitere Umbauten fanden in der
zweiten Hälfte des 14. Jhs. in Freienstein statt – der große Wohnbau
wurde durch mehrere Flügel ersetzt –, ähnlich in Fürstenau, das ebenfalls drei Flügel in Stein erhielt, und Miltenberg (1390–96). Auf eine
Modernisierung deutet auch ein Maßwerkfenster der Vorderburg in Ne-
carsteinach, und schließlich war der neue Wohnbau des nahen Schadeck (nach 1428) wohl die letzte Baumaßnahme dieser Art. Kapellen
gehörten oft zu diesen Erweiterungen, etwa auch in Schönberg (1365)
und Reichenberg. Zusammen mit der Vorburg entstand dort um 1400
eine Kapelle am Tor, mit rippengewölbtem Chor, der die Wappen der
Erbauer trug.

Im 14. Jh. beschränkten sich die Wohnbauten der Burgen nicht unbedingt auf einen einzelnen Bau, der dem Burgherren und seiner Familie diente – wie es die Klischees des 19. Jhs. unterstellen. Einerseits gab
es keineswegs immer nur einen Burgherren – das Eigentum an vielen
Burgen wurde im Laufe der Zeit durch Linien- und Erbteilungen und
durch Verkäufe zersplittert. Gute Beispiele sind das Alsbacher Schloss
und Tannenberg, das 1382 nicht weniger als 17 »Ganerben« (Mitbesitzer) hatte; einer von ihnen verschuldete 17 Jahre später die Zerstörung
der Burg – die von niemandem wirklich beherrschten Ganerbenburgen
wurden oft missbraucht. Auf dem Breuberg, der nach 1323 mehrfach
geteilt war, bezeugt die Bebauung bis heute die beiden Besitzer des
16.–19. Jhs., Erbach und Löwenstein.

Ein anderes Phänomen, das eine Vervielfachung der Wohnbauten
in der Burg bewirkte, waren die »Burgmannen« – unfreie Dienstleute,
die für mächtige Burgherren die Verteidigung einer Burg übernahmen
und deswegen dort wohnen mussten. Das Phänomen geht ins 12. Jh.
zurück, und vielleicht entstand schon die auffällig große Unterburg
der Starkenburg für die zahlreichen mainzischen Burgmannen, die im

13. Jh. belegt sind. Das anschaulichste Beispiel solcher Burgmannen-sitze bietet heute Burg Erbach, wo außer der Vorburg ein noch größerer umwehrter Bereich für die Häuser und Höfe der Burgmannen entstand. Dort sind mehrere Burgmannenhäuser ganz oder in Resten erhalten, darunter vor allem das um 1366–79 erbaute »Tempelhaus«. Diese Bau-ten gehören erst in eine Zeit, als die Burgmannen längst Niederadelige geworden waren, und dafür ist als zweites Beispiel Burg Otzberg zu erwähnen. Dort enthielt das anschließende Städtchen Hering, 1367 zu-erst in diesem Sinne erwähnt, ebenfalls mehrere Burgmannensitze, von denen jener der Familie Gans von Otzberg in seiner Form des 16. Jhs. erhalten ist; das nahe Nauses zeigt, wie solcher Niederadel sich auch weitere Sitze schaffen konnte. Andere Beispiele für Burgmannensitze sind auf dem Alsbacher Schloss belegt, wo sie 1371 in der Vorburg lagen, und evtl. in Dilsberg, wo man das um 1330 erbaute »Komman-dantenhaus« vielleicht als Burgmannenhaus verstehen darf.

Gab es also im 14. Jh. beachtlich viele neue Wohn- und Reprä-sentationsbauten, so blieben neue Befestigungen bestehender Burgen selten – mit Ausnahme der aufkommenden Zwinger. Die Starkenburg wurde, wohl um 1300, mit neuen Ecktürmen versehen, nachdem auch ihr Bergfried erst nachträglich entstanden war. Und die Verstärkungen von Rodenstein – nach Bauschäden, die 1346 notiert wurden – waren wohl vor allem zwei Tortürme; einen solchen erhielt auch »1445« die später verschwundene Kernburg in Michelstadt; schließlich wurde in Wildenberg 1434–1459 durch eine Quermauer eine Kernburg abgeteilt. Viel mehr geschah an den Befestigungen bestehender Burgen nicht. Dass Mehrtürmigkeit mit schlanken Türmen ein Ideal der Zeit war, zei-gen auch Neubauten wie das Kastell Fürstenau und, viel später, das Auerbacher Schloss; der rechteckige »Aussichtsturm« von Hirschhorn bleibt dagegen eine Ausnahme, vor allem, falls für ihn wirklich ein Bergfried abgebrochen wurde.

Das einzig neue fortifikatorische Element, das im 14. Jh. auf fast allen Burgen mitgeplant oder hinzugefügt wurde, war der Zwinger – eine die Burg ganz oder großenteils umgebende, niedrigere Mauer als äußere Verteidigungslinie, die in der Regel auch das Tor durch weitere, oft sogar mehrere Vortore sicherte. Zwinger sind allerdings meist schwer zu datie-ren. Nach herrschender Meinung besaßen Frankenstein, Rodenstein und Freienstein schon seit ihrer Erbauung um die Mitte des 13. Jhs. turmlose Zwingermauern, die sich in den beiden ersten Fällen einseitig zu einer

Vorburg erweitern; aber nur im 1280 zuerst erwähnten Freienstein gibt es in Form des Mörtels ein Indiz für wirklich gleichzeitige Entstehung. Dass Zwinger jedenfalls in der ersten Hälfte des 14. Jhs. entstanden, beweist das zuerst 1312 erwähnte und schon 1356 wieder abgegangene Dagsberg, das im 19. Jh. ausgegraben wurde. Ein ähnlich interessanter Fall ist das 1399 für immer zerstörte Tannenberg – sein Zwinger zeigt, dass es vor 1400 schon Zwinger mit Streichwehren verschiedener Form gab. Sie dürften damals noch eine junge Entwicklung gewesen sein, denn der Zwinger von Windeck, aus dem mittleren 14. Jh., war ebenso turmlos wie der innere Zwinger des nur zwei oder drei Jahrzehnte jüngeren Auerbacher Schlosses; der dortige äußere Zwinger besaß auch nur zwei Türme. Der Torzwinger in Miltenberg, nach einem Wappen um 1434/59 vor einen älteren Zwinger gesetzt, ist der erste, den man im Odenwald exakt datieren kann. Stammen die meisten Zwinger sicher aus dem 14. und 15. Jh. – manche wurden mehrstufig ausgebaut und waren dann doppelt oder dreifach gestaffelt wie auf der Starkenburg, der Neckarsteinacher »Hinterburg«, in Hirschhorn, Lindenfels, Zwingenberg und Freudenberg –, so reicht das Ende der Entwicklung ins 16. Jh. hinein und trägt schon deutlich den Stempel der Artillerie. Die spektakulären Rondelle des Breuberg, vor 1482 begonnen und 1501–15 vollendet, waren ursprünglich Teile eines Zwingers; erst ein Modernisierungsversuch isolierte sie bzw. bezog sie in das massive Erdwerk der »Schütt« ein. Bis heute Teil des Zwingers sind die kleineren, aber schartenreichen Türme auf der Minneburg, von 1521–22, mehr als eine Art Kulisse wirken die noch jüngeren Rundtürmchen auf Freienstein.

Der politische Hintergrund, vor dem sich der Ausbau der Burgen im 14./15. Jh. vollzog, war geordneter als im 13. Jh., als die neuen Burgen und Kleinherrschaften zeitweise eine kleinteilige und unübersichtliche Welt geschaffen hatten. Denn je mehr diese rasante Vermehrung nachließ, umso stärker wurde der alte Drang der besonders mächtigen Herren, ihre Territorien zu vergrößern und abzurunden, zur bestimmenden Kraft der Epoche. Der Konflikt zwischen Kurpfalz, Erbach und Mainz nach 1300 war schon erwähnt worden; er klärte nicht nur die Machtverhältnisse im östlichen Odenwald bis in die Neuzeit, sondern brachte mit dem Bau des mainzischen Fürstenau – der innovativsten Burg des Odenwaldes im 14. Jh. – und dem Neubau der Michelstädter Burg 1311–44 zwei wichtige Bauten hervor. Die zerstörerische Wirkung territorialer Konflikte findet man auch im Falle von Zwingenberg, dessen Herren wohl gegen die Inte-

Die »Tannenberger Büchse«, der Lauf eines frühen, kleinen Pulvergeschützes, wurde bei den Ausgrabungen 1848 in den Ruinen des 1399 zerstörten Tannenberg gefunden (Germanisches Nationalmuseum, Nürnberg).

ressen der größeren Mächte Zölle auf dem Neckar erhoben. Ein Bündnis von Pfalz und Mainz, zeitweise auch mit Württemberg, versuchte sie daran zu hindern, u. a. mit der Erbauung der programmatisch benannten Belagerungsburg Fürstenstein, schliesslich 20 Jahre später, 1363, durch die Zerstörung von Zwingenberg, das dann lange Ruine blieb. An der Bergstraße war das herausragende Ereignis dieser Art – neben der ungeklärten Zerstörung von Hirschberg vor 1329 – die Belagerung von Tannenberg 1399. Dass der Auslöser ein Ganerbe der besitzmäßig zersplitterten Burg war, war dabei ein üblicher Fall, auch dass der hohe Aufwand der Belagerung ein Bündnis aus dem Wetterauer Städtebund, Kurpfalz und den Kirchenfürsten Mainz, Trier und Speyer erforderte. Das Besondere war der Einsatz von Pulvergeschützen sowohl der Belagerer – die »Große Frankfurter Steinbüchse«, mühevoll heraufgeschafft, entfaltete erschreckende Wirkung – als auch in der Burg. Es war nicht die erste Anwendung von Feuerwaffen in Deutschland und im mittel- und oberrheinischen Gebiet, aber sicher eine der besonders spektakulären, die auch den Burgenbau beeinflusste.

Aber die Ausdehnung der großen Territorien und die Zurückdrängung der kleineren erfolgte nicht nur in kriegerischen Aktionen, sondern auch auf friedliche Weise, nämlich durch Verkauf, den vor allem die finanzkräftigen großen Mächte einsetzen konnten. Insbesondere baute die Pfalz auf diese Weise ihren Burgenbestand aus – sie kaufte etwa 1344 Windeck über Weinheim, drei Jahre später die Strahlenburg, und 1390 Otzberg, an dem sie schon früher Rechte hatte. Aber es gab auch Käufe, die für die Pfalz ein Problem waren, als z. B schon 1319 der Mainzer Erzbischof die Schauenburg kaufte, die ein speyerisches Lehen in Pfälzer Besitz war; ihre Lage nur 5 km vor Heidelberg führte natürlich zu Dauerkonflikten, die erst 1460 mit der Zerstörung der Burg durch Kurpfalz endeten.

Als ein Memento, dass die große Zeit der Burgen zu Ende war, mag man – mehr als die Zerstörungen, die ja ihre fortdauernde Bedeutung belegen – den Abbruch der Eberbacher Hinterburg 1403 ansehen, denn dieser erfolgte durch die Lehensinhaber selbst, mit königlicher Erlaubnis, mitten im Frieden. Nüchterne Betrachtung zeigt jedoch, dass dies ein Sonderfall war – die abgelegene, kleine Burg war überflüssig geworden, und ihre Herren, die Hirschhorner, benötigten ihr Geld für die Neubauten in Hirschhorn und in Zwingenberg.

Die begrenzte Bauaktivität des 14. und frühen 15. Jh. mündete gegen 1500 in eine neue Phase, in der weiterhin nicht allzu viel gebaut wurde, dafür aber in neuartigen Formen, die eine schwierige Zeit des Überganges spiegeln – die Entwicklung der Artillerie einerseits, jene des Wohnkomforts andererseits hatten nun eine kaum noch auszugleichende Spannung aufgebaut. Noch in Formen der Spätgotik wurden einerseits die Wohnbauten modernisiert – etwa ab 1460 in Fürstenau, um 1484–1504 in Miltenberg, wohl um 1497 in Erbach, ab 1498 in Freudenberg, in Stolzeneck spätestens 1509 und schließlich 1517 auf Frankenstein. In Heidelberg entstanden am Ende dieser Phase wichtige Repräsentationsbauten – noch vor 1520 der »Frauenzimmerbau« mit einem neuen Saal, um 1520 der anstoßende »Bibliotheksbau«, der vor allem eine Herrentafelstube mit Ausblick über die Stadt enthielt, schließlich der Ludwigsbau (vor 1524). Solche schon schlossartigen Bauten, die mit großen Fenstern und Erkern die Außenmauern durchbrachen, hätten angesichts der bereits sehr wirksamen Artillerie der Ergänzung durch dickwandige und zur Aufstellung von Kanonen taugliche Bauten bedurft, um die traditionelle Balance von Wohnen und Verteidigung zu bewahren. Derartige Wehrbauten aber waren inzwischen so aufwendig, dass fast nur noch Fürstentümer sie finanzieren konnten, und nur auf ausgewählten, strategisch herausragenden Burgen.

Das eindrucksvollste Ensemble dieser Art, das sich weitgehend erhalten hat, wurde zwischen 1482 und 1515 auf dem Breuberg realisiert. Es bestand aus vier mächtigen Rondellen und einer geräumigen Kanonenplattform gegen den bedrohlich nahen Bergsattel. Dabei wurde das Konzept vor dem Hintergrund der rasanten Entwicklung der Artillerie zumindest einmal einschneidend verändert, indem man die Zwingermauer zwischen den Rondellen wieder entfernte und einen mächtigen Graben mit Außenwall anlegte; schon 17 Jahre nach der Vollendung wurde die Anlage dennoch als unbrauchbar beurteilt. Etwa gleichzeitig mit dem Breuberg, zwischen 1460 und 1480, begann man auch die Rondelle in der kurpfälzischen Residenz Heidelberg, die ebenfalls durch einen Zwinger verbunden waren; auch hier blieb das Konzept aber nur Bruchstück und ist heute durch die spätere Überbauung mit Schlossräumen schwer verständlich. Weiterhin vergleichbar ist das isoliert vor Burg und Städtchen stehende Rondell von Lichtenberg, 1503 bereits von Hessen errichtet. Ein anderes Konzept verfolgte dagegen der pfälzische Ausbau von Otzberg, der nach 1507 begann und bis in die 1540er Jahre dauerte; hier, wo man allseitig steil abfallende Hänge übersehen kann, wurde auf Rondelle verzichtet und man erneuerte lediglich den umlaufenden Zwinger als hohe Kanonenplattform hinter tiefem Graben.

Beispiele dafür, dass um 1500 auch weniger mächtige Adelige noch eine konsequente Neubefestigung finanzieren konnten, fehlen fast völlig. Zu nennen ist die Minneburg, deren Ausbau mit einem rondellbewehrten Zwinger ab 1521 von einem sehr begüterten pfälzischen Beamten realisiert wurde. Rodenstein, das immer noch den gleichnamigen Herren gehörte, erhielt wohl erst Mitte des 16. Jhs. ein wenig wirkungsvoll angeordnetes Halbrondell.

Schlösser der Renaissance
(um 1530–1618)

Die Renaissance – die Rückkehr zu einer Formenwelt, die im Gegensatz zur Gotik wieder gut erkennbar der antiken Architektur verpflichtet war – gilt der Kunstgeschichte aus gutem Grund als tiefer Einschnitt. Gerade nördlich der Alpen, wohin sie erst als ausgereifte Formenwelt vordrang, nachdem sie Jahrzehnte der Entwicklung in Italien hinter sich hatte, erscheinen die Renaissance-Bauten als etwas grundsätzlich Neues. Allerdings gilt dies vor allem für die Ornamentik, auch für Funktion, Gestalt und Anordnung bestimmter Räume – die Gesamtanlage blieb aber gerade bei den Schlössern meist deutschen Traditionen verpflichtet, zumal Ausbauten und Modernisierungen weiterhin viel häufiger vorkamen als Neubauten von Grund auf. Im Odenwald, der stets ärmer blieb als sein Vorland gegen Rhein und Main, ist das besonders gut zu erkennen, denn unter den heute noch halbwegs erhaltenen Bauten der Renaissance war kein einziger ein wirklicher Neubau.

Das Heidelberger Schloss, die hofseitige Fassade des »Ottheinrichsbaues« (vor 1558) und hinten, rechtwinklig dazu, die dreigeschossigen Loggien des »Gläsernen Saalbaues« (um 1546), hinter denen sich ein heute dachloser Wohn- oder Saalbau des 13. Jahrhunderts verbirgt

Man kann die Burgen und Schlösser jener Epoche klarer in zwei Gruppen einteilen als die Burgen des 12.–15. Jhs., denn inzwischen hatten sich die beiden großen Fürstentümer im Norden und Süden des Odenwaldes, Hessen und Kurpfalz, so ausgedehnt und gefestigt, dass der gesamte Adel der Region nicht nur von ihnen abhängig war, sondern auch in puncto Besitz und Reichtum weit hinter ihnen zurückblieb – und dies spiegelte sich auch in den Wohnsitzen beider Schichten. Ein wesentlicher Aspekt dieser Unterscheidung war auch, dass sich im 16. Jh. die Formen der Regierung großer Fürstentümer tiefgreifend wandelten. Inzwischen gab es eine rudimentäre Verwaltung, und auch die wirtschaftliche Leistungsfähigkeit und Organisation der Länder erlaubte es nun, dass der Fürst und sein Hofstaat sich dauerhaft an einem besonders geeigneten Ort niederließen – in einer »Residenz«. Das dortige Schloss wurde infolge dieser Entwicklung besonders repräsentativ ausgebaut, auch mit typischen Nebenbauten wie etwa einer Kanzlei, einem Marstall, den Wohnungen von Hofbeamten usw. – kurz: Der betreffende Ort wurde zu einem politischen und kulturellen Zentrum, das die Region entschieden überragte. Seine militärische Funktion ging dagegen zurück, ohne jedoch schlagartig zu verschwinden. Zur fürstlichen Selbstdarstellung gehörten nun auch große, geometrisch gegliederte Gärten, die viel Platz forderten, und die seit Mitte des Jahrhunderts aufkommenden Festungswerke – die fünfeckigen Bastionen, auch sie in Italien entwickelt – engten die gleichzeitig wachsenden Wohn- und Festbauten immer stärker ein, so dass zunehmend eine Trennung zwischen wenig befestigten »Wohn-« Schlössern und wenig bewohnten »Festungen« entstand.

Sowohl die kurpfälzische Hauptresidenz, das Heidelberger Schloss, als auch das Schloss Darmstadt, seit 1567 Sitz einer Linie der hessischen Landgrafen, wurden im 16. Jh. so stark ausgebaut, dass noch ihr heutiges Bild weitgehend von jener Zeit geprägt ist; dennoch handelt es sich um recht unterschiedliche Arten von Architektur. Das Heidelberger Schloss hatte seinen weiten Innenraum schon im 15. Jh. und frühen 16. Jh. mit neuen Bauten gefüllt, die pragmatisch hier und dort an die Ringmauer gelehnt wurden, und bei den Befestigungen vor allem der Ostseite galt letztlich dasselbe Prinzip, nur außerhalb der Mauer. Daran änderte sich auch durch den Stilwandel zur Renaissance nichts, der hier in gestalterischen Einzelheiten des Torturmes (1531–41) und des »Dicken Turmes« (1533) zuerst greifbar wurde. Um das große Quadrat

Lichtenberg,
der Torbau
(um 1570–81)

des ursprünglichen Hofes entstanden – nach der noch eher schlichten Erneuerung des »Ruprechtsbaues« 1534 – sukzessive jene Paläste
mit aufwendigen Fassaden, die das Schloss zur Inkunabel deutscher
Renaissance machten: der »Gläserne Saalbau« (ab etwa 1546), der
»Ottheinrichsbau« (ab 1558) und der »Friedrichsbau« mit der Schlosskirche (1601–07), von kleineren Ergänzungen wie dem »Fassbau« (um
1590) abgesehen. Durch diese Bauten, die jeweils »für sich« gestaltet
wurden, erhielt der Hof des Heidelberger Schlosses jene malerische
Vielfalt, die ihn heute reizvoll und berühmt macht; die spätere Zerstörung hat diesen Effekt zwar noch verstärkt, aber er war schon vorher durchaus gewollt und gestaltet worden. Aussagekräftig für den
Paradigmenwechsel war auch ein Ereignis außerhalb des Schlosses,
nämlich die Zerstörung der »Oberen Burg« durch eine Pulverexplosion
1537. Denn obwohl damit die Deckung der schwachen Bergseite des
Schlosses entfiel, wurde nach dem gleichzeitig erbauten Torturm nichts
Weiteres getan, um hier Ersatz zu schaffen – das Schloss blieb damit
praktisch wehrlos; erst im Dreißigjährigen Krieg entstand wieder eine

Schanze auf den Ruinen der »Oberen Burg«. Den letzten Höhepunkt in der Entwicklung des Schlosses, ab 1613, bildeten der »Englische Bau« und der große Renaissancegarten außerhalb der Gräben – eines der herausragenden deutschen Beispiele jener Entwicklung, die schließlich in die Schlösser und Gärten des Barock mündete.

Ganz anders als Heidelberg wirkt das Darmstädter Schloss, obwohl es in seinem unregelmäßigen Grundriss die Entwicklung aus einer Burg gleichfalls spiegelt, und obwohl es ebenfalls in Abschnitten über drei Jahrzehnte hinweg entstand. Hier, wo man erst 20 Jahre nach den Heidelberger Hauptbauten begann und wo auch die skulpturalen Angebote des Buntsandsteins fehlten, erhielten die Flügel äußerlich jene nüchterne Gestalt, die für die deutsche Renaissance typisch sind: Geputzte Wände mit regelmäßig angeordneten Rechteckfenstern, die als solche geradezu »langweilig« wirkten, wenn sie nicht durch reiche Portalrahmungen und Giebelaufsätze akzentuiert würden. Die unterschiedliche Funktion der Flügel – Saal, Kirche, Wohnen usw. – ist in solchen Fassaden kaum erkennbar, die Gesamtanlage wirkt weit geschlossener, wenn auch bis ins 17. Jh. hinein an der Stadtseite Ergänzungen wie der »Glockenbau« entstanden, deren Isolierung doch wieder an Heidelberg erinnern. Typisch für Renaissance-Schlösser sind auch die Befestigungen, auf die man noch nicht verzichtete, obwohl sie die hochragenden Wohnbauten kaum noch schützen konnten – in Darmstadt ein Wall mit kleinen Fünfeckbastionen, die man traditionell als »Rondelle« bezeichnet, obwohl sie keineswegs rund sind.

Lichtenberg war ein weiteres großes Renaissanceschloss des Landes Hessen-Darmstadt, das nach seinem Ausbau 1570–81 dessen Hofstaat aufnehmen konnte, aber es erfüllte in zeittypischer Art andere Aufgaben. Nur 20 km von der Residenz bot die alte Höhenburg der Katzenelnbogen sommerliche Kühle, aber auch, vor allem seit Erbauung des großen Rondells der »Krautbütt« 1503, mehr Sicherheit in Kriegszeiten – eine Art »Fliehburg« für den Fürsten, wie sie schon 1347 der Dilsberg für die Pfalz werden sollte. Ähnlich wird man auch die Rolle des Breuberg in der zweiten Hälfte des 16. Jhs. verstehen. Unter den Erbachern, ab 1563 Inhaber einer Hälfte der Burg, entstanden hier zwar noch Bauten, die zeitgemäßes Wohnen ermöglichten – das »Herrenhaus« (1568) und der »Johann-Casimir-Bau« mit seinem Rittersaal (1613) –, und auch eine löwensteinische Kanzlei, aber die Burg war weder für die Erbacher ein Hauptsitz noch für die Grafen von Löwenstein-

Wertheim-Freudenberg, ab 1598 Inhaber der anderen Hälfte. Vielmehr war auch sie, 1528 mit einem wertheimischen Zeughaus ausgestattet und später mit einem erbachischen, ein stark ausgebauter Rückzugsort in Kriegszeiten, dem man auch verletzliche Funktionen wie Verwaltung und Münzstätte anvertraute; noch im Dreißigjährigen Krieg bewährte sich die starke Lage der Burg.

Kleinresidenzen, nicht vergleichbar mit Heidelberg und Darmstadt, aber eben doch Zentren selbständiger Territorien, blieben auch in der Renaissance die erbachischen Schlösser. In Erbach selbst sind die beschränkten Mittel der Bauherren daran zu erkennen, dass der spätgotische Hauptbau bis ins 18. Jh. erhalten blieb, obwohl er inzwischen ganz unmodern war; allein die Vorburg erneuerte man 1571–90. Mehr Kreativität wurde in das »vornehm« isolierte und Platz für einen Garten bietende Fürstenau investiert, dessen Ausbau 1531–42 mit der Vorburg begann und 1588 in dem spektakulären Bogen gipfelte, der die Kernburg zur Vorburg hin öffnet. Nimmt man hinzu, dass auch Schönberg und Reichenberg im 16. Jh. modernisiert wurden, und dass nach 1515 in Michelstadt die Kernburg abgebrochen und die Vorburg nur als Wirtschaftsbetrieb erhalten wurde, dann zogen sich die zu Grafen erhobenen Erbacher im 16. Jh. offenbar aus ihren beiden Hauptorten Erbach und Michelstadt in eine betonte Ländlichkeit zurück.

Der übrige Adel des Odenwaldes hatte sich damals längst in seiner Abhängigkeit von den größeren Mächten eingerichtet; ernsthafte Konflikte, wie jener, der 1569 zur Zerstörung von Ernsthofen führte, waren nun seltene Ausnahmen. Dass die zweite Hälfte des Jahrhunderts für diese Familien vielmehr eine Zeit relativ entspannter Prosperität bedeutete, zeigt sich in den neuen oder erneuerten Wohnbauten in Renaissance-Formen, die die meisten Adelssitze aufweisen. Drei neue Flügel wurden etwa in Handschuhsheim ab 1544 hinzugefügt, und der hoch aufragende »Hatzfeldbau« bestimmt seit 1582–86 das Bild von Hirschhorn. Die Miltenberger Wohnbauten wurden 1555–82 modernisiert – dort ist auch das Tor am Marktplatz von 1610 beachtlich –, etwa gleichzeitig auch Freienstein und das Alsbacher Schloss, ab 1574 Zwingenberg am Neckar. Selbst ein Bau wie Nauses, eher ein Gutshof, erhielt 1583 einen neuen Treppenturm.

Das katastrophale Ende dieser Phase war der Dreißigjährige Krieg (1618–48), in dem einige günstig liegende und stark befestigte Burgen noch eine Rolle spielten – als landesherrliche Stützpunkte (Dilsberg

Lichtenberg, das
Schloss von Nord-
westen

1622, Starkenburg 1645, Lindenfels, Windeck) oder als Rückzugsort der Bevölkerung (Lichtenberg, Alsbacher Schloss). Im Krieg oder in seiner Folge wurden Burgen aufgegeben, etwa die Minneburg nach ihrer Zerstörung 1622. Gut dokumentiert ist der Verfall von Rodenstein, das schon 1640 in schlechtem Zustand war und nach dem Aussterben der Familie 1671 verlassen wurde. Aber auch schon früher wurden vereinzelt Burgen aufgegeben, meist die besonders abgelegenen: Wildenberg wurde 1525 im Bauernkrieg zerstört und nicht wieder aufgebaut, Freudenberg verfiel nach 1556, Stolzeneck wurde 1612/13 auf pfalzgräflichen Befehl abgebrochen.

Schlösser des Barock (17./18. Jahrhundert)

Auf den Dreißigjährigen Krieg mit seinen extremen Verwüstungen folgte am Oberrhein nach kurzer Zeit ein weiterer Krieg, dessen Zerstörungen ebenfalls sprichwörtlich geworden sind – der »Pfälzische Erbfolgekrieg« mit der berüchtigten Parole »Verbrennt die Pfalz!« (»Brûlez le Palatinat!«). Opfer der französischen Heere wurden neben Zentren wie Speyer, Worms und Heidelberg auch einige jener Odenwaldburgen, die noch militärische Stützpunkte waren – 1674 wurden das Auerbacher Schloss und Windeck von Turenne zerstört, 1688/89 und 1693 die mainzische Starkenburg erfolglos belagert, und in denselben Jahren wurde, als wichtigster Verlust dieser Epoche, das Heidelberger Schloss zerstört. Keine dieser Anlagen war nach den Begriffen jener Zeit eine moderne Festung.

Baunachrichten von den Odenwälder Burgen und Schlössern gibt es verständlicherweise im 17. Jh. kaum. Um 1660–80 wurde Schönberg modernisiert – die Burg blieb ein Hauptsitz der Erbacher, ab 1717 sogar einer Schönberger Linie – und das Darmstädter Schloss erhielt zur gleichen Zeit einige Ergänzungen. Die Bauteile dieser Phase – der »Glockenbau«, der »Prinz-Christian-Bau«, eine Erweiterung der Kanzlei – waren noch den Formen der Renaissance verpflichtet und förderten als Einzelbauten, die in vorhandene Lücken gesetzt wurden, den additiven Gesamteindruck des Schlosses. In einer Zeit, in der in vielen Fürstentümern die Neubauten regelmäßiger Barockschlösser aus dem Boden schossen, war diese Form allerdings überholt, und es wundert daher nicht, dass der standesbewusste Landgraf von Hessen-Darmstadt einen Brand 1715 zur Planung eines monumentalen Neubaues nutzte, und dass er dafür mit Louis Rémy de la Fosse einen Baumeister holte, der sich auch in dem damals tonangebenden Frankreich auskannte. Dass von seiner Planung 1716–27 nur ein eindrucksvoller Flügel zur Stadt hin entstand – hier waren die Brandschäden am größten gewesen –, kann im Grunde auch nicht verwundern, denn die Mittel des relativ kleinen Landes reichten für einen solchen vollständigen Neubau nicht aus.

Anders lag es in der Pfalz. Man könnte denken, dass die Zerstörung des Heidelberger Schlosses 1693 und dessen ungünstige Berglage schnell zu einem Neubau an anderer Stelle geführt hätte – aber die Trennung von der 500-jährigen Stammburg war mühsam und führte ab 1698 zu Planungen, bei denen man zunächst mit aufwendigem Straßenbau ein barock ergänztes Schloss an alter Stelle schaffen wollte und dann in die Ebene westlich der Stadt auswich. 1720 aber riss sich Kurfürst Karl Philip los und verlegte die Residenz in das gut befestigte Mannheim. Damit hatte – nach Darmstadt, das von Anfang an in der Ebene lag – auch die zweite große Residenz des Odenwaldraumes das Gebirge verlassen.

Die einzige Residenz im Wald selbst blieb Erbach; die Schenken hatten im Mittelalter keinen Besitz im besser erschlossenen Vorland erwerben können, und daher blieb ihnen weiterhin nur der Ausbau ihrer längst »altmodischen« Burgen. In Erbach selbst legte man 1722 gegenüber dem Schloss ein kleines Gartenparterre mit Orangerie an und baute dann 1731–36 dessen spätgotischen Kernbau barock um – wobei die schlichte Einflügelform, die Erhaltung des Bergfrieds und der Vorburg, schließlich das Fehlen von Achsenbezügen den engen Finanzrahmen spiegelten. Ähnlich wird man Fürstenau beurteilen, das ebenfalls einen Garten und Nebenbauten erhielt, aber seine Burgform bewahrte, ebenso Schönberg und schließlich Reichenberg, das zwischen 1723 und 1741, als der letzte Reichsgraf von Erbach noch gelegentlich dort wohnte, ein neues Nebengebäude in der Vorburg erhielt.

Aber abgesehen von diesen erbachischen Schlössern und einigen weiteren, die meist im weitesten Sinne pfälzisch waren, erreichte das Burgensterben im 18. Jh. unübersehbar seinen Höhepunkt. War die Aufgabe genutzter Burgen bis zum 16. Jh. selten gewesen und im 17. Jh. kriegerisch bedingt, so zeigten sich nun die Folgen eines eher allmählichen Bedeutungsverlustes, für den die Kriege nur ein Faktor waren – die Veränderung der adeligen Gesellschaft und ihrer Lebensgewohnheiten aber sicherlich ein wichtigerer. Der Adel hatte sich inzwischen an ein luxuriöses Leben gewöhnt, und das fand er vor allem in den fürstlichen Residenzen, die mit den anschließenden Städten nun Zentren des politischen und kulturellen Lebens waren; zudem war der Kontakt mit dem Fürsten und seinem engeren Kreis die weitaus beste Möglichkeit, Reichtum und Macht weiter auszubauen. Die abgelegenen Burgen waren höchstens noch als Symbole der Familientradition von Interesse, und – wenn sie günstig lagen – als Sommersitze und landwirtschaftliche Betriebe. Der rauhe und wenig besiedelte Odenwald bot diese Bedingungen kaum, und das führte nun zur Aufgabe der meisten Burgen.

1703 wird Freienstein als verfallen erwähnt, 1720 das Heidelberger Schloss aufgegeben; 1728/29 baut man die Kernburg von Hemsbach zum Kelterhaus um. 1728 und 1779 wird Lindenfels vom pfälzischen Oberamtmann abgebrochen, der nun in der Stadt wohnt; entsprechend verlässt 1730 der mainzische Amtmann die Burg Miltenberg. 1733 werden Abbrüche der Strahlenburg notiert, wenig später hören die Besuche des Hofes in Lichtenberg auf, das Schloss bleibt immerhin noch Sitz des Amtes. Auch Frankenstein, 1662 von der Erbauerfamilie an Hessen-Darmstadt verkauft, wird dem Verfall überlassen, aber die Vorburg ab 1765 als Forsthaus genutzt. 1765 hebt Mainz die Festungseigenschaft der Starkenburg auf, worauf Abrisse folgen. Entsprechend wird in den Jahren nach 1780 die Verwaltung vom Breuberg nach Neustadt verlegt; der begonnene Abriss der Burg wird aber bald eingestellt. Schließlich ist 1800 auch Reichenberg in Verfall geraten.

Von der militärischen Rolle der Burgen war um diese Zeit nichts mehr übrig. Hatten um 1700 noch vier Odenwaldburgen – alle in schwer angreifbarer Gipfellage – eine Garnison beherbergt, so waren nach der Aufgabe der Starkenburg und des Breubergs ein Jahrhundert später nur noch Dilsberg und Otzberg als pfälzische Festungen übrig. In beiden Fällen war die Festungseigenschaft aber nur noch ein Relikt – moderne Festungen waren seit dem 17. Jh. in der Regel Städte, mit einem komplexen System von Bastionen und Vorwerken, die sich weit ins Vorland erstreckten und den Feind auf Distanz hielten. So etwas fehlte im Odenwald, in seinem Umfeld waren etwa Mannheim, Mainz, Hanau und Würzburg entsprechend ausgebaut. Dementsprechend überlebten auch Dilsberg und Otzberg, in Wahrheit nur noch Kasernen und Staatsgefängnisse, nicht mehr lange. Der noch 1799 von den Franzosen angegriffene Dilsberg diente ab 1803 nur noch als Gefängnis, 1820 begannen auch hier die Abbrüche, auf dem Otzberg – 1803 an Hessen-Darmstadt gefallen – geschah dies nur sechs Jahre später.

Bedeutete das 18. Jh. also das Ende der Burgen als Wehrbauten – und im Odenwald auch weitgehend als adelige Wohnsitze –, so gab es damals andererseits Entwicklungen, die bereits in eine »bürgerliche« Zukunft wiesen, auch wenn es noch Fürsten waren, die die Anfänge bestimmten. Als typisch für den Odenwald erscheinen dabei

Waldleiningen wurde 1828–47 als Jagdschloss der Grafen von Leiningen erbaut, die 1802 die Waldgebiete der säkularisierten Abtei Amorbach als Schadensersatz für ihre linksrheinischen Besitzungen erhalten hatten.

die Jagdschlösser. Die Jagd hatte als adeliges Vergnügen eine lange Tradition, und Burgen in waldreichen Gebieten waren schon immer zu Jagdaufenthalten genutzt worden. Aber erst in der Renaissance war ein spezialisierter Bautypus dieser Funktion entwickelt worden, der primär den fürstlichen Hofstaaten diente, und in den Odenwald drang dieser tatsächlich erst im 18./19. Jhs. ein. Man baute Burgen in solchem Sinne um – so etwa Ernsthofen um 1700 – oder gründete Jagdschlösser neu, wie das erbachische Eulbach, das 1771 aus einem Gut entstand und 1795–98 um ein Wildgehege ergänzt wurde. Unter den Anlagen des 19. Jhs. ist das neugotische Waldleiningen (1828–47) mit seinem Landschaftsgarten hervorzuheben; es entstand in den 1802 an das Haus Leiningen gefallenen Waldungen des Klosters Amorbach.

Will man die höfischen Jagdausflüge als Vorläufer bürgerlicher Freizeitgestaltung betrachten, so gilt das ähnlich für Kuraufenthalte in Bädern. 1767/68 besuchte Landgraf Ludwig VIII. (1739–68) eine vermeintlich heilkräftige Quelle bei Auerbach an der Bergstraße, und nach seinem Aufenthalt entwickelte sich das idyllische Tal zum regelmäßigen Sommeraufenthalt der Landgrafen von Hessen-Darmstadt. Man errichtete eine dorfartige Häusergruppe, die trotz ihrer Bescheidenheit einen großen Teil des Hofstaates samt Gästen aufnehmen konnte; ihr von Schlössern abweichender Charakter spiegelt sich in dem Namen »Fürstenlager«. 1790–95 – eben war Marie-Antoinette aus ihrem ebenso künstlichen »Dörfchen« in Versailles vertrieben worden – ergänzte man die Anlage um später mehrfach erweiterte Gärten. Ab etwa 1830 suchten allerdings nur noch erholungsbedürftige Hofbeamte das »Fürstenlager« auf – ein Beispiel, wie adelige Verhaltensweisen von einer Schicht des keimenden modernen Bürgertums übernommen wurden.

Auch die verfallenden Überreste adeliger Herrlichkeit wurden in dieser Zeit zum Ziel von Promenaden und Ausflügen. In diesem Sinne war das Heidelberger Schloss schon vor 1800 eine gern besuchte Sehenswürdigkeit – das berühmte, aber längst funktionslose Fass wurde zweimal erneuert, und 1804 öffnete man auch den verwilderten Renaissance-Garten und pflanzte ihn zeitgemäß neu an; auch auf dem aussichtsreichen Auerbacher Schloss gab es bereits Ausflugsverkehr. Dies alles leitete die Phase »romantischer« Natur- und Ruinenbetrachtung in der ersten Hälfte des 19. Jhs. ein, aber nicht nur das. Schon in dieser Zeit zeigt sich vielmehr ein überraschend frühes Bewusstsein, dass die verfallenden Burgen auch eine historische Aussagekraft besitzen und daher zu erhalten sind: 1787 empfahl der Mainzer Kurfürst – offenbar erschreckt vom rapiden Abriss der eben noch als Festung genutzten Anlage – seinen Beamten, die Starkenburg als »Denkmal alter deutscher Kunst und Sitte« zu erhalten. An diesem frühen Vorläufer institutionalisierter Denkmalpflege beeindruckt besonders, dass es hier keineswegs um den Erhalt eines dynastischen Symbols ging – die zur Ehe- und Kinderlosigkeit verpflichteten Erzbischöfe konnten keine Dynastie bilden –, sondern wirklich um einen historischen und künstlerischen Gehalt der Burg.

Von der Romantik zur Denkmalpflege (19. und frühes 20. Jahrhundert)

Am Anfang des 19. Jhs. steht im Odenwald die interessante Gestalt des Grafen Franz I. zu Erbach-Erbach (1754–1823), dem wir schon bei der Gründung des Jagdschlosses Eulbach 1771 begegnet waren. Zeigte er sich in dieser Aktion zunächst als typischer, an der Jagd interessierter Adeliger, so ging seine Antikenbegeisterung, die sich in langen Italienaufenthalten und den im Schloss Erbach erhaltenen Sammlungen äu-

Dagsberg/Jossa, Grundriss nach der Ausgrabung 1848 (nach Steinmetz, Burgen im Odenwald)

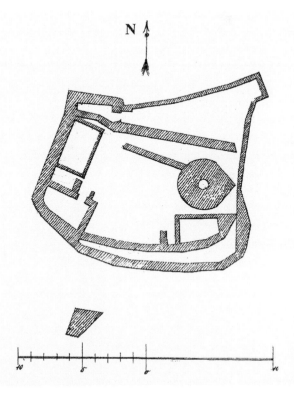

ßerte, deutlich über solch enge Horizonte hinaus. Aus der Begegnung
mit der imperialen Kunst und Architektur in Italien heraus begann er,
nach den römischen Überresten auch im Odenwald zu fragen, und da
diese nicht so monumental hervortraten wie etwa in Rom, ließ er einige
Limeskastelle und -wachtürme ausgraben. Beides – die Übertragung
des Forschungszieles in eine andersartige Landschaft und die Aneig-
nung neuer Methoden – weisen ihn als kreativen Geist aus, keineswegs
nur als reinen Sammler und Nachahmer. Auch die Anordnung seiner
Waffen und Jagdtrophäen in Erbach überragt in ihrem Interesse an
Entwicklungen und Erklärung von Erscheinungsformen deutlich den
platten Jägerstolz und Dünkel vieler Standesgenossen. Die quasi-mu-
seale Darbietung seiner Funde, in Erbach und Eulbach, zeigt ihn dabei
freilich durchaus als zeitgebundenen Romantiker – in Erbach wurden
um und nach 1800 Räume eingebaut, die stilistisch den antiken und
»gotischen« Ausstellungsstücken entsprechen sollen. Und in dem kleinen, aber modernen Landschaftsgarten in Eulbach, den er 1802–07
anlegen ließ, herrscht dasselbe Prinzip – die schönsten Spolien aus den
Römerkastellen wurden als Einzelattraktionen kulissenartig aufgebaut,
und das galt erst recht für eine 1818 errichtete »Burgruine«, in die
unter anderem 1821 Teile der Ruine Wildenberg eingebaut wurden –
eine Beraubung des Denkmales, die freilich noch weit von heutigem
Verständnis entfernt war.

Mit der zeitgemäßen, wenn auch besonders persönlich geprägten
Ausstattung einer Kleinresidenz wie Erbach kann man in dieser Zeit und
in unserem Raum sonst nur Darmstadt vergleichen, das aber eine andere Art Sonderfall darstellte, weil man dort 1805 nur die Bauruine des
»Neuschlosses« von 1716–27 verspätet bewohnbar machte. Beiden
Umgestaltungen haftete aber schon etwas Endzeitliches an, wenn man
bedenkt, dass Franz I. († 1823) der letzte regierende Graf von Erbach
war, und dass das Darmstädter »Neuschloss« schon 1845 vollständig
als Archiv, Bibliothek und Museum umgenutzt wurde.

Größere Überlebenschancen besaßen vergleichsweise jene wenigen
Burgen, die das große Sterben des 17./18. Jhs. überlebt hatten und in
der ersten Hälfte des 19. Jhs. wieder als Wohnsitze ausgebaut wurden.
In der Regel ruhig und schön gelegen und nicht allzu groß, besaßen sie
bereits einen privaten, »romantischer« Weltsicht entsprechenden Charakter, trotz der noch adeligen Bauherrschaft – und eben diese Merkmale sicherten ihnen meist ein Weiterleben als Wohnsitz bis heute.

VUE D'AUERBACH

Klassisches Beispiel ist hier Zwingenberg am Neckar – 1808 vom Großherzog von Baden gekauft, 1844 schonend modernisiert und bis heute
gut gepflegt, auch als Verwaltungssitz der zugehörigen Forsten –, aber
auch die 1815 restaurierte Neckarsteinacher »Vorderburg« fällt in diese
Kategorie und erst recht die um 1822 ausgebaute dortige »Mittelburg«.
Einen formalen Sonderfall bildet das klassizistische »Neue Palais« in
Fürstenau von 1808–11, denn für den modernen Wohnbau in der Vorburg wurde hier die Kernburg geräumt und zeitweise vernachlässigt.

Die gut proportionierte, eindrucksvolle Neckarsteinacher »Mittelburg« entstand ab 1835 in den typischen, türmchen- und zinnenreichen
Formen englisch geprägter Neugotik und ist, bisher eher wenig beach-
tet, eines der frühen Beispiele derartiger Umgestaltungen im deutschen Raum, das gleichzeitig mit Schinkels Neubau von Stolzenfels für
König Friedrich Wilhelm IV. entstand. Die »Mittelburg«, bewohnt und
der Bauforschung bisher unzugänglich, wäre unbedingt eine genaue
Untersuchung wert.

Die enorme Widersprüchlichkeit der Epoche zeigt sich dabei im
Schicksal zweier Nachbarburgen. Während die beiden Neckarstei-

nacher Burgen in hochmodernen Formen ausgebaut wurden, stürzte 1810 in Hirschhorn mangels Bauunterhaltung der gotische Wohnbau mit der Kapelle ein; und in den 1820er Jahren begann gegenüber der Abbruch der eben aufgegebenen »Festung« Dilsberg.

An der Bergstraße blieb die Burgenromantik unauffälliger. 1821 wurde der eingestürzte Nordturm des Auerbacher Schlosses erneuert, wobei die Rolle als Ausflugsziel des großherzoglichen »Fürstenlagers« sicher wichtig war. 1835 (und nochmals 1892) wurde die Ruine Franken-stein im romantischen Sinne hergerichtet, ohne wieder bewohnbar zu werden; auch hier wirkte die Neigung zu Ausflügen, denn die Gaststätte in der Vorburg wurde viel besucht, besonders von Darmstädter Studen-ten. Als einziges noch bewohntes Schloss wurde hier in den 1840/50er Jahren das erbachische Schönberg leicht gotisiert, dessen mittelalter-licher Charakter durch Umbauten des 16. bis 18. Jhs. verloren war und dessen versteckte Lage keine große Wirkung in der Landschaft zulässt. In Lichtenberg, das lange nur noch als Amt gedient hatte, stürzte 1845 der lange vernachlässigte »Katzenelnbogische Bau« ein, der ins 15. Jh. zurückging; an seiner Stelle entstand eine Aussichtsterrasse, und auch der unauffällige Torturm der Vorburg wurde 1855 erneuert.

Einen Sonderfall stellt Schloss Heiligenberg bei Jugenheim dar, denn es entstand als völliger Neubau und nicht als Jagdschloss wie viele dieser Zeit im Inneren des Odenwaldes, sondern in guter Ver-kehrslage über der Bergstraße. Es handelte sich, als Nachfolger des sechs Jahrzehnte älteren, nahen »Fürstenlagers«, um einen Sommer-aufenthalt der großherzoglichen Familie von Hessen-Darmstadt, nun in den zeitgemäßen Formen einer Villa – Vorbild vieler bürgerlicher Bau-ten entlang der Bergstraße. 1827 kaufte Großherzogin Wilhelmine von Hessen ein 20 Jahre altes Landgut und ließ es durch den damals wich-tigsten Architekten des Landes, Georg Moller, zu einem Sommerschloss erweitern. Dem bestehenden Hauptgebäude wurden ab 1831 ein Gäste-haus und ein großer Landschaftsgarten hinzugefügt, ab 1863 – damals wurde das Schloss Wohnsitz des resignierten Thronfolgers Alexander – ergänzte man den Doppelbau zu einer geschlossenen Vierflügelanlage.

Mitte des 19. Jhs. – das Verhältnis des herrschenden Adels zum auf-steigenden Bürgertum durchlebte eben eine heftige Krise – wird auch ein erstes wissenschaftliches Interesse an den Relikten des nun schon weit entfernten Mittelalters greifbar. Während ein zunächst politisches, dann immer stärker sich differenzierendes Publikationswesen aufblühte, fanden erste Ausgrabungen in Burgruinen der Bergstraße statt. Die Initiative ging ursprünglich von Großherzog Ludwig III. von Hessen aus, der 1848 Dagsberg ausgraben ließ, und ein Jahr später Tannenberg; diese zweite Grabung zog besondere Aufmerksamkeit auf sich, weil dabei Überbleibsel der bekannten Belagerung von 1399 gefunden wurden. Ende des 19. Jhs. folgten weitere Burgengrabungen, die nun schon von den Altertumsvereinen initiiert wurden, in denen die noch regierenden Fürstenhäuser keine bestimmende Rolle mehr spielten (1876 Weilerhügel, 1886 Schnellerts, 1887 »Beerfurther Schlössel«).

Auch sonst fallen in der zweiten Hälfte des 19. Jhs. zunehmende Aktivitäten des Bürgertums in ehemals fürstlichen und adeligen Domänen auf. So schufen zwei Angehörige des gebildeten Beamtenstandes – der Archivar Friedrich Gustav Habel und danach der Kreisrichter Wilhelm Conrady – ab 1858 in der seit 140 Jahren leer stehenden Burg Miltenberg eine große Kunst- und Archivaliensammlung; beide wohnten auch in der Burg, mitten unter ihren »Schätzen«, was an den Fürsten Franz zu Erbach-Erbach erinnert. Maßstabsetzend wirkte die neue bürgerliche Kultur aber vor allem in der 40-jährigen Diskussion um den Wiederaufbau des Heidelberger Schlosses, dessen Ergebnis – wenn man so will – als entscheidende Niederlage adelig geprägter Burgenromantik gegen das inzwischen herangewachsene wissenschaftlich fundierte Verständnis eines Baudenkmals begriffen werden kann. 1866 wurde der »Schlossverein« gegründet – Vorläufer zahlloser Vereine, die sich bis heute um Burgen und Ruinen kümmern – und 1883 das »Schlossbaubüro«. In beiden Institutionen spielte die Absicht des badischen Fürstenhauses, das Schloss wieder aufzubauen, eine starke Rolle; insbesondere wäre die aufwendige Dokumentation der riesigen Ruine durch das Baubüro sicher ohne die Absicht der Wiederherstellung kaum finanziert worden. Die 1891 getroffene Entscheidung gegen den Wiederaufbau und die bis in die ersten Jahre des 20. Jhs. in diesem Sinne durchgeführten Maßnahmen werden zurecht als Markstein auf dem Wege zu einer wissenschaftlich fundierten Denkmalpflege verstanden.

Dass mit einer solchen, weithin beachteten und geradezu symbolhaften Entscheidung keineswegs alle Probleme bei der Erhaltung der Burgen und Ruinen beseitigt waren, zeigt ein anderes Beispiel allerdings deutlich. Im gleichen Jahr, in dem man in Heidelberg zugunsten der Erhaltung der Ruine entschied, eröffnete nur sechs Kilometer entfernt ein Steinbruch, dem dann in den folgenden 35 Jahren ein großer

Teil der Ruine Schauenburg zum Opfer fiel – ihr Rest dominiert heute eine völlig künstliche Schluchtenlandschaft. Derartige Zerstörungen durch Kollision mit wirtschaftlichen Interessen nahmen später freilich ab – begünstigt durch die weiterhin bestehende Abgelegenheit des Odenwaldes. Die Burgen – zum kleinen Teil noch bewohnbar, weit überwiegend Ruinen – wurden zunehmend Eckpfeiler einer touristischen Nutzung, für die die dünne Besiedlung und begrenzte Wirtschaftsdynamik gerade umgekehrt zum Vorteil wurde. Dass ihr Schutz im Interesse aller lag, wurde bald begriffen und verstetigte die denkmalpflegerischen Anstrengungen – auch wenn Pannen wie etwa der Einsturz der allzu lange unbeachtet gebliebenen Schildmauer von Freienstein 1988 allemal daran erinnern, wie schwer die Beschaffung nötiger Gelder oft fällt.

Letzte Wallungen einer »nationalen« Symbolik, die mit den Burgen verbunden wurde – zu Unrecht, denn in der Realität waren sie ja Rückhalt partikularer Interessen, deren Einigung zur Nation gerade in Deutschland mühsam verlief –, waren im Odenwald die Neubauten der Wachenburg und auf der Starkenburg. Die Wachenburg, 1907–13 völlig neu geschaffen und 1927/28 erweitert, ist eine Gedenkstätte für die Kriegsgefallenen eines Verbandes von Corpsstudenten. Die frei eingesetzten Formen einer »romanischen« Burg schienen in wilhelmischer Zeit für eine solche Aufgabe angemessen. Und der neue Turm der Starkenburg, 1927–30 als Jugendherberge aufgeführt, setzte zwar auch noch auf romanisches Pathos, aber die Nichtvollendung vor allem des Torbaues begrenzte die Wirkung; und mit der neuen Jugendherberge der 60er Jahre zog auch hier eine Zurückhaltung ein, die dem »echten« Mittelalter seine Dominanz lässt.

II Burgen und Schlösser an der Bergstraße

Darmstadt

INFORMATION

Im Zentrum von
Darmstadt, am
Marktplatz. Uni-
versitätsinstitute,
Landes- und
Hochschulbiblio-
thek, Stadtarchiv,
Schlossmuseum,
Denkmalamt u.a.

Das Darmstädter Schloss ist mit dem Heidelberger Schloss unter den Burgen und Schlössern des Odenwaldraumes eine Ausnahme. Zwar waren beide anfangs Burgen, aber ihre Funktion als Sitz frühneuzeitlicher Landesfürsten hat sie umfassend verändert. Die ständig weiterentwickelten Bedürfnisse des Hofstaates und der Verwaltung brachten eine Fülle von Neubauten hervor, deren Unübersichtlichkeit noch dadurch gesteigert wurde, dass die Bauten oft umgenutzt und durch neue ersetzt wurden und dass manch großes Konzept unvollendet blieb. Der heutige Bau ist daher kein geschlossenes Ganzes mit übersichtlichen Funktionen, sondern eher eine Ansammlung schwer deutbarer Bruchstücke. Für ein tieferes Verständnis ist bei derartigen Bauten eine intensive Auseinandersetzung mit der Fachliteratur nötig.

Das Darmstädter
Schloss aus der
Luft, von Südosten. Das Fünfeck
der ehemaligen
Burg ist oben
rechts noch klar
zu erkennen.

Die Burg

Das schon im 11. Jh. erwähnte Dorf Darmstadt erhielt 1330 Stadtrechte, und ein Jahr später wird auch zum ersten Mal die Burg genannt; der Ort gehörte spätestens seit Mitte des 13. Jhs. den Grafen von Katzeln- bogen. Stadtwerdung und Burgbau waren vermutlich ein einheitlicher Vorgang, aber die anfangs unbedeutende Burg diente zunächst nur als Witwensitz. 1355 – 60 wurde sie erheblich ausgebaut und erhielt 1377 eine neue Kapelle, vielleicht auch schon einen Saalbau. Von 1449 bis 1453 war Darmstadt Hauptsitz der Katzenelnbogener in ihren südlichen Territorien.

Die Wasserburg des 14./15. Jhs. war ein unregelmäßiges Fünfeck von etwa 40 m Durchmesser, mit Wohnbau im Nordwesten (»Herren- bau«, C auf dem Plan), einem weiteren Bau im Osten und wohl zwei Rundtürmen im Westen und an der Südostecke. Erhalten sind davon – außer dem unregelmäßigen Grundriss des »Kirchenhofes« (A) – nur die Außenmauern des »Herrenbaues« (C); der Ostbau ist durch Grabungen im Jahre 1900 bekannt, der Bergfried am Südosteck bestand bis 1699. Ob die Burg schon einen umlaufenden Zwinger besaß und die Gestal- tung der Wassergräben sind unklar; ein Torzwinger ist archäologisch erwiesen.

Das Renaissanceschloss

Die Burg – sie war 1479 beim Aussterben der Katzenelnbogener an Hessen gefallen und 1546 im Schmalkaldischen Krieg abgebrannt – wurde nach der Teilung der Landgrafschaft 1567 zum Sitz der Linie Hessen-Darmstadt. Diese schuf bis Ende des 16. Jhs. ein großes Resi- denzschloss in Renaissanceformen. Zunächst wurden 1569 die Wälle zu Gartenanlagen umgestaltet, aber 1589 legte man dann neue Wälle mit kleinen Bastionen an. Im selben Jahr entstanden stadtseitig Zeughaus, Marstall und Kanzlei – typische Funktionsbauten einer frühneuzeitli- chen Residenz (die später dem Barockschloss wichen).

Auf diese Erneuerung der Außenbereiche folgte der Neubau des eigentlichen Schlosses. Im Westen blieben der Wohnbau des 14. Jhs., der »Herrenbau« (C), und der wohl im 14./15. Jh. entstandene »Weiße Saalbau« (D) erhalten, aber Ost- und Südseite der Burg wurden nie-

Schloss Darm-
stadt, Grundriss.
Die Buchstaben
sind im Text erläu-
tert (nach Haupt,
Kunstdenkmäler,
Abb. 62).

dergelegt; nur der Bergfried blieb zunächst stehen. Als neuer Ost- und
Südflügel des inneren Schlosses entstanden 1595–97 der »Kaisersaal-
bau« (F) mit dem großen Saal im zweiten Obergeschoss und der »Kirchenbau« (E). Dieser enthielt über der Schlosskapelle, einem typisch
protestantischen Bau mit allseitigen Emporen, die kurfürstlichen Ge-
mächer; er wurde durch den »Paukergang« (G) mit dem »Herrenbau«
(C) verbunden. Damit war ein modernes Schloss entstanden, das aber
Kernburg und Wirtschaftshof der Burg noch widerspiegelte. Es ist bis
heute erhalten, allerdings unter Verlust vor allem der beiden Türme
und der Zwerchgiebel; zudem sind südlich nicht mehr Nebengebäude
vorgelagert, sondern hier erhebt sich das monumentale Barockschloss.

Im 17. Jh baute man insbesondere den stadtseitigen Schlossteil aus. Hier wurde 1627–32 die Kanzlei vergrößert, und ab 1663 entstand der »Glockenbau« (H) für die Familie Ludwigs VI.; sein Erdgeschoss diente als Zeugsaal, denn das Zeughaus war für den Neubau abgebrochen worden. Der »Holländische Bau«, eine Galerie, verband seit 1671 den »Glockenbau« mit der Kanzlei und dem Schlosstor im Südwesten. Schließlich entstand 1678 der »Prinz-Christian-Bau« (J) zwischen innerem Schloss und Kanzlei. Mit diesen Bauten drang das landgräfliche Wohnen in den früheren Vorhof ein; erhalten sind nur der »Glockenbau« (H), der mit seinem Turm noch Merkmale der Renaissance zeigt, und der unauffällige »Prinz-Christian-Bau« (J).

Darmstadt, der Mittelpavillon gegen den Marktplatz

1715 vernichtete ein Brand die Kanzlei im Süden und die anstoßenden Teile des inneren Schlosses. Da der Landgraf mit dem vielfach umgebauten Zustand seines Hauptsitzes schon lange unzufrieden war, plante er nun einen umfassenden Neubau.

Das Barockschloss

Der Wiederaufbau sollte ein Barockschloss schaffen, das den allenthalben in Europa entstehenden Fürstenresidenzen paroli bieten konnte. Deswegen beauftragte man einen aus Frankreich stammenden, aber bereits in Deutschland tätigen Architekten, Louis Rémy de la Fosse (*um 1659, †1726). Er entwarf – gegen Bedenken der Finanzfachleute – einen riesigen Neubau, der das alte Schloss restlos ersetzt hätte. Die Anlage wäre etwa quadratisch geworden, weiterhin von einem Wassergraben umgeben, mit verschiedenen Fronten gegen die Stadt und den neuen Schlossgarten im Norden. Stadtseitig war eine Fassade mit drei Pavillons vorgesehen; sie wurde als einziger Teil 1716–27 realisiert. Dagegen war die Gartenfassade bewegter konzipiert, mit vorspringenden Eckpavillons, einer Terrasse im 1. Obergeschoss und einem großen Saal im 2. Obergeschoss. Die Mitte der mehrhöfigen Anlage sollte ein hoher Turm einnehmen, quasi als Nachfolger des erst 1699 niedergelegten Bergfrieds.

Der Großteil dieses »Neuschlosses« blieb unausgeführt, denn die Planung überforderte die Finanzen des zersplitterten und wirtschaftlich schlecht organisierten Landes. 1727 blieben der marktseitige Südflügel und der Ansatz des Westflügels im Rohbau stehen, nur die Erdgeschosse

wurden genutzt, die Fenster der Obergeschosse vernagelt. Hinter dem unvollendeten Flügel blieb das eigentlich zum Abbruch bestimmte Renaissanceschloss zwar weitgehend erhalten, wurde aber von den Landgrafen lange gemieden.

Erst Ludwig X. – seit 1806 Großherzog – nutzte das Schloss wieder als Residenz. 1805 wurde das »Neuschloss« mit Fenstern versehen, 1808 sein Ostteil als Museum genutzt. Zwischen 1812 und 1833 legte der Weinbrenner-Schüler und großherzogliche Baurat Georg Moller (1784–1852) Projekte zur Ergänzung dieses Teilbaues vor, weiterhin unter Aufgabe des alten Schlosses – und wieder scheiterte der Bau an Geldmangel. 1845 schließlich wurde das gesamte »Neuschloss« für Bibliothek und Archiv sowie für das Museum umgenutzt; die älteren Schlossteile, zurückhaltend modernisiert, blieben bis 1918 Wohnung des Großherzogs.

Ab 1929 wurde das Schloss restauriert, nur um 1943/44 durch Luftangriffe zerstört zu werden. Der 19702 abgeschlossene Wiederaufbau hinterließ ein Gebäude, das die Bauabschnitte des Schlosses noch erkennen lässt und auch wieder jene kulturellen Funktionen aufnimmt, die es im 19. Jh. erhalten hatte, ergänzt durch die Universität. Sein in Jahrhunderten gewachsenes Innenleben ist jedoch verloren; nur das Schlossmuseum gibt davon noch eine Ahnung.

Frankenstein

INFORMATION

Die Auffahrt zweigt von der südlichen Ortsumgehung von Eberstadt (B 426, Richtung Oberramstadt) gegen Süden ab. Ruine mit Gaststätte.

Bei der ersten Erwähnung von Frankenstein 1252 wird auch der vermutliche Erbauer genannt, Konrad Reiz von Breuberg, der hier weit von der väterlichen Burg eine eigene Herrschaft begründete. Alle angeblich früheren Erwähnungen der Burg, die noch in jüngster Zeit wiederholt werden, sind entweder phantasievollen »Turnierbüchern« des 16.–18. Jhs. entnommen, die kritischer Prüfung nicht standhalten, oder sie beziehen sich auf andere Burgen des Namens, etwa jene im Pfälzerwald.

Die Herren von Frankenstein, die im 14./15. Jh. mehrere Linien bildeten, blieben bis 1662 Besitzer der Burg und verkauften sie dann den Landgrafen von Hessen-Darmstadt. Sie diente noch ein Jahrhundert als Gefängnis und Invalidenhaus, ab 1765 überlebte nur das Forsthaus in der Vorburg. Im 19. Jh. wurde es zur Gastwirtschaft und Treffpunkt der Darmstädter Technikstudenten; der Nachfolgebau aus den 1970er Jahren prägt heute die Vorburg und bietet einen Blick über die Rheinebene bis nach Frankfurt, zum Taunus und Pfälzerwald.

Die Ruine der Kernburg wurde 1835 und nochmals 1892 im romantischen Sinne ergänzt, weswegen heute die Reste der mittelalterlichen Bauteile, aus Granit-Bruchstein, kaum näher einzuschätzen sind. Ob Mary Shelley – Verfasserin des Romans »Frankenstein oder der moderne Prometheus« (1816), des Urvaters des literarischen Horrorgenres – die Burg besucht oder nur indirekt von ihr oder der Familie gehört hat, ist umstritten.

Aus der Gründungszeit des 13. Jhs. stammt nur noch die polygonale Ringmauer der Kernburg, die im Süden und Westen höher erhalten ist. An der Nordostecke springt eine moderne Terrasse gegen Osten vor, unter deren Südseite, im einspringenden Winkel der Kernburgmauer, Fundamentreste freiliegen; sie dürften wohl zu einem Torzwinger gehört haben. Über die erste Innenbebauung der Kernburg wissen wir nichts mehr; im Westen findet man heute nur Reste späterer Gebäude. Unter Treppen und Terrassen von 1892 sind die Mauern des »Philippsbaues« zu ahnen, mit einem runden Treppenturmstumpf im Osten; dieser Bau war nach einer Inschrift – heute unleserlich in der Kapelle – 1517 erbaut. Der die Kernburg überragende »Turm« war ein Anbau an seine Südwestecke; sein oberstes Geschoss ist im 19. Jh. erneuert. Von

Frankenstein, der Turm der Kernburg mit dem Obergeschoss von 1892

einem weiteren Bau an der Nordseite des »Philippsbaues« ist nur ein Schutthaufen mit einem Kellerraum unter der Terrasse erhalten.

Vielleicht noch aus dem 13. Jh. stammt der bis zu 25 m breite Zwinger, der sich – weitgehend erneuert – um die Kernburg legt. Er ist im Westen, gegen den Burgweg, durch einen restaurierten halbrunden Schalenturm verstärkt, der nach seinen Maulscharten wohl aus dem späten 15. Jh. stammt. Hinter ihm liegen Ruinen eines Nebengebäudes.

Den Hauptakzent der Burg bildet heute der Torturm des frühen 15. Jhs., der von Norden in den Zwinger und über eine Rampe des 19. Jhs. zur Kernburg führt. Er war im Mittelalter niedriger, erst 1892/93 wurde das oberste Geschoss mit Steildach aufgesetzt und jenes darunter weitgehend erneuert. Das Spitzbogentor liegt in der typischen Rechteckblende einer Zugbrücke, an deren Stelle jetzt eine Rampe empor führt. Das zweite Obergeschoss des Turmes kragt über einem rundbogigen Maßwerkfries vor, unter dem außen das Wappen der Frankensteiner eingemauert ist.

Vor der Südseite der Kernburg steht, isoliert zwischen zwei Gräben, die Ruine eines quadratischen Turmes, mit Maulscharten im Erdgeschoss und einem Fenster gegen die Angriffsseite im Obergeschoss. Zweifellos gehört er mit seinen dünnen Mauern noch in die Anfänge der Feuerwaffenzeit, also wohl in die zweiten Hälfte des 15. Jhs.

Auf der Bergspitze nördlich der Kernburg liegt die Vorburg, die heute durch den Neubau des Gasthauses geprägt ist. Nur die Kapelle und die Ostmauer auf hohen Felsen zeigen noch, dass auch dieser Teil der Burg spätmittelalterlich ist; die Ausfallpforte, mit einem kleinen

Frankenstein, Grundriss um 1925. Die Gebäude der Vorburg sind später durch die moderne Gaststätte ersetzt worden. (nach Bronner, Odenwaldburgen, mit Änderungen von Th. Biller)

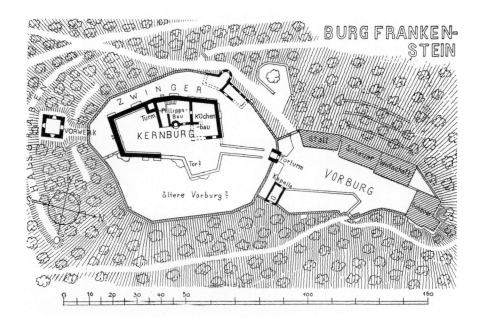

Flankenturm daneben, enthält noch alte Gewändeteile. Das Haupttor ist dagegen im 19. Jh. erneuert, ebenso das Stallgebäude daneben. Die spätgotische Burgkapelle, ebenfalls im 19. Jh. überarbeitet, ist ein Saalbau mit abgeschrägter, auf die Ringmauer gesetzter Ostwand. Sie enthält drei Renaissance-Grabdenkmäler von Frankensteinern, die Mitte des 19. Jhs. aus Kirchen der Umgebung umgesetzt wurden; sie sind aber nicht mehr vollständig und teilweise falsch montiert. Das älteste ist das des Hans von Frankenstein († 1538) und seiner Frau Irmel, geb. von Klee († 1533), aus der Kirche von Eberstadt, an der Nordwand. Das größte Epitaph, an der Giebelseite, stammt aus Nieder-Beerbach, im Tal östlich der Burg; es ist jenes von Philipp Ludwig, mit dem die jüngere Linie 1602 ausstarb. Schließlich stammt das Grabmal von Ludwig III. von Frankenstein und seiner Frau Katharina von Rodenstein, an der Südwand, von 1606.

Tannenberg

INFORMATION

Von Seeheim(-Ju-
genheim) Richtung
Ober-Beerbach
fahren, den Schil-
dern »Burg Tan-
nenberg« nach.
Hinter dem Ort
rechts Abzweig
zur Lufthansa-
Schulungsstätte,
dort bis ans Ende
des oberen Park-
platzes fahren.
Ausgeschilderter
Aufstieg etwa 20
Minuten.

Tannenberg wurde nach lange herrschender Ansicht erst 1239 erwähnt, unter dem Namen Seeheim, als Besitz Ulrichs von Münzenberg. Thomas Steinmetz wies aber darauf hin, dass Kuno II. von Münzenberg bereits 1210 »Cono de Tanebr.« genannt wurde. Nach dem Aussterben der Münzenberger 1255 fiel sie mit den Dörfern Jugenheim, Hähnlein und Beedenkirchen an die Falkensteiner, ein Sechstel an die Grafen von Hanau. Daraus entwickelte sich bis 1382 – von damals ist ein Burgfriede erhalten – eine Aufteilung unter beachtliche 17 Mitbesitzer. Einer von ihnen, Hartmut d. J. von Kronberg, plünderte Kaufleute auf dem Weg nach Frankfurt aus. Deswegen verbündete sich der Wetterauer Städtebund 1399 mit dem Pfalzgrafen, den Erzbischöfen von Mainz und Trier und dem Bischof von Speyer, um Tannenberg zu zerstören. Die Burg wurde 25 Tage belagert, wobei beide Seiten neben Bliden auch Pulvergeschütze einsetzten, und am 21. Juli 1399 eingenommen, nachdem die mühsam herangeschaffte »Große Frankfurter Steinbüch-

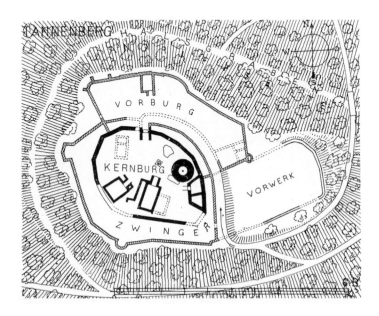

Tannenberg,
Grundriss (nach
Bronner, Oden-
waldburgen, mit
Änderungen von
Th. Biller)

se« schon mit dem zweiten Schuss den Bergfried schwer beschädigt hatte. Nach diesem Ereignis – einem der frühen Einsätze von Kanonen in Deutschland – wurde Tannenberg zerstört und nie wieder aufgebaut.

Die Grundmauern der Burg wurden 1849 auf Wunsch des Großherzogs Ludwig III. von Hessen-Darmstadt freigelegt, wobei unter anderem die berühmte »Tannenberg-Büchse« – ein kleineres Geschütz, heute im Germanischen Nationalmuseum Nürnberg – gefunden wurde, aber die mangelnde Grabungsmethodik noch keine Erkenntnisse zur Entstehungszeit der Burg zuließ. Einige Grabungen seit 1972 wurden 2008 von Astrid Schmitt ausgewertet; das reiche, allerdings kaum stratigraphisch einzuordnende Fundmaterial reicht bisher nur bis in die 2. Hälfte des 13. Jh. zurück.

Die nur noch niedrigen Reste der Burg liegen auf einem isolierten Gipfel, dessen Hänge im Norden und Westen durch einen Ringgraben verstärkt sind. Das Mauerwerk aus Granitbrocken lässt keine Scheidung und Datierung von Bauabschnitten zu, zumal nach mehrfacher Restaurierung. Auf der höchsten Stelle liegt die Kernburg, umgeben von

Tannenberg, das Innere der Kernburg mit den Kellern zweier ehemals frei stehender Häuser, dahinter der Stumpf des Bergfrieds

einer polygonalen, im Süden und Westen teils fehlenden Ringmauer; sie besaß im Norden vielleicht einen kleinen Torturm. Ergrabene Keller bezeugen vier Gebäude, von denen sich nur eines, im Osten, an die Ringmauer lehnte. Es entstand vermutlich schon mit der Mauer und nahm in seiner Grundrissform bereits auf den nachträglich errichteten Bergfried Rücksicht; dass dieser erst Ende des 13. Jh. oder noch später entstanden sei, ist aber wohl Überinterpretation eines allzu begrenzten Grabungsbefundes. Von anderen Gebäuden im Westen des Hofes sind Keller erhalten, wohl Reste von Holz- oder Fachwerkhäusern der Ganerben aus dem 14. Jh., die sich ebenfalls an die Ringmauer lehnten. Nahe dem Bergfried ist eine der am Oberrhein üblichen Filterzisternen restauriert worden. Der mit zwei Streichwehren versehene Zwinger um die Kernburg, der ja vor der Zerstörung 1399 bestanden haben muss, ist wichtig, weil umlaufende Zwinger – bei Burgen wie bei Städten – nur selten datierbar sind. Die Vorburg enthält noch zwei Gebäudereste, und ein östlich vorspringendes Außenwerk, von dessen Trockenmauern man im 19. Jh. Spuren fand, war wohl eine zweite, vielleicht die ältere Vorburg. Diese sicherte jedenfalls den von Norden kommenden Burgweg und dessen Übergang über den Ringgraben.

Die Mauerwerksbrocken des Bergfrieds im Hof und einige Kanonen- oder Blidenkugeln sind heute die einzige Erinnerung an die Zerstörung der Burg. Offenbar wurde der Turm nach der Einnahme gesprengt oder durch Unterminierung zum Einsturz gebracht. Man darf vermuten, dass die Geschütze 1399 auf dem nur 30 m niedrigeren Bergvorsprung im Norden der Burg standen. Eine über die Burg hinweg geflogene Kugel landete im Stettbacher Tal südlich unter ihr, wo sie beim Bau des Hotels »Brandhof« gefunden und ausgestellt wurde.

Heiligenberg über Jugenheim

Auf einem der vorderen Berge des Odenwaldes über Jugenheim, unter einer erhaltenen »tausendjährigen« Linde, tagte bis zum mittleren 16. Jh. ein Zentgericht; es ist seit 1399 erwähnt, war aber fraglos weit älter. Neben der Gerichtslinde entstand im 13. Jh. ein Nonnenkloster als »Hauskloster« der Herren von Bickenbach, das 1413 aufgehoben wurde. Der Name Heiligenberg und Funde karolingisch-ottonischer Keramik deuten auf ein älteres, heidnisches Heiligtum; auch eine frühe Befestigung wurde vermutet.

Auf dem Ostteil des Berges ließ der hessische Hofkammerrat August Konrad von Hofmann 1814–16 ein Landgut erbauen, das 1827 Großherzogin Wilhelmine von Hessen (1786–1836) kaufte und ab 1831 durch den Weinbrenner-Schüler Georg Moller zu einem Sommerschloss ausbauen ließ. Dem bestehenden »Vorderhaus« wurde eine Aussichtsterrasse hinzugefügt, das »Hinterhaus« entstand als Gästehaus. Um das Schloss wurde der englische Landschaftsgarten angelegt, der in Grundzügen erhalten ist. Aus dem verfallenen Kloster machte man eine künstliche Kirchenruine, für die Bauteile der 1827 abgebrochenen Dorfkirche von Gronau verwandt wurden, auch Grabmäler von dort und aus dem Klos-

INFORMATION

Über (Seeheim-)
Jugenheim. Unterhalb der Kirche
führt ein Tor in
den Schlosspark,
dahinter ein ansteigender Fahrweg etwa 1 km
lang zum Schloss
(nur zu Fuß!). Hessisches Landesinstitut für Pädagogik, gelegentlich
Ausstellungen.

Schloss Heiligenberg, Ausfahrt des
Prinzen Alexander
Zeichnung von
Handke, 1865
(Bildarchiv SMPK,
Berlin)

ter selbst. Ein großes goldenes Kreuz von 1866 erinnert an Großherzogin Wilhelmine, die mit dem Schloss auch die Entwicklung Jugenheims
zum Kurort und zur bildungsbürgerlichen Villensiedlung einleitete.

Die heutige Form erhielt das Schloss 1863–77 als Wohnsitz von
Prinz Alexander von Hessen (1823–88) und seiner Gemahlin Julie von
Hauke (1825–95), der 1858 der Titel Prinzessin von Battenberg verliehen wurde; Alexander verzichtete für die Liebesheirat auf die Thronfol-
ge. Ihre Nachkommen betrachten das Schloss bis heute als Stammsitz
der Familie. Der Sohn von Alexander und Julie, Ludwig von Battenberg
(1854–1921) – Großvater des heutigen britischen Prinzgemahls Philip –, wurde 1868 britischer Staatsbürger und 1914 Flottenadmiral und
»Erster Seelord« von Großbritannien. 1917, in der deutschenfeindlichen
Stimmung des Krieges, änderte er seinen Namen in Mountbatten.

Ab 1863 wurden dem Schloss größere Seitenflügel hinzugefügt und
so entstand, unter Erhaltung von »Vorder-« und »Hinterhaus«, die heutige Vierflügelanlage. Im späten 19. Jh. waren hier oft die Spitzen des
europäischen Adels zu Gast, vor allem die Familie des Zaren Alexander
II. (1818–1881), der mit Marie von Hessen verheiratet war. Im Park steht
das Mausoleum der Familie Battenberg/Mountbatten von 1894; neben
dem Schloss ist Lord Louis Mountbatten (1900–79) begraben, der seit
dem zweiten Weltkrieg hohe Funktionen in der britischen Marine erfüllte und ab 1947 letzter Vizekönig von Indien war.

Schloss Heiligen-
berg aus dem
Park, von Osten

Alsbacher Schloss und »Weilerhügel«

Die Herren von Bickenbach – einem Dorf bei Seeheim-Jugenheim – besaßen nacheinander zwei Burgen, die ein gutes Bild von der Entwicklung der Adelssitze an der Bergstraße ergeben: Die heute »Weilerhügel« genannte Motte, 2 km westlich vom Dorf in der Ebene, und die Höhenburg Bickenbach, das heutige »Alsbacher Schloss« 3 km südlich.

Der »Weilerhügel« ist in der teils sumpfigen Landschaft des »Rieds«, durch die sich früher der Neckar schlängelte, als bewaldeter, fast 11 m hoher Hügel erhalten – für eine deutsche Motte eine enorme Höhe! Ein verflachter Graben umschließt die leicht erhöhte Vorburg, ein äußerer, heute eingeebneter Graben umzog beide Teile. Diese erste Burg der Bickenbacher erscheint zuerst 1130, als dort eine Kapelle gestiftet wurde; Keramik deutet aber auf Existenz schon im 11. Jh. Bei Grabungen 1876 wurden ein Buckelquader und der Sturz eines romanischen Doppelfensters gefunden, auch Ringmauerreste der Vorburg; Ringmauern und ein

INFORMATION

Beschilderte Auffahrt und Wanderweg von Alsbach; Ruine mit Burgschänke. Der »Weilerhügel« (Privatbesitz) ist über Feldwege von Bickenbach aus erreichbar.

Das Alsbacher Schloss von der Angriffsseite, im Vordergrund der südwestliche Eckturm des Zwingers

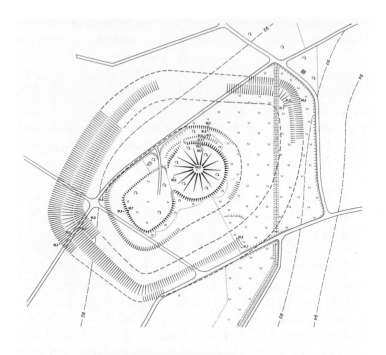

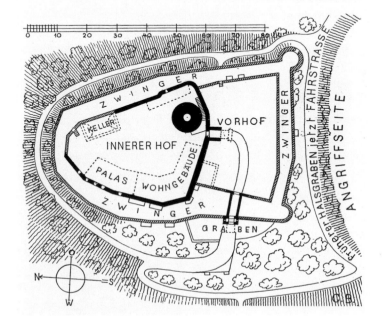

»Weilerhügel«, Lageplan (oben), und Burg Bickenbach (»Alsbacher Schloss«), Grundriss (nach Göldner, Der Weilerhügel ..., mit Ergänzungen, und Bronner, Odenwaldburgen)

Steingebäude sollen 1913 auch auf der Motte ergraben worden sein. Die Burg ist also noch nach 1130 ausgebaut worden – Buckelquader kamen erst in der zweiten Jahrhunderthälfte auf – und existierte nach Quellen und Keramik als Wirtschaftshof bis ins 15. Jh.

Im 13. Jh. benötigten die Herren von Bickenbach aber offensichtlich eine statusträchtigere Höhenburg – ein zeittypischer Vorgang. 1254 ist diese neue Burg Bickenbach, das heutige »Alsbacher Schloss« erwähnt – Urkunden von 1241 und 1245 deuten ihre Existenz schon an – und zwar in der Schenkung eines Burgmannen. Burgmannen konnten sich nur begüterte Geschlechter leisten; 1371 erfahren wir, dass ihre Häuser in der Vorburg lagen.

Das Alsbacher Schloss, auf einer der vorderen Gebirgshöhen, wirkt ein wenig wie das Modell einer Burg – die Kernburg mit abgerundeten Ecken und dem runden Bergfried, die Vorburg gegen den Halsgraben, der Zwinger mit zwei Streichwehren an der Angriffsseite. Die Ausführung in vielfach ausgefugtem Granit-Bruchstein bewirkt freilich, dass man die Bauteile kaum datieren kann, und die Öffnungen sind alle im 15./16. Jh. erneuert – das Kernburgtor, der Einstieg des Bergfrieds, die rechteckigen Doppelfenster an der Südseite. Die Bebauung ist sonst verschwunden, nur der dickwandige Bergfried mit zwei (originalen?) Kuppelgewölben und Zinnen des 19. Jhs. steht noch neben dem Tor. Der Zwinger entstand erst im 15./16. Jh.; seine Ostseite zeigt noch einen Rundbogenfries, darüber aber viel zu kleine Zinnen des späten 19. Jhs. Die Streichwehren besitzen Schlitzscharten, im Nordostturm eine Maulscharte, der flankierend vorspringende äußere Torbau Schlüsselscharten. Auch die Kernburg erhielt in der Spätzeit einen Vorbau für eine Zugbrücke; vor beiden Toren entstanden Bogenbrücken.

Im 14. Jh. war die Burg, nach Linienteilungen ihrer Gründer, zur Ganerbenburg geworden; Kurmainz, die Schenken von Erbach und die Grafen von Rieneck hatten nun Besitzanteile. 1463 wurde sie von Frankfurt eingenommen und geplündert, 1504 nahmen sie die Landgrafen von Hessen ein, die durch das Erbe der Katzenelnbogener 1479 schon Besitz in der Umgebung hatten. Noch 1622 flüchtete die Bevölkerung vor den mansfeldischen Truppen in die Burg; erst nach dem Dreißigjährigen Krieg wurde sie Ruine.

Auerbacher Schloss

INFORMATION

Autozufahrt als
Einbahnstraße
vom nördlichen
Ortsende von Au-
erbach, Abfahrt
gegen Süden, zur
Straße Auerbach-
Hochstädten.
Ruine mit Res-
taurant (nur an
bestimmten Tagen
geöffnet).

Die Burg über dem Dorf Auerbach ist zuerst 1247 belegt, als Burgmannen der Grafen von Katzenelnbogen zu »Urberg« erwähnt sind; mit der
Endung »-berg« muss bereits die Burg gemeint sein, die dann 1258 ex-
plizit erwähnt wird. Vermutungen, sie gehe als Gründung des Klosters
Lorsch bis ins 11. Jh. zurück, sind unbelegt; eher ist mit einem Neubau
der Grafen nach 1232 zu rechnen, gegen das Erzstift Mainz. Damals
bauten die Katzenelnbogener ihre Position im Norden des Odenwaldes,
die »Obergrafschaft« aus, auch gegen die vordringenden Erbacher;
Lichtenberg und Reinheim wurden damals wohl auf Rodungsland gegründet, Zwingenberg und das von den Grafen abhängige Rodenstein
entstanden wenig später.

Dass die heutige, eindrucksvolle Anlage von Auerberg im 14. Jh.
entstand, ist anerkannt – umstritten aber ist, welche älteren Teile in ihr
stecken. Bronner nahm an, die Ringmauer der Kernburg sei insgesamt

Das Auerbacher
Schloss aus der
Luft, von Westen.
Im Vordergrund,
hinter der moder-
nen Gaststätte, die
um ein Geschoss
erniedrigte Wand
des Wohnbaues,
rechts dahinter der
Saalbau und das
Bollwerk gegen
die Angriffsseite

älter, mit den Rundtürmen im Westen und einem dritten, den er an der Ostspitze annahm; auch den 1902–07 hinter der Nordostmauer ergrabenen runden Bergfried hielt er für älter, und die Grundmauern des Saalbaues. Bei einer Teilung 1318 sind tatsächlich mehrere Türme belegt, wobei aber nur der Bergfried identifizierbar ist, der nach anderem Beleg zwischen 1347 und 1403 einstürzte. Das ergibt kein genaues Bild der älteren Burg, und es ist auch unbekannt, wann der heutige Bau entstand, denn obwohl die katzenelnbogischen Quellen gut erhalten sind, fehlen dazu alle Nachrichten. Jedenfalls wurde hier Ende des 14. Jhs. eine Burg errichtet, die mit ihrer symbolhaften Architektur ein Zentrum katzenelnbogischer Herrschaft sein sollte.

Beim Aussterben der Grafen 1479 fiel Auerberg an Hessen und blieb Sitz eines Amtes. Die Burg verfiel nach der Einnahme durch Turenne 1674. Restaurierungen setzten Anfang des 19. Jhs. ein, nachdem die Ruine schon im 18. Jh. Ausflugsziel war.

Die Gesamtanlage

Die Bauanalyse ist auch beim Auerbacher Schloss schwierig, wie bei allen Burgen des Granit-Odenwaldes, weil es sich um oft ausgeschmiertes Bruchsteinwerk handelt; eindeutige Baufugen sieht man in der Kernburg nicht, ohne dass das viel beweisen könnte. Je länger man aber die Anlage betrachtet, umso mehr gewinnt man die Überzeugung, dass es sich um einen wirklich vollständigen Neubau handelt, der Ende des 14. Jhs. so gestaltet wurde, dass er auch zum Aufenthalt der Grafen und ihres Hofstaates taugte.

Die Kernburg, entwickelt aus der Form der Bergkuppe, ist ein Dreieck, das von einer 10 m hohen Mantelmauer gebildet wird; die Dreiecksseiten sind mehrfach leicht gebrochen. An jeder Ecke steht ein Turm: Zwei hohe Rundtürme zur Talseite, ein polygonaler Block mit 5 m dicken Außenmauern, nicht höher als die Ringmauern, zum östlichen Bergsattel. Die beiden Rundtürme flankierten einen Wohnbau im Westen, ein zweiter Bau mit einem großen Saal steht an der Südseite. Er stößt an den Ostturm, der im Obergeschoss die Kapelle enthielt. Zwischen Wohn- und Saalbau lag südlich das Tor, nördlich ein dreieckiger Hof. Die Kernburg ist von einem schmalen inneren Zwinger umgeben, und von einem äußeren, der auch als Vorburg diente. Ein langer

Das Auerbacher Schloss von Osten, wie man es nur durch die entlaubten Bäume im Herbst sieht. Vorne der Halsgraben, darüber beherrscht das polygonale Bollwerk die Angriffsseite.

Torzwinger führt an der Südseite zum verschwundenen äußersten Tor hinab, über dem Graben auf dem Sattel im Osten.

Die Ähnlichkeit dieser Anlage mit der Marksburg bei Koblenz, auf die mehrere Autoren hinwiesen, besteht in der Dreiecksform mit dem polygonalen Kapellenturm gegen den Sattel, der seitlichen Anordnung des Saalbaues und der eines separaten Wohnbaues an der sichersten Seite, der Betonung auch der anderen Ecken durch Rundtürme, schließlich der Sicherung durch einen turmlosen Zwinger. Das sind zu viele Ähnlichkeiten, um angesichts gleicher Bauherren einen Zufall anzunehmen – Burg Auerberg wurde offenbar von dem Baumeister entworfen, der auch die spätromanische Marksburg erneuerte. Dabei sind die trotz allem vorhandenen Unterschiede besonders interessant, denn sie haben offenbar etwas mit den aufkommenden Feuerwaffen zu tun. Am deutlichsten wird das bei dem polygonalen Turm gegen die Angriffsseite, der auf der Marksburg noch mittelalterlich hoch ist, während er in Auerberg niedrig und dickwandig den Kanonenkugeln trotzen und eine Plattform für eigene Geschütze bieten sollte – ohne dabei das Symbol der Kapelle aufzugeben. Auf das zweite, typisch mittelalterliche Symbol, den Bergfried, ist sogar – nach dem Einsturz des vorhandenen – völlig verzichtet worden; seine Fernwirkung übernahmen die Westtürme, vor allem der südliche mit dem typischen schlanken Aufsatz mancher Burgen der Katzenelnbogen.

Die Marksburg wurde – nach neuen Dendrodaten – um 1355–72 mehrstufig umgebaut, der Saalbau erst 1435 angefügt, das fortschrittlichere Konzept von Auerberg möchte man daher ans Ende des 14. Jhs. setzen. Sein unbekannter Entwerfer gehörte zu den ersten deutschen Baumeistern, die aus dem Aufkommen der Pulvergeschütze Folgerungen zogen – auch wenn seine Lösung noch passiv war, eher eine Mischung aus Turm und Schildmauer als ein Kanonenturm späterer Art. 1399 wurde die Nachbarburg Tannenberg unter Einsatz von Kanonen zerstört – sollte der Neubau von Auerberg gar erst danach, im beginnenden 15. Jh. entstanden sein?

Die Einzelbauten

Der Saalbau besaß einen tonnengewölbten, über eine Rampe zugänglichen Keller, während die übrigen Geschosse ehemals mit Balkendecken versehen waren. Das hohe Erdgeschoss mit großen, doppelten Rechteckfenstern zum Hof dürfte als Dürnitz gedient haben, als großer Speisesaal; Freitreppe und Spitzbogenportal stammen von 1903. Die Kreuzstockfenster im niedrigeren 1. Obergeschoss – es gab auch drei zur Außenseite der Burg – gehörten fraglos zum Saal, und an diesen schloss die sterngewölbte Kapelle im Ostturm an. Licht erhielt der Kapellenraum durch Maßwerkfenster, die erkerartig in den geschützten Winkeln an den Ringmaueransätzen liegen. Im 2. Obergeschoss besaß der Saalbau kleinere, meist zerstörte Fenster. Über dem Kapellengewölbe lag die Kanonenplattform, gleich hoch mit den Wehrgängen von Saalbau und Mantelmauer. Der Wehrgang des Saalbaues, dessen Zinnen über Rundbogenfriesen lagen, ist an beiden Westecken durch Erkertürmchen über Maßwerkfriesen akzentuiert; der südwestliche betonte auch das darunter liegende Tor, der andere ist rekonstruiert. Spuren deuten an, dass ein weiteres Erkertürmchen in der Mitte der Hofseite vorsprang. Im Ostwinkel des Hofes liegt der 62 m tiefe Brunnen; an die Hofecke des Saalbaues wurde nachträglich eine Zisterne angebaut.

Vom westlichen Wohnbau ist nur die talseitige Wand bzw. die Ringmauer erhalten, mit ausgebrochenen Fenstern in zwei Geschossen. Zinnen des 19. Jhs. täuschen einen Wehrgang über dem ersten Obergeschoss vor, aber es gab noch ein zweites Obergeschoss, dessen

Auerbacher
Schloss, der
Saalbau innen,
dahinter der süd-
westliche Eckturm

Ansatz man am Südwestturm sieht; auch die Verzahnungen der Hofwand sind im Norden und Süden sichtbar. Die Wohnbaufenster in der
südlichen Ringmauer sind Restaurierungen des frühen 20. Jhs.; damals
wurden auch die Grundmauern des Flügels freigelegt, aber wieder zugeschüttet. Der südwestliche Eckturm, der stärkere der beiden westlichen, beherrschte den Zwingerabschnitt, durch den der Zugang zur
Kernburg führte. Der kleinere Rundturm im Norden ist nach Einsturz
1821 erneuert.

Die Kernburg ist eng von einem Zwinger umgeben, der keine Türme besitzt, nur einen Wehrgang über Kragsteinen und Stichbögen,
dessen Brustwehr außen auf einem Rundbogenfries sitzt; derartige
Zinnen werden auch die Kernburg bekrönt haben, sind aber nur am
Ostturm erhalten. Dieser springt so weit vor, dass der Zwinger an seine

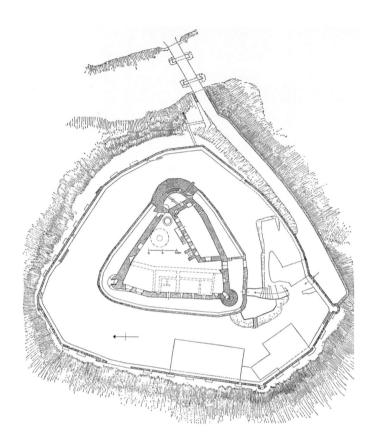

»Auerbacher Schloss«, Grundriss mit Eintragung der 1902/07 ergrabenen Teile: Westflügel und Bergfried (nach Einsingbach, Kunstdenkmäler Bergstraße, mit Ergänzungen von Th. Biller)

Westecken stößt; sein Wehrgang war aber auf kräftigen Konsolen um den Turm herumgeführt. Unter den Konsolen liegt südöstlich eine Ausfallpforte, zu der man auf einer Treppe herabstieg. Das Tor samt Brücke im Südwesten wurde 1903 von Bodo Ebhardt erneuert.

Der breite, tiefer liegende äußere Zwinger lässt im Westen und Südwesten, wo das Tor liegt, Raum für Wirtschaftsgebäude. Auch dieser Zwinger ist polygonal geführt; er besitzt nur im Südwesten an zwei Ecken mehreckige Türme, zudem rechteckige, erkerartige Vorlagen; zum Wehrgang mit Zinnen über Rundbogenfries führen Treppen hinauf. Vom langen Torzwinger im Süden sind nur Reste erhalten, vor allem fehlt der Torbau an der 1903 erbauten Brücke über den Halsgraben.

Fürstenlager

INFORMATION

Von Bensheim-
Auerbach führt
die Straße nach
Hochstädten in
den Odenwald hi-
nein. Am Ortsende
zweigt rechts die
Straße zum Staats-
park Fürstenla-
ger ab.

In einem Tal direkt östlich von Auerbach wurde 1739 eine Quelle gefunden, der man Heilkraft zuschrieb; jedoch scheiterte die dauerhafte Nutzung zunächst an der nötigen Pflege der allzu leicht verschlammenden
Quelle. Erst 1766/67 wurde sie neu gefasst, und ein Heilaufenthalt des
Landgrafen Ludwig VIII. (1739–68) leitete anderthalb Jahrhunderte ein,
in denen der Ort zu einer Art Sommerresidenz der Landgrafen, später
Großherzöge von Hessen-Darmstadt wurde. 1767/68 entstanden neben
der bis heute unveränderten runden Quellfassung ein eingeschossiges
Gebäude für den Aufenthalt des Landgrafen und eines für das Gefolge;
sie sind als Kerne des heutigen »Herrenhauses« und »Damenbaues«
erhalten. Ferner entstanden eine Wache, ein Stall, ein Laboratorium
und Wirtschaftsgebäude, die alle später umgesetzt oder erneuert wurden. Zu der Anlage führte eine neue Allee, wobei das Tal weiterhin von
Wiesen und Äckern geprägt war.

Erst 15 Jahre später, unter Erbprinz Ludwig und seiner Gemahlin Lui-
se, begann eine gärtnerische Gestaltung. Ab 1785 legte man zwischen
Stall und Brunnen einen »Baumsaal« an, mehrfache Baumreihen als
Promenade. Südlich über dem Tal ließ Luise den »Freundschaftsaltar«

E. A. Schnittspahn,
Herrenhaus, 1847.
Dargestellt ist das
Gebäude nach sei-
ner Aufstockung in
den 1790er Jahren.

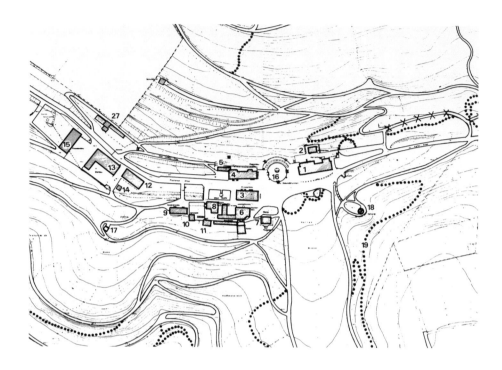

errichten, der ihre Ehe feiert und einen Ausblick auf die Rheinebene bietet. Zu ihm führten nun Alleen herauf, und auch sonst entstanden nach und nach bescheidene Bauten und Gedenkstätten als Ziele von Spaziergängen – ein Teehaus, eine »Russische Kapelle«, eine Eremitage, eine Grotte; erhalten ist u. a. das »Luisendenkmal« am Nordhang, ein Gedenkstein in Vasenform, der an Luises Schwestern erinnert. All dies geschah noch in der parzellierten Landschaft, deren Ankauf aber in diesen Jahren begann.

Nachdem Ludwig 1790 Landgraf geworden war, wurden bis 1795 nach Plänen von C. L. Geiger erste gärtnerische Anlagen geschaffen, vor allem im Tal östlich der Bauten und an den Alleen entlang. Auch jetzt und letztlich bis heute blieb dabei aber die Mischung landwirtschaftlich genutzter Bereiche und der »Erholungslandschaft« bewahrt – der Spaziergänger bewegte sich auf angelegten Wegen, aber seine Wahrnehmung bleibt durch Weinberge, Obstwiesen und Äcker geprägt. Ludwig X. (ab 1806 Großherzog Ludwig I.) ließ auch die Bauten erneuern und schuf so das heutige, noch immer betont ländliche Bild.

Fürstenlager, Lageplan mit Legende zu den wichtigsten Bauten (nach Einsingbach, Kunstdenkmäler Bergstraße)

1 Herrenbau
2 Kammerbau
3 Prinzenbau
4 Damenbau
5 Weißzeughäuschen
6 Küchenbau
7 Wache
8 Verwalterbau
9 Konditoreibau
10 Stallung
11 Werkstatt
12 Cavaliersbau
13 Stallbau
14 Trafohäuschen
15 Fremdenbau
16 Gesundbrunnen

Das Herrenhaus, verlängert und aufgestockt, wurde der einzige zwei-
stöckige Bau, auch die beiden Bauten für die »Damen« und »Herren«
des Hofstaates wurden erweitert, es entstand ein Haus für die Kam-
merdiener des Landgrafen und eines für den Brunnenverwalter. All das
diente dem ländlich privaten Aufenthalt eines verkleinerten Hofstaates,
der aber beispielsweise 1797 immerhin 90 Personen umfasste. Um die
13 Personen an der fürstlichen Tafel kümmerte sich je ein Lakai, um
die Prinzen und die Damen an ihren beiden Tafeln je einer pro Tisch.
Das weitere Personal umfasste u. a. drei Köche und weiteres Küchen-
personal, drei Konditoren und andere Spezialisten; ein Reisetapezierer
musste Zimmer in einen wohnlichen Zustand bringen.

Im 19. Jh. wurden die Gebäude der Anlage noch gepflegt, während
der Landschaftsgarten auch zum Zwecke der Landwirtschaft und des
Verkaufs der Produkte weiterentwickelt wurde. Ab den 1830er Jahren
diente das nun immer öfter so genannte »Fürstenlager« fast nur noch
den Hofbeamten zum Sommeraufenthalt. Nach 1918 wurde es noch
erhalten, aber nicht mehr im alten Sinne besucht. Die Vielfalt der Pflanzungen ging durch die forstwirtschaftliche Nutzung stark zurück. Seit
1982 wird die konsequente Wiederherstellung des Parks und seiner
Pflanzungen durch die Verwaltung der Staatlichen Schlösser und Gärten Hessen (Parkpflegewerk von 1982) betrieben mit dem Ziel der Rück-
führung in den Zustand des frühen 19. Jhs.

Fürstenlager, der
zentrale Platz mit
Blick auf Wache
und Küchenbau

Schönberg

Die erbachische Burg Schönberg ist 1303 zuerst erwähnt, dürfte also vor 1300 entstanden sein; historische Überlegungen deuten auf eine Erbauung schon vor 1251. Falls die aus dem Inneren des Odenwaldes kommenden Schenken von Erbach, die Besitzer der Burg von der Erst-erwähnung bis 1956, bereits ihre Gründer waren, wird man in der Er-bauung von Schönberg einen Ausdruck ihres Strebens zur Rheinebene sehen. 1504 wurde die Burg von Landgraf Wilhelm von Hessen zerstört, weil die Erbacher mit der Pfalz paktierten. Bis ins frühe 17. Jh. wurde Schönberg vielfach umgebaut und bietet im Ergebnis ein Bild, das in der Hauptsache der Renaissance entstammt, aber bis ins 20. Jh. hinein immer wieder verändert wurde; wirklich verteidigungsfähig war die Anlage spätestens im 16. Jh. nicht mehr. Weitere Maßnahmen an den Nebengebäuden und am Garten folgten im Barock (1670–77, 1728/29). Schließlich fand eine letzte Modernisierung um und nach 1840/50 statt, nun wieder im Sinne einer »gotischen« Ausgestaltung. Th. Steinmetz hat kürzlich versucht, die Bauentwicklung von Schönberg aus einer Vielzahl von Schrift- und Abbildungsquellen zu ermitteln, jedoch könn-te bei deren Vieldeutigkeit und einem so vielfältig veränderten Gebäu-de nur eine – freilich nicht absehbare – genaue Bauuntersuchung zu gesicherten Erkenntnissen führen. Besitzer blieben immer die Grafen von Erbach, seit 1717 die Linie Erbach Schönberg. 1956 wurde das Schloss an die »Ruhrknappschaft« verkauft, die ein Erholungsheim, 1996 als »Bundesknappschaft« ein Bildungszentrum einrichtete; die modernen Umbauten halten sich in Grenzen.

Angesichts so bewegter Baugeschichte ist begreiflich, dass nur wenig noch den mittelalterlichen Ursprung von Schönberg andeutet. Die Lage auf einem Bergsporn spricht allerdings für sich, und die Art, wie das höhere »Herrenhaus« von einem Gebäudering umgeben ist, erinnert stark an das typische Verhältnis von Kernburg und Zwinger. In der Tat zeigt die Bauanalyse, dass im »Herrenhaus« ein Bau wohl des 16. Jh. steckt, der sich an die außen noch an ihren Buckelquader-Eckverbänden erkennbare Ringmauer lehnte; ihm war östlich der Hof der Kernburg vorgelagert. Ein zweiter, parallel stehender Bau, den allein Meissner 1625 darstellt – von Steinmetz als ältester Wohnbau

INFORMATION

Das Schloss liegt über Schönberg, an der B 47 nord-östlich Bensheim; Zufahrt vom Dorf aus. Bildungs-zentrum der Bun-desknappschaft, keine Innenbesich-tigung.

Schönberg, das
Schloss über dem
Dorf im engen
Tal, von Süden.
Im Hintergrund
das Auerbacher
Schloss (links) und
der Melibokus

angesprochen –, dürfte wohl nur Erfindung dieses Kupferstechers sein.
Der Treppenturm entstammt der Renaissance, der nördliche Bauteil des
»Herrenhauses« wohl von eben »1634« (nach anderer Lesung »1614«).
Die Fenster des »Herrenhauses« entstanden in der Zeit um 1600 und
um 1840/50. Im Inneren sind Decken aus der Bauzeit 1728/29 und aus
dem Klassizismus erhalten.

Der äußere Gebäudering lässt nur noch in dem nördlichen Rundturm, über dem früheren Halsgraben, den Zwinger ahnen; eine Ansicht
von 1594/95 belegt einen zweiten Turm im Süden. Die Substanz dieses
Zwingers ist sonst durch die Neubauten des 16.–19. Jhs. völlig ersetzt
worden. Östlich an den Rundturm schließt ein Gebäude mit dem heutigen Tor an, das im Kern um 1540 entstand. Eingewölbte Räume, ein
Portal zum Hof von »1613« und Fenstergewände bezeugen sein Alter,
die gemalten Fensterrahmungen stammen erst aus dem 20. Jh. Auf
stark erneuerte Bauten im Westen folgt im Südwesten der Marstall des
18. Jhs., mit moderner Terrasse, schließlich im Südosten der geknickte
Bau der Kaplanei, mit Mansardendächern von 1729. Der Park im Norden des Schlosses läßt noch Reste der Gestaltung im Barock und als
englischer Landschaftspark im 19. Jh. erkennen.

Starkenburg

Die Starkenburg, die anstelle eines bereits 1065/66 belegten *castellum* entstand und bis 1765 kurmainzische Festung war, ist sicherlich jene Odenwaldburg, die ihre Funktion am längsten erfüllte. Der isolierte Gipfel, der einen hervorragenden Rundblick bietet, auch die Größe der Anlage und ihr Turmreichtum passen gut zu dieser Bedeutung. Leider aber haben Abrisse im 18. Jh. den Bestand schwer geschädigt, vieles ist im 20. Jh. restauriert.

INFORMATION

Ausgeschilder-
te Autozufahrt
vom Ortskern von
Heppenheim. Ju-
gendherberge und
Burgschänke.

1065 schenkte der noch unmündige König Heinrich IV. das reiche Kloster Lorsch – 6 km westlich der Burg – seinem Berater Erzbischof Adalbert von Bremen. Das traf auf den Widerstand von wehrhaften Klosterleuten, die zur Abwehr nur zwei Monate später eine *Burcheldon* (= Burghalde, Burgberg; so nennt sie der Lorcher Chronist Ende des 12. Jh.) durch Türme, einen Wall und Vorwerke befestigten; im Januar 1066 belagerte Adalbert erfolglos dieses Provisorium. Bauten des 11. Jhs. sind auf der Starkenburg nicht mehr erkennbar; angesichts der »Bauzeit« von nur zwei Monaten im Winter können damals auch keine Steinbauten entstanden sein.

Wann auf dem Berg eine Burg im eigentlichen Sinne entstand, ist daher ganz offen. Frühester Hinweis ist die Erstnennung als »Starkenburg« 1206, als Herkunftsbezeichnung eines Burgmannen. Bald darauf, in der Endphase des Benediktinerklosters Lorsch, dürfte Mainz die Burg übernommen haben, an das sie jedenfalls 1232 und dann endgültig 1253 mit dem ganzen Lorscher Besitz fiel. Wie die romanische Starkenburg aussah, darüber kann man angesichts mehrfacher Restaurierung nur vorsichtige Vermutungen anstellen. Immerhin zeigt die länglich rechteckige Ringmauer der Kernburg im Norden noch Partien schichtenrechten Kleinquaderwerks – aus gelblichem Sandstein wie alle Bauten der Burg –, und der nordöstliche Eckturm scheint erst sekundär an die Ecke gesetzt zu sein. Noch überraschender ist die Tatsache, dass auch die lange Südmauer der Vorburg – des »großen Zwingers« – auf einer Terrasse südlich unter der Kernburg, ein sorgfältig lagerrechtes Kleinquaderwerk zeigt, das man, im Vergleich zum Bruchsteinwerk der spätmittelalterlichen Teile, ebenfalls für spätromanisch halten muss. Die Ausstattung der Starkenburg mit zahlreichen

Die Starkenburg, Luftaufnahme von Südwesten. Die Kernburg, markiert durch ihre drei runden Ecktürme, wird links vom »Bergfried« und der Jugendherberge des frühen 20. Jahrhunderts abgeschlossen. Ein schmaler Zwinger mit rundem Eckturm umgibt sie, vorgelagert ist die wohl noch spätromanische Vorburg mit der modernen Gaststätte rechts.

Burgmannen unter einem Burggrafen, die seit dem 13. Jh. belegbar ist, könnte eine solch große Außenbefestigung erklären.

Der quadratische Bergfried in Hofmitte, der nach Blitzschlag 1768 und Einsturzgefahr 1924 gesprengt wurde, besaß auffällig schlanke Proportionen – 7,90 m Seitenlänge bei 30 m Höhe – und zeigte glattes Mauerwerk mit größeren, glatten Eckquadern. Demnach wird er wohl in der zweiten Hälfte des 13. Jhs. entstanden sein, als neues Symbol mainzischer Macht. Im 14. Jh. wurde das architektonische Konzept der Kernburg akzentuiert, indem vier runde Ecktürme entweder an die bestehende Ringmauer angesetzt oder mit ihr neu erbaut wurden. Die heute noch drei stark restaurierten Türme – der südwestliche ist 1964–68 erneuert, ein vierter im Nordwesten darf vermutet werden – zeigen Zinnen über Rundbogenfriesen, auch große Scharten mit Steigbügelfuß im Südostturm mögen alt sein. Steinmetz schreibt die Türme – analog zur Burg Fürstenau bei Michelstadt (vor 1306) – dem Erzbischof Peter von Aspelt (1306–20) zu, der auf der Starkenburg jedenfalls baute.

Im 13./14. Jh. also hatte die Kernburg die heutige Form erhalten, aber natürlich umfasste sie auch Wohn- und andere Bauten, die heute fehlen. Die Öffnungen in den Ringmauerresten sind meist formlos, große, zweilichtige Rechteckfenster auf Erdgeschosshöhe frei ergänzt. Ältere Ansichten und Pläne zeigen noch den Hauptwohnbau in der Nordwestecke und eine Kapelle anstelle des heutigen Turmes, aber das Alter dieser Bauten ist offen. Ein weitgehend turmloser Zwinger wohl auch des 14. Jhs. umgibt die Kernburg. Der einzige Rundturm an seiner Südwestecke, ohne Scharten, schützte wohl das Vorburgtor. Zwei Rundtürme im Osten, mit einem äußeren Zwinger dazwischen, stellen sicher eine Verstärkung der Feuerwaffenzeit dar, nicht vor dem mittleren 15. Jh. Der nördliche Turm ist so vorgezogen, dass er die Nordfront flankieren kann, der südliche zeigt eine Spitze gegen die Angriffsseite; beide sind Ende des 20. Jhs. ausgebaut. Von wann der Wallgraben stammt, der die Burg im Osten und Norden umgibt, und der früher auch im Westen anzunehmen ist, muss offen bleiben.

Starkenburg, Lageplan. Im Hof ist der Standort des zerstörten Bergfrieds eingetragen. (nach Einsingbach, Kunstdenkmäler Bergstraße)

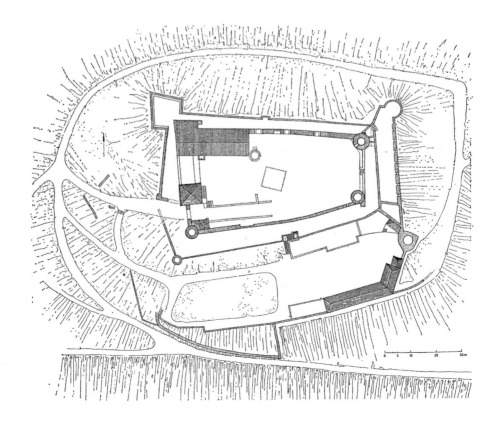

Die mainzische Festungszeit der Starkenburg – die zeitweise auch in bischöflich speyerischem und in pfälzischem Besitz gewesen war – hat wenig Spuren hinterlassen; man verließ sich damals offenbar auf die schwer angreifbare Höhenlage. Zeugnis dieser Phase ist die kleine Bastion an der Nordwestecke, ein schlichter Bau ohne Kasematten. Von den Erdschanzen des 17. Jhs. im Westen – im Dreißigjährigen Krieg wechselte die Burg mehrfach den Besitzer, aber 1645 und noch 1688/89 und 1693 widerstand sie den Franzosen – ist nichts mehr zu erkennen, nur restaurierte Mauerreste, die zu Vorwerken vor dem Tor gehörten. Eine Wappentafel von »1680« im Torbereich belegt ebenfalls Umbauten dieser Epoche.

Nach der Aufhebung als Festung 1765 wurde die Burg auf Abbruch verkauft, aber schon 1787 empfahl sie der Mainzer Kurfürst als »Denkmal alter deutscher Kunst und Sitte« der Aufmerksamkeit seiner Beamten – ein besonders frühes Beispiel denkmalpflegerischer Erwägungen eines deutschen Fürsten, denen allerdings schon umfangreiche Zerstörungen vorausgegangen waren. Dass die Bedeutung der Burg dennoch im Gedächtnis blieb, zeigt die Schaffung der »Provinz Starkenburg«; unter diesem Namen wurden 1803–1937 alle Teile von Hessen-Darmstadt zusammengefasst, die südlich im Winkel von Main und Rhein lagen.

Der Verlust des Bergfrieds 1924 erzeugte offenbar den Wunsch nach Ersatz, und so entstand 1927–30 der heutige Turm an neuer, besser sichtbarer Stelle. Wie sein wenig älterer Bruder auf der Wachenburg verwendet er unten romanische Zierelemente, aber der hohe Turmschaft ist weit nüchterner und damit zeitgemäßer gestaltet; der ebenfalls romanisch geplante Torbau daneben blieb unvollendet. Die Jugendherberge im Turm wurde 1958–60 durch ein Gebäude erweitert, das endgültig auf jede Andeutung von Burgromantik verzichtet.

Wachenburg

Die weithin sichtbare Wachenburg, benannt nach dem Berg über Weinheim, auf dem sie liegt, ist eines der spätesten Beispiele historistischer Burgneubauten, die um 1900 in Deutschland entstanden. Derartige Bauten sollten neben pädagogischen Zielen – so sah eine »deutsche Burg« aus! – auch nationale Inhalte denkmalhaft überhöhen. Die Wachenburg wurde 1907–13 von der »Weinheimer Altherren Vereinigung« (heute »Verband Alter Corpsstudenten«) errichtet, als Mahnmal für die 1870–71 gefallenen Mitglieder und als Versammlungsstätte, durch den Architekten Wienkoop aus Karlsruhe. Sie dient, nach Erweiterung 1927/28, heute noch diesem Zweck, nun auch für die Opfer der beiden Weltkriege.

Die Architektur der Wachenburg spielt mit vermeintlich typischen Elementen romanischer deutscher Burgen. Der »Palas« mit zwei Festsälen übereinander ist eine freie Nachahmung desjenigen der Wartburg, ferner gibt es natürlich einen Bergfried, einen Torturm, einen Halsgraben, das meiste in betont wuchtigem, an Buckelquader erinnerndem Mauerwerk. Dabei entspricht die Anordnung der Bauteile nur zum Teil einer Burg. Der nach Westen als Terrasse geöffnete Hof, gerahmt vom »Palas« und einer ganz unmittelalterlichen Arkadenhalle, wurde ursprünglich durch den Bergfried mit der Gedenkhalle abgeschlossen und zentriert. Das romanisierende Portal des Turmes, auch die säulengetragenen Öffnungen des obersten Geschosses gaben der Gedenkstätte einen sakralen Akzent. Die weit größere Zahl der Gefallenen im 1. Weltkrieg führte 1927/28 zur Anlage einer größeren Gedenkhalle unter dem Hof, deren Arkaden sich wieder nach Westen öffnen, auf eine untere, halbrunde Terrasse. Die Westorientierung beider Stufen des Konzeptes bezieht sich auf den »deutschen Rhein« und zugleich auf Frankreich, den Gegner von 1870/71.

INFORMATION

Autozufahrt von Weinheim aus, auf der Straße, die auch zur Ruine Windeck führt. Historistischer Bau des frühen 20. Jhs. mit Burgschenke.

Wachenburg über Weinheim, der »romanische Palas«, der sich formal an den der Wartburg (um 1160) anlehnt, dient den Veranstaltungen der Corpsstudenten, die die Wachenburg 1907–13 erbauten.

Windeck

Der Lorscher Abt Benno (1107–19) gründete bei Weinheim, auf dem Gipfel eines weinbewachsenen Berges, eine Burg, musste sie aber auf Einspruch des Propstes von Michelstadt, dem der Baugrund gehörte, wieder abbrechen. Abt Diemo (1125–39) baute das *castrum Winenheim* wieder auf und entschädigte Michelstadt. Schliesslich erbaute Abt Heinrich (1151–67) »nicht unaufwendige Gebäude« auf der Burg. Diese Nachrichten werden auf die tatsächlich einen Gipfel bei Weinheim bekrönende Burg Windeck bezogen, die jedoch – entgegen älteren Darstellungen – ein fast völliger Neubau des 14. Jhs. ist. Lediglich die unteren beiden Geschosse des Südturmes dürften in die erste Hälfte des 12. Jhs. zurückgehen und den Torbau der frühen Burg darstellen. Dies bezeugt das heute zum Keller führende romanische Tor mit steil geschrägten Sockeln und Kämpfern, aber auch die glatten Eckquader und die Schwelle eines Portals ins Obergeschoss sind wohl so alt. Der Torbau würde anderen frühen Torbauten ähneln, etwa dem »Schlössel« bei Klingenmünster (Pfalz), der Lützelburg an der Zorn (Lothringen) oder Burglengenfeld (Oberpfalz).

    Nach dem Zusammenbruch der Lorscher Macht 1232 blieb Weinheim lange zwischen dem Erzstift Mainz und Kurpfalz umstritten und kam erst 1344 endgültig an letztere; vermutlich folgte auf diese Klärung der Verhältnisse der Neubau, den wir heute sehen. Die Burg wurde im Dreißigjährigen Krieg zerstört und nochmals 1674 durch Turenne. In den 1690er Jahren wurde sie zuletzt verteidigungsfähig gemacht, aber im 18. Jh. war sie dann Ruine.

    Im 14. Jh. wurde der romanische Torbau als Wohnturm erneuert und aufgestockt, wie die gefasten Rechteckfenster belegen, auch die gebuckelten Eckquader des Oberteils. Anschließend wurde die gesamte Burg neu gebaut, weiterhin in Porphyrbruchstein, mit Eckquadern und Gewänden aus Sandstein. Zunächst lehnte man einen neuen, viergeschossigen Wohnbau an den Turm, von dem nur der nachträglich gewölbte Keller und die Ostwand erhalten sind; im Erdgeschoss steht noch eine der ehemals drei Säulen für die Balkendecke. Das 1. Obergeschoss enthielt zweifellos die Haupträume und zeigt im Osten und Süden noch drei Kreuzstockfenster und einen (Kapellen- ?) Erker; dieser

INFORMATION

Ausgeschilderte Autozufahrt von Weinheim. Ruine mit Gaststätte.

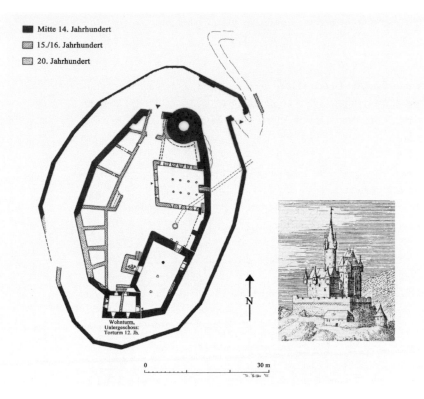

- ■ Mitte 14. Jahrhundert
- ▨ 15./16. Jahrhundert
- ▦ 20. Jahrhundert

N

0   30 m

Windeck, Bau-
alterplan auf Höhe
des Erdgeschosses
(Th. Biller auf
Grundlage des
Aufmaßes in den
Kunstdenkmä-
lern … Mannheim)
und Ansicht bei
Merian

und zwei Fenster sind stark restauriert. Die beiden oberen Geschosse, die sicherlich zum Wohnen dienten, zeigen kleinere Fenster, das oberste außerdem Abdrücke des Dachwerks. An der Hofseite springt der Sockel eines Treppenturmes vor, der wohl sekundär auf dem Kellerhals entstand.

An den nordöstlichen Eckverband des Wohnbaues wurde nachträglich die hohe Ringmauer mit Wehrgangbögen angesetzt, die ursprünglich einen Hof begrenzte. Sie führt zu dem bemerkenswerten runden Bergfried an der Nordostecke. Der 36 m hohe, konisch zulaufende Turm ist in drei Höhen gewölbt, zunächst über dem 14 m hohen (!) Verlies. Aus halber Höhe des kreuzgratgewölbten Einstiegsgeschosses – heute von einer modernen Treppe gefüllt – tritt man in eine Wendeltreppe in der Mauerdicke, die außen leicht vortritt und, am dritten gewölbten Geschoss vorbei, zur früheren Wächterkammer mit fünf Fenstern führt.

Windeck über
Weinheim. Der
Bergfried des
mittleren 14. Jahr-
hunderts von der
Hofseite

Zum Hof war der Wehrgang der Ringmauer auf profilierten Doppelkon-
solen um den Turm geführt.

Die Bebauung an der Westseite, auch der Torbau neben dem Bergfried, ist nur in 1903 restaurierten Resten erhalten. Die Darstellung
bei Merian zeigt diesen Flügel noch dreigeschossig und mit Erkern
am Dachansatz, wie sie auch der südliche Wohnturm besaß. Ein Fenster im Nordwesten deutet auf eine Bauzeit dieses Teiles im 15. Jh. Im
Hof, zwischen Wohnbau und Bergfried, entstand in der Spätgotik ein
dreischiffig über Säulen gewölbtes Stallgebäude, über dessen evtl.
Obergeschosse wir nichts wissen. Es wurde von der älteren Forschung
unbegreiflicherweise als romanische Kapelle oder als »Palas« angesprochen; heute enthält es die Gaststätte. Daneben steht der Brunnen,
der um 1900 gefunden wurde; sein Renaissanceaufbau wurde damals
aus gekauften Teilen montiert. Vom Brunnenschacht führt ein 50 m
langer Gang zum Berghang, angelegt wohl als Entlüftung beim Bau
des Brunnens.

Die polygonale Zwingermauer mit einem Rundbogenfries als Rest
der Brustwehr, aber ohne Türme oder Scharten, lässt im Nordosten
zum Bergsattel, in einem Rücksprung noch das Tor erkennen; die heutige Zufahrt entstand erst im 20. Jh. Anstelle des Parkplatzes zeigt
Merian noch einen ummauerten Wirtschaftshof, der aber keinen direkten Zugang vom Zwinger besaß; erhalten ist davon nur noch südlich
unterhalb der Graben.

Hirschberg und »Schanzenköpfle«

Edelfreie Herren von Hirschberg werden 1142 bei der Gründung des Zisterzienserklosters Schönau erwähnt. Sie waren wohl eng mit den Herren von (Neckar-) Steinach verwandt, und die seit 1174 auftretenden Herren von Strahlenberg waren ein Zweig derselben Familie. Die Hirschberger sind bis zum mittleren 13. Jh. belegbar, außerdem seit 1184 ein pfälzisches Ministerialengeschlecht, das sich auch nach der Burg nannte. Schon 1329 wird Burg Hirschberg, zu der das nahe Dorf Ursenbach gehörte, als zerstört erwähnt.

Von der Burg auf einem Bergvorsprung, der östlich durch einen schmalen Sattel mit dem Massiv zusammenhängt, sind nur wenige Mauerreste erhalten. Durch Versteilung der Felshänge wurde der Hügel der Kernburg herausgearbeitet, mit einem Plateau von 50 m Länge. Mauerwerksbrocken zeugen von einem gezielt zerstörten runden Bergfried aus Granit-Bruchstein, dessen Fundament 1932–34 freigelegt wurde. Um den Kernburghügel legt sich im Westen, Süden und Osten eine ebenso aus dem Gelände gearbeitete Unterburg, mit Wallspuren

INFORMATION

Von Leutershausen führt eine Straße am Bergfuß nach Süden. Beim Sportplatz steigt links ein Weg in ca. 1 km zur Burgstelle; in einem weiteren Kilometer kommt man zum etwa 100 m höher liegenden »Schanzenköpfle«. Eine Wanderkarte ist empfehlenswert.

Von der schon vor 1329 zerstörten Burg Hirschberg über Leutershausen sind nur Trümmer des unterminierten runden Bergfrieds erhalten und deutliche Spuren im Gelände.

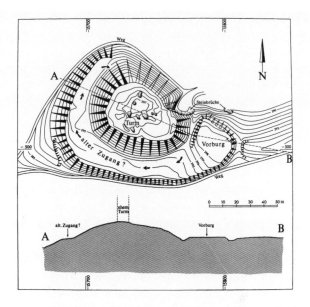

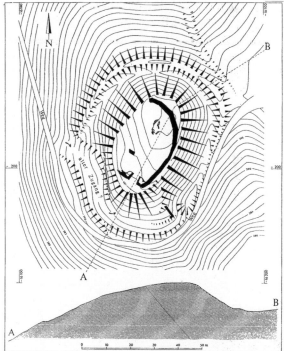

Hirschberg (oben) und »Schanzenköpfle«, Lagepläne (nach Wendt, Denkmalpflege in Baden-Württemberg, 1/1998, und Wendt, Schriesheimer Jahrbuch 1, 1997)

und Quergraben gegen den Sattel. Archäologisch ließen sich Siedlungsspuren in der Unterburg beobachten, und vor allem Brandschichten einer abschließenden Zerstörung.

Der Burgrest auf dem »Schanzenköpfle« liegt südöstlich über der Ruine Hirschberg, auf einem Bergvorsprung mit weiter Aussicht; beide Burgplätze sind durch Hohlwege verbunden. Der künstlich überformte Hügel ist von einem Ringgraben umgeben, dem im Norden ein Wall und ein Halsgraben vorgelegt sind. An der Nord- und Ostseite sind Fundamente der polygonalen Ringmauer sichtbar, aus sorgfältig geschichteten, quaderartigen Granitbruchsteinen; die Mauerstärke betrug 1,30 m–2,20 m. Im Süden liegen, heute unter Laub, die Fundamente des Zangentores oder Torbaues, vor dem der Aufstieg mauergesichert war. Spuren eines behaupteten Rundturmes fehlen; das Plateau ist durch Raubgrabungen zerwühlt. Als Burg erscheint das »Schanzenköpfle« nie in den Quellen; erst um 1400 hört man vom »obern Burgberg über Hirtzberg«, der also schon aufgegeben und namenlos war.

Während das »Schanzenköpfle« nach dem spärlichen Befund eine turmlose Ringmaueranlage gewesen sein dürfte, besaß Hirschberg zumindest einen Bergfried, den man frühestens ins späte 12. Jh. datieren möchte. Das von A. Wendt gesichtete, umfangreiche Fundmaterial beider Burgen – nicht aus Grabungen, sondern als Lesefunde – deutet außerdem im Falle des »Schanzenköpfle« auf eine Burg wohl des beginnenden 12. Jhs., im Falle von Hirschberg liegt es dagegen schwerpunktmäßig im 13. Jh. Das bestärkt Überlegungen, nach denen die obere Anlage der Vorgänger der heute als Hirschberg bezeichneten Burg gewesen ist; die Verlegung mag um 1200 stattgefunden haben.

Strahlenburg

INFORMATION

Autozufahrt aus dem Kanzelbachtal östlich von Schriesheim. Ruine mit Gaststätte.

Die Strahlenburg – der Name kommt vom Wappen der Erbauer, einem Pfeil (mittelhochdeutsch: »stral«) – wurde kurz vor 1237 von Conrad von Strahlenberg, damals lorscher und ellwangischer Vogt in Schriesheim, unerlaubt auf Boden des Klosters Ellwangen errichtet. Deswegen wurde über ihn die Reichsacht verhängt, und er musste sich mit dem Kloster vergleichen. Jedoch muss es schon vorher eine Strahlenburg an anderer Stelle gegeben haben, denn schon 1174 ist ein Heinrich de Stralinberch belegt, und auch Conrad nannte sich vorher schon »Strahlenberger« u. ä. Wo die ältere Burg lag, darüber gibt es lange Diskussionen, die aber noch kein überzeugendes Ergebnis brachten.

1329 verpfändeten die Strahlenberger Schriesheim und die Burg an Hartmut von Kronberg, den mainzischen Burggrafen der nahen Starkenburg, der die Strahlenburg aufwendig umbaute. Nach seinem Tod wollte Mainz 1346 die Burg kaufen, aber der Strahlenberger löste das Pfand ein und verkaufte die Burg an Kurpfalz. 1470 wurden Burg und Ort in einem Krieg zwischen zwei Pfälzer Linien vom Pfalzgrafen Friedrich I. eingenommen, Schriesheim entfestigt, aber die Strahlenburg

Strahlenburg bei Schriesheim. Die Wohnbaureste von Südwesten. Die Fenster der beiden unteren Geschosse stammen aus dem späten 13. Jh., das oberste Geschoss wurde erst nach 1329 aufgesetzt.

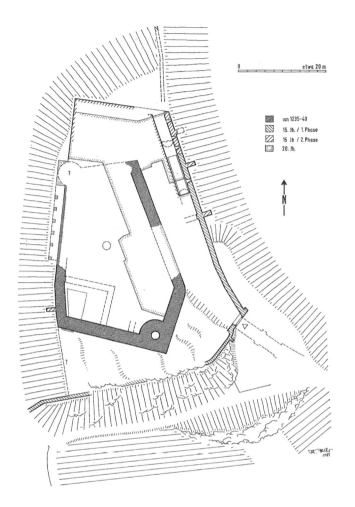

Strahlenburg,
skizzenhafter
Baualterplan (nach
Steinmetz/Biller,
Strahlenburg)

0 _____ etwa 20 m

- um 1235-40
- 15. Jh. / 1. Phase
- 15 Jh / 2. Phase
- 20. Jh.

erhalten. Wann sie Ruine wurde ist unbekannt, jedenfalls vor 1733, als
große Teile abgebrochen wurden.

Von der Strahlenburg ist eine ansehnliche Ruine aus Porphyr-
Bruchstein erhalten, auf einem abfallenden Grat. Ihre vor allem südlich
noch hohe Mauer enthält allerdings nur noch die moderne Gaststätte.
Bergseitig steht in der Ecke der hier fast 13 m hohen Mauer der runde
Bergfried, dessen beachtliche Höhe von 29 m wohl erst durch Aufstockung entstand. Der Wehrgang der Ringmauer war auf Konsolen
außen um den Turm herum geführt. Vom Wohnbau in der Südwestecke

Die Strahlenburg
bei Schriesheim,
über den Hals-
graben hinweg.
Von hier scheint
es sich um eine
unberührte,
»romantische«
Ruine zu handeln,
aber das Innere
ist stark durch die
moderne Gast-
stätte geprägt.

sind nur die Außenmauern dreigeschossig mit beschädigten Fenstern aus mehreren Bauphasen erhalten. Die spitzbogigen Doppelfenster mit Oberlichtern im 1. Obergeschoss wurden offenbar im späten 13. Jh. erneuert, das einzige Gewände im 2. Obergeschoss ist wohl bei einer Restaurierung falsch herum eingesetzt. Das dritte Geschoss ist wohl erst um 1329–38 aufgesetzt worden; es besitzt in seiner dünneren Wand Reste von reich profilierten Maßwerkfenstern, und zwar im Gegensatz zu den unteren Geschossen auch vier gegen Süden.

Die Ostmauer der Kernburg ist teilweise erhalten, aber durch den Anbau der Gaststätte unkenntlich, die Nordwestecke fehlt. Wir können nur vermuten, dass das Tor in der Ost- oder Nordfront lag, und manches deutet auf einen Rundturm an der Nordwestecke. Die Mauern der zwingerartigen Vorburg im Osten und Norden, aus dem 15. Jh., sind dagegen teilweise erhalten, mit profiliertem Spitzbogentor gegen den früheren Halsgraben. Unter ihrer Ostmauer ist im Norden ein zweiphasiger, gewölbter Wehrgang erhalten. An die Nordost- und an die Südwestecke der Vorburg schließen die verfallenen Mauern des stadtartig befestigten Schriesheim an, die wahrscheinlich gleichzeitig mit der Vorburg entstanden.

Schauenburg

INFORMATION

Vom Nordrand von
Dossenheim gibt
es eine Straße
zum Parkplatz am
alten Steinbruch;
ein asphaltierter
Fahrweg führt in
diesen hinein,
dann ein Fußweg
links zur gut sicht-
baren Ruine.

Ein Gerhard von Schauenburg ist schon 1130 belegt, und es wurde lange diskutiert, ob seine Burg bereits an der heutigen Stelle lag. 1994 wurden dann Fundamente im Burghof freigelegt, die der Ausgräber D. Lutz als quadratischen Wohnturm deutete (heute nicht mehr sicht-bar); dieser besaß Sandsteineckquader, zeigte aber Porphyr-Bruchstein in den Wandflächen. Damit ist die ältere Burg lokalisiert. Auch ein Bruchstück eines Würfelkapitells mag noch aus der ersten Hälfte des 12. Jhs. stammen.

Die erhaltene Ruine ist jedoch die einer neuen Burg, die nach jüngs-ten Grabungen erst Mitte des 14. Jhs. als mainzischer Stützpunkt ent-stand. Denn nach dem Aussterben der Erbauer und kurzer pfälzischer Zeit war die Burg seit 1319 mainzisch und Sitz eines Amtes. Die folgen-den Konflikte zwischen Pfalz und Mainz endeten erst 1460, als Pfalzgraf Friedrich I. die Burg einnahm und schleifen ließ.

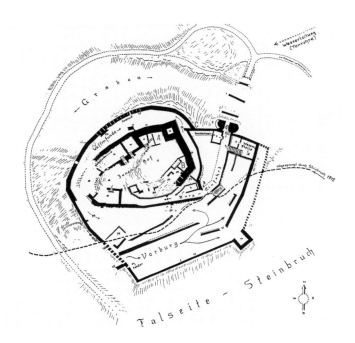

Schauenburg,
Planskizze von
A. Ridinger 1960,
mit den bis 1912
zerstörten Teilen
der Vorburg (nach
Steinmetz, Schau-
enburg)

Die Ruine der Schauenburg aus der Luft, von Süden. Deutlich erkennt man vorne die Felswand, die erst durch den neuzeitlichen Steinbruch entstand.

Großen Schaden litt die Ruine 1891–1926 durch einen Steinbruch, der die Vorburg weitgehend zerstörte und heute mit seinen schroffen Wänden die Umgebung prägt. Um 1900 und ab 1932 wurde die Ruine freigelegt, leider ohne wissenschaftliche Dokumentation; lediglich ein Grundriss von A. Ridinger dokumentiert noch die früher festgestellten Mauern. Seit 1982 finden wieder Sicherungsarbeiten statt.

Die noch bis 6 m hohen Reste der Burg liegen auf einem Vorsprung des Ölberges, der im Norden durch einen bogenförmigen Graben abgetrennt wurde; im Süden und Osten hat der Burgberg durch den Steinbruch seine Form eingebüßt. Die Aussicht auf Dossenheim und die Rheinebene ist hervorragend. Die Ruine besteht aus dem anstehenden Porphyr-Bruchstein, mit Sandsteinquadern an den Ecken und auch sonst verstreut in den Mauerflächen und im Füllmauerwerk; diese wurden wohl aus dem Abbruch der älteren Burg gewonnen. An der Nordecke stand der quadratische Bergfried, mit vorspringender Spitze gegen den Graben und abgeschrägter Ecke gegen den Hof. Die beidseitig anschließenden Mauerpartien sind 3,20–3,40 m dick und waren wohl schildmauerartig hoch. Im Westen stößt diese Mauer mit Fuge gegen die Reste des Wohnbaues, der deswegen aber nicht älter sein muss. Dieser im Keller mindestens zweiräumige Bau besaß an der Nordostecke einen innen runden, vorspringenden Abortschacht. Die bei den

Graben und
Zwinger der
Schauenburg.
Die weitgehend
abgetragene Kern-
burg verbirgt sich
rechts hinter der
Zwingermauer.

Grabungen gesicherten Bodenfliesen erinnern an solche aus Schönau und wurden vielleicht im dortigen Kloster, einem schauenburgischen Lehen, hergestellt. Unter den geringen Bauresten im Süden – gesichert wurden nur die Reste eines Baues im Südwesten – darf man an der Ostecke nach den Grabungen eine Küche vermuten. Reste von Tonroh-ren, die man als Materiallager in der Vorburg und in Resten außerhalb der Burg fand, deuten auf eine Wasserleitung, die von Osten über den Halsgraben führte.

Die Entwicklung der tiefer liegenden Vorburg und der Zwingeranla-gen ist heute nicht mehr klärbar, nachdem über die Hälfte der Vorburg verschwunden ist. Erhalten sind vor allem Reste des Torzwingers der Kernburg, mit ehemals vier oder fünf aufeinander folgenden Toren. Der Torbau am Halsgraben, von dem nur der Unterbau bleibt, war beidseitig abgerundet und entstand kaum vor dem 15. Jh. Ebenfalls erhalten ist die hohe Zwingermauer nördlich der Kernburg, die wohl einen Rund-bogenfries trug. In der weitgehend verschwundenen Vorburg, deren Binnengliederung nach dem alten Grabungsplan nur noch ahnbar ist, sind zwei quellenmäßig belegte Burgmannensitze zu vermuten; einer bestand schon 1420, 1431 erlaubte der Erzbischof von Mainz den Bau eines weiteren.

»Kronenburg«

Die Reste einer Burgengruppe im Tal östlich Dossenheim sind nicht historisch einzuordnen; alle Deutungen, vor allem als Vorgänger der nahen, ab 1130 belegten Schauenburg, haben sich bisher nicht beweisen lassen. Der traditionelle Name ist »Altes Schlössel«, der Name »Kronenburg« wurde erst im 19. Jh. kreiert. Nach dem Baubefund handelt es sich jedenfalls um Anlagen des 11. oder frühen 12. Jhs., was die Keramik bestätigt. Unter anderem eine Blidenkugel deutet auf die Aufgabe der Burg frühestens um 1200, denn erst damals sind solche Wurfgeschütze in Deutschland belegbar.

Auf der Spitze des Bergsporns aus Porphyr liegt die polygonale Westburg, in beiden Achsen etwa 40 m groß und von einem Ringgraben umgeben, der im Norden über steilerem Hang aussetzt. Die Fundamente der Ringmauer, aus quaderähnlichem Sandstein-Bruchstein und 1,30–1,80 m dick, wurden in den 1930er Jahren freigelegt. In der Westhälfte sind Grundmauern eines Hauses oder Wohnturmes von etwa 12 m × 10,50 m sichtbar, mit 1,30 m dicken Wänden und Eckquadern. Östlich des Ringgrabens liegen auf flachem Gelände Ringmauerreste einer Vorburg.

INFORMATION

Im Tal östlich von Dossenheim liegt ein Wanderparkplatz. Von dort führt ein Waldweg in ein Tal gegen Südosten, nach rund 1,5 km zweigt ein gegen Nordwesten ansteigender Weg ab, der in etwa 1 km zu den Burgresten führt. Eine Wanderkarte ist empfehlenswert.

»Kronenburg«, Westanlage, typisches Mauerwerk des 11./12. Jh.

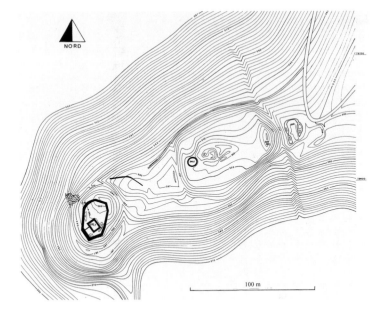

Von der Burgen-
gruppe unbekann-
ten Namens, die
im 19. Jahrhundert
»Kronenburg« ge-
nannt wurde, sind
nur Reste erhalten,
die in den 1930er
Jahren freigelegt
wurde.
Lageplan (Landes-
denkmalamt
Baden-Württem-
berg)

Die 30 m entfernte, etwas größere Ostburg besitzt nur einen schwachen Graben gegen Westen, der sich bis zu einem modernen Wegebau
auch südlich fortsetzte und in einen offenbar doppelten Halsgraben
gegen den Sattel im Osten mündete. Von ihrer Ringmauer sind nur lü-
ckenhafte Schuttwälle geblieben. In der Westhälfte der Anlage deutet
von Schatzgräbern zerwühlter Schutt aus Sandstein-Bruchstein eine
Bebauung an, die im heutigen Zustand nicht mehr interpretierbar ist;
südlich davon, etwas tiefer, lässt eine Grube von 10 m × 7 m ein Gebäude ahnen. Die schwache Grundmauer eines Rundbaues von 8,10 m
Durchmesser, am Westrand der Burg, ist nach Alter und Funktion der-
zeit nicht zu deuten. Alle Bebauungsreste in der Ostburg könnten auch
einer spätmittelalterlichen oder noch jüngeren Nutzungsphase angehö-
ren, zumal es Keramik sogar noch des 17./18. Jhs. gibt.

Die beiden Anlagen der »Kronenburg« sind wichtige Zeugnisse des
frühen Burgenbaues in Deutschland, deren wirkliche Aussagekraft nur
durch eine archäologische Untersuchung erschlossen werden könnte.
Ein Hohlwegefächer im Tal südlich der Burg mag zumindest die versteckte Lage erläutern, nämlich an einem alten Weg ins Neckar- und
Steinachtal.

Handschuhsheim

Die Ruine in Handschuhsheim gehört zu jenen Burgen der Bergstraße, die stets als sehenswert erwähnt werden, über deren Geschichte und Baubestand aber wenig bekannt ist. Offenbar gab es zwei Familien »von Handschuhsheim«, wobei offen bleibt, ob die ältere, seit dem 12. Jh. erwähnte ihren Sitz schon an heutiger Stelle hatte, denn der Baubestand der Burg geht so weit nicht zurück. Seit 1209 ist eine zweite Familie mit anderen Vornamen belegt, die im 13./14. Jh. die ältesten Teile der Burg erbaute. Die Familie war im Spätmittelalter umfangreich begütert, mit freiem Besitz und pfälzischen wie mainzischen Lehen, hatte auch Ämter am Hof in Heidelberg inne; sie starb im Jahre 1600 aus.

INFORMATION

Im Dorfkern von Handschuhsheim (nördlicher Stadtteil von Heidelberg), nahe der weithin sichtbaren »Friedenskirche«. Nutzung durch Vereine, Besichtigung nach Vereinbarung.

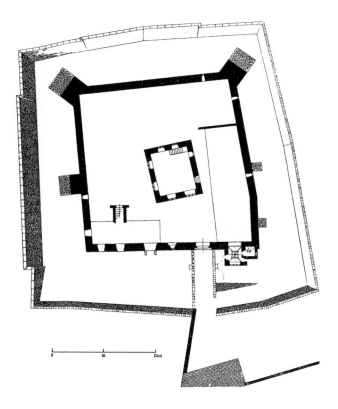

Handschuhsheim, Grundriss (nach v. Oechelhäuser, Kunstdenkmäler... Heidelberg)

Handschuhsheim, die Südseite der Burg mit der Brücke zum Haupttor und zwei Erkern des 16. Jahrhunderts

Die Burg hat eine sehr einfache Form. Um ein quadratisches Haus mit Satteldach zieht sich in einigem Abstand die ebenfalls etwa quadratische, voll erhaltene Ringmauer, und um diese ein gefütterter, früher wassergefüllter Graben. Haus und Ringmauer bestehen aus kleinteiligem Bruchsteinmauerwerk und besitzen zahlreiche Fenster, von denen viele erst später eingebaut sind; die Umbauten sind aber oft nicht eindeutig erkennbar, zumal seit 1911 mehrfach Restaurierungen stattgefunden haben. Die Fenster machen klar, dass sich an die Ringmauer an allen Seiten Gebäude anlehnten, und große Kellergewölbe im Osten und Norden bestätigen das. Die ältesten Flügel lehnten sich an die West- und die Nordmauer, denn dort findet man im 1. Obergeschoss eine regelmäßige Reihung rechteckiger, gefaster Doppelfenster mit wuchtigen Mittelpfosten. Sie dürften in der zweiten Hälfte des 13. Jhs. oder zu Beginn des 14. Jhs. entstanden sein, was auch die Ringmauer insgesamt datiert. Aus dieser ältesten erkennbaren Bauphase dürfte auch das Gebäude in der Mitte stammen, denn es zeigt ein Mauerwerk und Fenster, die der Ringmauer entsprechen. Man hat diesen Bau als »Wohnturm« bezeichnet, und er mag anfangs wirklich höher gewesen sein als heute. Aber seine dünnen Mauern und die Fenster zeigen, dass er nicht verteidigungsfähig war, sondern der Burg nur optisch ein Zentrum geben sollte, anknüpfend an »Turmburgen« des 11./12. Jhs.

Im 15./16. Jh. wurde die Burg umfassend modernisiert. Die Rundbogenfriese der Außenmauer, die teils erhaltene Zinnen trugen, dürften so ein Umbau sein, auch das Burgtor mit der Stichbogenblende, in die das Fallgatter hochgezogen wurde. Wichtiger war jedoch die Errichtung moderner Wohnbauten im Norden und Osten, die man an den größeren Renaissancefenstern erkennt, und an der Lage ihrer tonnengewölbten Keller. Man kann vermuten, dass der ältere Westflügel nun verschwand; der »Wohnturm« im Hof erhielt neue Fenster, eines trägt ein Allianzwappen Handschuhsheim/Fleckenstein. Die Südseite der Burg – auch an der Südwestecke entstand 1544 offenbar ein Gebäude neu – wurde durch Renaissance-Erker geschmückt. Das rippengewölbte Erdgeschoss des Erkers an der Südostecke, der den Giebel des Ostflügels betont, ist restauriert erhalten; er war aber sicher keine Kapelle. Drei Strebepfeiler im Norden und Westen der Ringmauer entstanden 1575. Vor der Südostecke der Burg lag ein Vorburgbereich, dessen Torbau erhalten ist.

III Burgen und Schlösser am unteren Neckar

Minneburg

Der Name Minneburg ist als Idealname gedeutet und zu anderen Burg-
namen des Neckartales in Beziehung gesetzt worden. »Minne« war die
höfische Frauenverehrung der hochmittelalterlichen Dichtung, so wie
auch »Ehre« (Ehrenberg), »Güte« (Gutenberg) und »rîche« im Sinne der
Großzügigkeit (Reichenstein) Werte des Rittertums waren. Der Name
könnte sich aber auch von »Nunien« ableiten, dem Namen eines früher
zugehörigen Waldes.

Eine Familie »von Minnenberg« wird von 1333 bis 1378 erwähnt.
Man muss sie für die Erbauer der Burg halten, aber sie besaßen diese
schon bei deren direkter Ersterwähnung 1338 nicht mehr. Besitzer waren damals die Rüdt von Collenberg, die die Burg elf Jahre später an
Kurpfalz verkauften. In deren Eigentum blieb sie dann bis zum 17. Jh.,
aber nicht als wichtiger Stützpunkt; sie wurde häufig verpfändet und
war mehrfach Sitz eines Amtmannes bzw. »Kellers«. Seit dem späten
14. Jh. waren von der Burg mehrere Dörfer auf der bewaldeten Hochflä-
che im Neckarknie ganz oder teilweise abhängig. 1518 erwarb der Vogt
von Heidelberg, Wilhelm von Habern – der auch zeitweise Vogt von
Mosbach war, und pfälzischer Obermarschall – die Minneburg. Diesem

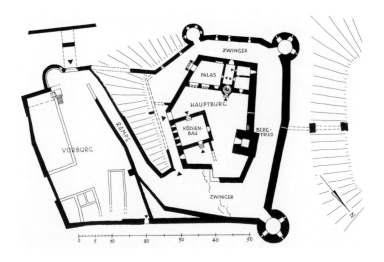

Minneburg, Grund-
riss (nach Arens,
Die Baugeschich-
te …, ergänzt von
Th. Biller)

Die Minneburg, der Wohnbau der Kernburg, von dessen Erker man auf den Neckar blickt, entstand um 1520 durch Umbau und Aufstockung des ursprünglichen Wohnbaues aus dem frühen 14. Jahrhundert.

begüterten pfälzischen Beamten ist ihre heutige Gestalt zu verdanken. Nach seinem Tod 1537 und dem Aussterben der Familie war die Minneburg im frühen 17. Jh. noch Sitz einer pfälzischen Kellerei, bevor sie im Dreißigjährigen Krieg 1622 zerstört wurde.

Die Burg, auf breitem Sporn über dem Neckar, ist ab 1521 stark umgebaut worden; nur bei genauer Betrachtung erkennt man die älteren Teile der Kernburg. Zur Erstanlage gehörte fraglos der quadratische, im 16. Jh. gekürzte Bergfried, ferner die Schildmauer und die mit ihr einheitliche Ringmauer, ferner der später stark umgebaute Wohnbau. Zwar stößt die Schildmauer mit Fuge an den Turm, und das gilt auch für die Hofwand des Wohnbaues gegenüber der Ringmauer – beides nach neueren Restaurierungen unkenntlich –, aber solche Ausführungsabschnitte sind auch bei einheitlich geplanten Burgen häufig. Das unsaubere Bruchsteinmauerwerk mit nur flachen Buckelquadern an den Turmecken, dessen rundbogiger Einstieg zu einer zweilichtiges Rechteckfenster an der Hofseite des Wohnbaues passen auf eine Entstehung im späten 13. Jh. oder frühen 14. Jh.

Unter Wilhelm von Habern wurde der Wohnbau neu gestaltet, um ein Geschoss erhöht und durch den Treppenturm ergänzt, der das (erneuerte) Datum »1521« trägt. Merkmal der spätgotischen Phase sind kleine, gefälzte Rechteckfenster; nur zum Hof gibt es große, dreiteilige Fenster, und in dem über drei Geschosse reichenden, reich gewölbten Standerker der südlichen Giebelwand, der aus einer Stube eine Aussicht ins Neckartal bot. Die Innenaufteilung des Erdgeschosses, mit Mittelflur, ist über dem Kellergewölbe noch erhalten und hat neuerdings wieder eine Decke. Gegenüber dem Bergfried liegt die Ruine eines weiteren Gebäudes, wohl der Küche aus dem frühen 16. Jh. Eine Inschrifttafel von unbekannter Stelle ist an der völlig erneuerten Rampe zur Kernburg eingemauert und nennt den »vesten Junck [er] Wilhelm vom Habern« als Bauherren der Modernisierung.

Unter ihm entstand auch ein Zwinger um die Kernburg, mit drei schlanken Rondellen, wobei die beiden stärksten dem nordwestlichen Halsgraben zugekehrt sind. Es sind hohe, zwingerseitig offene Türme mit Maulscharten, die auch unter dem Zwingerniveau Scharten besaßen. Die beiden Nordwestrondelle sind auf Reliefplatten »1521« bzw. »1522« datiert, wobei die letztere außerdem die Inschrift trägt »Hans von Werthen Meister diser Werck«. Das meint den Steinmetzmeister und Architekten Hans Steinmiller aus Wertheim, der wenig später auch

das Zeughaus auf dem Breuberg errichtete, einen der frühesten Renais- Minneburg bei
sancebauten im Odenwald; auch dort brachte er stolz seinen Namen Neckargerach. In
der Hofseite des
an: »Hans Steinmiller macht mich 1528«. Über den Halsgraben war auf Wohnbaues sieht
einem erhaltenen Pfeiler eine Wasserleitung in die Burg geführt; das man noch ein kleines Doppelfenster
Wasserbecken in der Rückseite der Schildmauer ist erhalten. der ersten Bauzeit
        Die Vorburg lag auf der abfallenden äußeren Bergspitze. Ihre Süd- um 1300, rechts
am Treppenturm.
westringmauer, mit dem Tor und einem Rondell daneben, entspricht Die dreiteiligen
formal dem Zwinger der Kernburg, an den ihre Mauer oben ansetzt. Im Fenster und der
Treppenturm
unteren Teil sind Fundamente von Wirtschaftsgebäuden restauriert; selbst entstanden
ein Gemälde von 1604 zeigt noch ihre Obergeschosse aus Fachwerk. erst 1521.

Zwingenberg

INFORMATION

Die Burg liegt über
Zwingenberg bzw.
der B 37. Bezeich-
neter Fußweg vom
Ort, mit Brücke
über die Eisen-
bahn. Führungen
für Gruppen nach
Anmeldung (Tel.
06263-411010).

1253 tritt ein Wilhelm von Zwingenberg auf, ein Neffe des Vogtes Wilhelm von Wimpfen. Die Erbauer der Burg stammten also aus der Reichsministerialität der nahen Pfalz Wimpfen; sie wird gegen Mitte des 13. Jhs. entstanden sein. Die Burgherren entfalteten auch Rodungs-aktivitäten, denn fünf Dörfer im Nordosten, zwischen Waldkatzenbach und Weisbach, gehörten zur Burg.

1363 wurde die Burg als »Raubhaus« zerstört, und zwar durch ein Bündnis von Mainz und Kurpfalz, im Namen des Reiches; die Zwingen-berger hatten zu Unrecht Zölle auf dem Neckar erhoben. Die Zerstö-rung beendete lange Konflikte, denn schon 1338 hatten Pfalz, Mainz und Württemberg ein Öffnungsrecht der Burg erzwungen, und 1340 erbaute Mainz auf dem Felsgrat über Zwingenberg sogar die Burg Fürstenstein, um dieses zu belagern; Fürstenstein musste aber schon 1343 auf Einspruch des Pfalzgrafen wieder abgebrochen werden. Schwer zugängliche Reste lassen auf eine mehrteilige Anlage schließen, die nur aus Trockenmauerwerk und Fachwerkbauten bestand und vor allem ein Wurfgeschütz sicherte; Blidenkugeln sind in Zwingenberg erhalten.

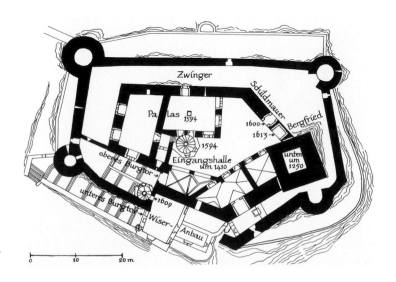

Zwingenberg,
Grundriss der
Kernburg (nach
Arens, Die Bauge-
schichte ...)

Von der ursprünglichen Burg Zwingenberg sind der Unterteil des Bergfrieds und die Ringmauern der Kernburg bis etwa 5 m Höhe erhalten. Man erkennt am Bergfried die originalen Buckelquader, die oben in glattes Quaderwerk übergehen; die viel wuchtigeren Buckelquader des obersten Turmteiles markieren die Erhöhung der Zeit nach 1400. Ähnlich ist das unsaubere Glattquaderwerk der Ringmauern nach 1400 in Buckelquadern auf über das Doppelte erhöht worden. Vom Wohnbau des 13. Jhs. zeugen noch ein Maueransatz und Kragsteine innen an der Nordringmauer. Der Grundriss der Kernburg – ein Fünfeck mit Turm an der bergseitigen Spitze – gleicht der Hinterburg Neckarsteinach (Mitte 13. Jh.) oder auch Landsberg im Elsass (um 1197–1200).

Nach der Zerstörung 1363 blieb die Burg Ruine. Erst nachdem sie 1403 von Mainz und Kurpfalz den Hirschhornern verkauft wurde, bauten diese sie wieder auf, im Prinzip in der heutigen Form. Nach einem vor 1410 geschlossenen Vertrag sollte der Steinmetz Heinrich Isenmenger aus Wimpfen ein großes steinernes Haus errichten, vermutlich den zweiflügeligen Wohnbau im Nordwesten der Kernburg, der aber – nach Maueransätzen, Türen und Kragsteinen an der Ringmauer – noch länger werden sollte. Dass auch der stumpfwinklig gebrochene Flügel im Süden der Kernburg in diese Zeit gehört, zeigen die Wappen der Torhalle, die um 1405–15 zu datieren sind. Schließlich sind die prägenden Wehrgänge über Rundbogenfriesen – und einige kleine gekehlte Rechteckfenster an verschiedenen Stellen der Burg – Belege dafür, dass ab 1403 wirklich die gesamte Kernburg neu gestaltet wurde.

1424 wurde die Kapelle geweiht, was vielleicht den Abschluss der Neubauten in der Kernburg markiert. Die Ausmalung des kleinen, in den Wohnbau integrierten Raumes – heute leider nicht zu besichtigen – ist voll erhalten und, nach dem Wappen der Stifter, ebenfalls um 1405–15 entstanden. Die Kapelle zeigt an den Schmalwänden Verkündigung und Kreuzigung, an der Decke Christus selbst; die Längswände sind mit Heiligen, Kaisern und Figuren des alten Testamentes in strengen Reihen geschmückt. Der unbekannte Maler war einer am nördlichen Oberrhein und am Neckar tätigen Schule verpflichtet, deren Zentrum das Mainzer Karmeliterkloster war; er hat wohl auch die Karmeliterkirche in Hirschhorn ausgemalt.

Die Kernburg ist von zwei Zwingern umgeben, die sich auf dem steilen Felshang eindrucksvoll staffeln; beide sind von Rundbogenfriesen bekrönt, die denen der Kernburg entsprechen. Der innere Zwinger be-

Burg Zwingenberg von der anderen Seite des Neckars

sitzt vier Rundtürme mit hohen Senkscharten, die ihn ursprünglich alle überragten und deren Plattformen dieselben Rundbogenfriese zeigen; sie tragen zum eindrucksvollen, einheitlichen Bild der Burg Wichtiges bei. Die Vorburg, die sich der Kernburg auf der westlichen Spornspitze vorlagert, besitzt an der Spitze einen weiteren, halbrunden Schalenturm, wieder mit Rundbogenfries. Die Zwinger und die Vorburg sind sicher nicht ganz so alt wie die neue Kernburg der Zeit nach 1403; die Türme und ihre Scharten wirken dafür zu fortschrittlich. Beide werden im Laufe des 15. Jhs. entstanden sein.

Um 1600 wurde die Burg nochmals modernisiert. Vor allem die großen Rechteckfenster der Kernburg stammen aus dieser Zeit und die beiden Treppentürme; der im malerischen Innenhof stammt von 1574, mit Portal von 1595, die Stuckaturen über dem Brunnen von 1613. Nach 1701, im Lehensbesitz des Reichsgrafen von Wiser, wurde über dem Aufstieg zur Kernburg nochmals ein Anbau errichtet, der zusätzlichen Wohnraum schuf und mit seiner Putzrustika und dem weißen Anstrich die Neckarseite prägt.

Mitte des 18. Jhs. wurde Zwingenberg pfälzisch, 1808 erwarb Großherzog Karl Friedrich von Baden die Burg, dessen Nachfahren sie bis heute bewohnen. Zum Glück fanden im 19./20. Jh. kaum noch Umbauten statt, so dass die Burg im Grundsatz das selten ungestörte – und zuletzt sorgfältig restaurierte – Bild einer Burg des frühen 15. Jhs. bietet. Der Ausbau von Wehrgang und Dachboden des Wohnbaues 1844 ist von außen kaum erkennbar, das voluminöse, neugotische Forst- und Rentamt (1886/87) in der Vorburg gehört längst zum gewohnten Bild. Die dunkle »Wolfsschlucht«, die die Burg an der Nordseite begrenzt, wurde erst nachträglich zu jener erklärt, die Carl Maria von Weber in seinem 1817–20 geschriebenen »Freischütz« zum Ort der Handlung macht. Der Bezug – immerhin war Weber am Neckar gewandert – ist Anlass der alljährlichen Festspiele, bei denen die Oper im Zentrum steht.

Stolzeneck

INFORMATION

Über die Neckar-
brücke in Eber-
bach der Uferstra-
ße nach Rockenau
und weiter folgen.
350 m hinter der
Staustufe führt
rechts ein Pfad
(Wanderweg 1) zur
Ruine, 80 m über
dem Fluss.

1268 wird eine Witwe »von Stolzeneck« erwähnt und damit indirekt zum ersten Mal die Burg. Wann sie erbaut wurde, ist schwer zu sagen, weil vom ersten Bau wenig erhalten blieb; es war wohl kaum vor Mitte des 13. Jhs. Die Erbauer waren offenbar Reichsministerialen mit Bezug zu Burg und Stadt Eberbach, denn Stolzeneck war auf Reichsland erbaut, wie aus einer Urkunde Albrechts von Österreich von 1292 abzuleiten ist. Bereits 1284 wurde Stolzeneck an die Pfalzgrafen verkauft, die die Burg dann meist verlehnten. 1418–58 war sie direkt in pfälzischem Besitz und zeitweise zwischen der Hauptlinie und Pfalz-Mosbach strittig. 1509 durfte Philipp von Seldeneck die Burg wieder aufbauen; sie war vielleicht im »Landshuter Erbfolgekrieg« beschädigt worden, vielleicht auch nur vernachlässigt. 1612/13 war sie in Verfall und wurde auf pfalzgräflichen Befehl abgebrochen.

Stolzeneck, auf einem Bergsporn über dem Neckar, besteht aus der zwingerumgebenen, kleinen Kernburg hinter tiefem Halsgraben, und der talseitig liegenden Vorburg. Von der ursprünglichen Kernburg sind die Grundmauern eines zweiräumigen Wohnbaues erhalten, die 1964 ergraben wurden. Umstritten ist das Alter der eindrucksvollen, 21 m hohen und 2,85 m dicken Schildmauer. Fritz Arens setzte sie in die

Stolzeneck. Die
Schildmauer von
der Angriffsseite.

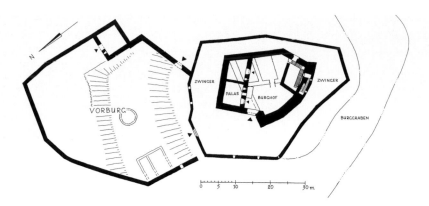

Feuerwaffenzeit (zweite Hälfte 14. oder 15. Jh.), Alexander Antonow ins späte 13. bis mittlere 14. Jh.; schließlich sprach sich Thomas Steinmetz dafür aus, sie sei doch Teil der ersten Anlage. Grund der Datierungsprobleme ist das Mauerwerk der Schildmauer, das unten und an den Ecken Buckelquader zeigt, auch einen Schrägsockel, das aber insgesamt unsauber ist und bald in Bruchsteinwerk übergeht. Viele Vergleiche zeigen, dass das Mauerwerk ab Mitte des 13. Jhs. oft schlechter wurde, und Stolzeneck mag durchaus ein Beispiel sein, vor allem als kleine Burg einer zweitrangigen Familie. Auch ergeben die Grundmauern des ersten Wohnbaues und der nördlichen Ringmauer zusammen mit der Schildmauer einen geschlossenen, dreieckigen Grundriss.

Der als Ruine erhaltene, viergeschossige Wohnbau ist demnach eine Erweiterung der Kernburg, die man spätestens mit der Baunachricht 1509 in Verbindung bringen darf. Einzelne Fensterreste der Hoffassade – vor allem zwei Spitzbogenstürze – sind sicher wiederverwendete Teile des abgebrochenen ersten Wohnbaues, die anderen Fenster und Pforten der Obergeschosse sind aber spätgotisch. Nur im 2. Obergeschoss, das hofseitig gestaffelte Gruppenfenster besaß, gab es auch Fenster zur Außenseite der Burg.

Der Zwinger um die Kernburg besitzt keine Türme und nur einige Schlitzscharten. In der relativ großen Vorburg, deren Mauer noch den Wehrgang erkennen lässt, ist der Rest eines kleinen Gebäudes im Osten erhalten; im Westen findet man Fundamente eines zweiräumigen Fachwerkbaues. Zwinger und Vorburg sind undatierbar, aber sicher erst spätmittelalterlich.

Stolzeneck, Grundriss (nach Arens, Die Baugeschichte …, ergänzt von Th. Biller)

Eberbach

1196 nannte sich einer der mächtigen Grafen von Lauffen – sie waren Grafen in wormsischen Gebieten am unteren Neckar, ihre namengebende Burg steht bei Heilbronn – Graf von Eberbach. Das ist die erste Erwähnung des Ortes an der Mündung des Holderbaches (früher: Eberbaches) in den Neckar und sicherlich schon auf die Burg zu beziehen. 1226 erscheint ein Ritter von Eberbach, im Folgejahr kaufte König Heinrich (VII.) die nun ausdrücklich genannte Burg vom Bistum Worms, fraglos infolge des Aussterbens der Lauffener Grafen (um 1212–19). Die Burg gehörte dann zum Reichsbesitz um die Pfalz Wimpfen, als Stützpunkt am Rande des Odenwaldes, wo die Straßen vom Main – von Erbach und Amorbach – auf den Neckar stoßen; Ministerialen »von Eberbach« werden schon vor 1220 erwähnt. Nach 1227 wurde der Talkessel durch die um 1241 zuerst fassbare Stadt Eberbach und mindestens vier Rodungsdörfer auf dem Südufer des Neckars und flußabwärts erschlossen. Die später mehrfach, zuletzt an Kurpfalz verpfändeten Burgen überlebten das Hochmittelalter kaum; 1402 wurden sie mit der Stadt an die Hirschhorner verpfändet, im Folgejahr erhielten diese von König Ruprecht die Erlaubnis, die strategisch nutzlosen Burgen »abzubrechen und zu schleifen«; offenbar betraf das nur die Hinterburg. Hans von Hirschhorn baute zu dieser Zeit Hirschhorn selbst und Zwingenberg neu aus und benötigte seine Mittel wohl dort.

Das Problem der Burg Eberbach als Bauwerk besteht darin, dass es sich in Wahrheit nicht um eine, sondern um drei Burgruinen handelt, deren Entstehungszeiten und Funktionen nicht aus Quellen ablesbar sind. Vorderburg, Mittelburg und Hinterburg – die Bezeichnungen sind modern – sind kleine Anlagen mit einer Gesamtlänge von nur 170 m und liegen hintereinander auf einem Bergsporn, mit der Vorderburg auf der Südspitze. Zum Verständnis dieser Burgengruppe muss man sich vor Augen halten, dass nicht jeder Bauvorgang einem unmittelbaren Interesse der Burgherren – der Grafen von Lauffen bzw. der Staufer – entsprochen haben muss, sondern dass hier zweifellos Reichsministerialen saßen, deren eigenständige Entwicklung nacheinander zumindest die beiden nördlichen Burgen hervorbracht haben mag, ohne dass die wenigen erhaltenen Quellen das widerspiegeln.

Ein zusätzliches Problem bei der Betrachtung des heutigen Zustandes besteht darin, dass es sich teils um moderne Rekonstruktionen handelt, denn die Burgen wurden erst ab 1909 ausgegraben und dann bis 1963 als »Ruinen« wiederaufgebaut, wobei manches Detail improvisiert ist. Auch die Funde wurden leider nicht hinreichend dokumentiert, vor allem nicht im Schichtenzusammenhang, so dass sie kaum Datierungshinweise geben.

Die nur etwa 33 m lange und breite *Vorderburg* liegt auf der überhöhten Spitze des Sporns und besaß eine polygonale Ringmauer aus kleinen, hammerrechten Quadern. Nahe dem Tor stand an der Angriffsseite übereck ein quadratischer Turm von nur 6,20 m Seitenlänge und 1,30 m bis 1,50 m Mauerdicke, der 2,90 m hoch erhalten ist; die Entstehungszeit seines restaurierten Erdgeschosseinganges ist unklar. Dieser Turm war eine frühe Variante eines Bergfrieds, auffällig vor allem durch die Kleinheit und geringe Mauerstärke. Westlich des Turmes, wo eine Mauer ein Nebengebäude andeutet, wurden vor 1911 u. a. ein kugelförmiger Topf mit drei Füßen (»Grapen«) und Bronzeleuchter gefunden, die aus dem frühen 13. Jh. stammen dürften; im Hof ist eine Filtrierzisterne ergraben. An der geschützten Südseite der Burg stand ursprünglich ein zweiräumiger Bau, der durch Brand vernichtet wurde; in seinem Westraum fand man Reste eines Wagens, Hufeisen, Getreide usw. Nach dem Brand, der auch den kleinen Bergfried sichtbar schädigte, erbaute man anstelle des Gebäudes einen Wohnturm, dessen Reste nur bis maximal 3,10 m hoch original sind, darüber im frühen 20. Jh. erneuert; ein Kapitellfund belegt ein Doppelfenster. Öffnungen und Buckelquader datieren den Wohnturm um 1200.

Wann die Vorderburg, fraglos die älteste der Eberbacher Burgen, ursprünglich entstand, ist dabei weder quellenmäßig noch archäologisch geklärt. Die Art des Mauerwerks – ohne Buckelquader – und der ungewöhnliche Turm deuten auf eine alte Anlage, die bis ins frühe 12. Jh. oder weiter zurückgehen mag; als Erbauer sind die Grafen von Lauffen zu vermuten.

Lage und Gestalt der *Mittelburg* in ihrem Verhältnis zur Vorderburg haben der Forschung viel zu denken gegeben. Die Anlage, kaum größer als die Vorderburg, ist keine 10 m von dieser entfernt und liegt zudem tiefer – ein ungünstiger Bauplatz, der aber durch das Konzept der Burg ausgeglichen wurde. Denn ihr massiver, 11 m x 11 m messender Buckelquaderbergfried – auf der vierfachen Fläche von jenem der

Die Eberbacher
Mittelburg,
Bergfried (rechts)
und Wohnbau von
Südwesten.
Beide Bauten
stammen in ihren
oberen Teilen erst
aus dem 20. Jahr-
hundert, alt sind
nur die Pforten im
Erdgeschoss des
Wohnbaues. Die
Fenster sind aus
Fundstücken frei
gestaltet.

Vorderburg (!) und mit mehr als doppelter Mauerdicke – ist nicht gegen
die nördliche Angriffsseite der Mittelburg gestellt, sondern gegen die
Vorderburg; fraglos war er auch höher als deren Turm. Seine Übereck-
stellung deckte den Wohnbau an der Nordseite der Burg perfekt gegen
die Vorderburg. Auch das rekonstruierte Haupttor der Mittelburg ist der
Vorderburg abgewendet, die Nordseite der Burg durch eine natürliche,
wenige Meter hohe Felskante gesichert.

Wer auch immer diese zweite Burg auf dem Sporn erbauen ließ und
entwarf: Er wollte die Vorderburg offenbar neutralisieren und stand mit
deren Bewohnern wohl dennoch in gutem Einvernehmen, sonst hätte
er nicht direkt unter ihren Mauern bauen können. Fritz Arens erwog
1967, die Mittelburg sei um 1217 von Kaiser Friedrich II. erbaut worden,
um die wormsische Vorderburg in die Hand zu bekommen, was 1227
dann ja gelungen wäre. Das ist denkbar, aber man darf nicht vergessen,
dass sich im Dunkel fehlender Quellen noch andere Konfrontationen
verbergen können, etwa zwischen den hier sitzenden Ministerialen und
ihren gräflichen oder bischöflichen Herren.

Die heutige Mittelburg ist in hohem Grade ein Neubau des 20. Jhs.,
viele ihrer Merkmale sind daher zweifelhaft. So ist die Buckelquaderschale des Bergfriedes nur bis 2,50 m Höhe alt, und vom Wohnbau gar
nur die Fundamente beider Längswände, mit den Unterteilen zweier
Pforten zum Hof, und die Trennwand; das östliche Tor ist sicher eine

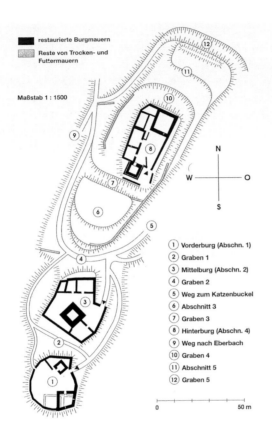

restaurierte Burgmauern

Reste von Trocken- und Futtermauern

Maßstab 1 : 1500

1 Vorderburg (Abschn. 1)
2 Graben 1
3 Mittelburg (Abschn. 2)
4 Graben 2
5 Weg zum Katzenbuckel
6 Abschnitt 3
7 Graben 3
8 Hinterburg (Abschn. 4)
9 Weg nach Eberbach
10 Graben 4
11 Abschnitt 5
12 Graben 5

0   50 m

Eberbach, schematischer Lageplan der drei Burgruinen (nach Knauer, Baugeschichte...)

Fehlrekonstruktion. Die Kapitelle und Basen im Obergeschoss des Wohnbaues wurden zwar hier gefunden, aber ihre frühere Anordnung in Fenstern ist auch ganz anders denkbar.

Die wichtigste Datierungsmöglichkeit der Mittelburg bieten eben diese Kapitelle, denn sie ähneln in bemerkenswerter Weise Kapitellen des Saalbaues der Pfalz Wimpfen. Leider ist dieser selbst so schwer zu datieren, dass seine Einordnung gegen 1170–80 bisher nur wahrscheinlich ist. Auch die Mittelburg kann damit nur in weitem Sinne vor oder um 1200 datiert werden.

Die Ruine der *Hinterburg* liegt 40 m nördlich der Mittelburg, jenseits einer Senke. Sie wurde 1959–63 restauriert, indem man Mauerteile, die bei der Zerstörung 1403 nach außen gekippt waren, wieder aufrichtete; dabei erlaubte man sich verfälschende Freiheiten.

Die etwa rechteckige Anlage wird durch einen Ringgraben geschützt; ob zwischen diesem und einem letzten im Norden weitere
Befestigungen lagen, bleibt unklar. Das Tor ist noch drei Steinschichten hoch alt und zeigt einen buckelbesetzten Schrägsockel. Daneben
sprang ein quadratischer Turm mit nur 1,50 m Mauerdicke vor die Ringmauer; er besaß einen 0,80 m vorspringenden Sockel, in dem Spuren
eines hölzernen Ringankers festgestellt wurden. Vermutlich ist dieser
Sockel Folge einer Bauunterbrechung und dann eines Weiterbaues mit
dünneren Mauern; auch der erdgeschossige Eingang entstand erst
nachträglich. In der Nordostecke stand ein Wohnturm, der Hauptwohnbau der Burg, von dem nur die untersten Steinschichten alt sind; die
Trümmer seiner Nordwand bedeckten den Graben und noch Gelände
davor, was auf mindestens 16 m Höhe deutet. Die beiden Eingänge von
Süden ins Erdgeschoss wurden 1962–63 entgegen dem Grabungsbe-
fund eingebaut; jedoch konnten die Grabungen westlich einen Einstieg
in ein Obergeschoss belegen. Von den fünf trichterförmigen Rundbo-
genfensterchen der restaurierten Ostwand wurden zwei in Sturzlage
gefunden; in welchem Geschoss sie saßen, und ob sie mit den drei
anderen wirklich eine Reihe bildeten, ist nicht klar. Die Bauten an der
Westseite der Burg entstanden in mehreren Stufen, wobei der mittlere
Raum mit einem Rundbogentor und südlichem Lichtschlitz (und einem
frei erfundenen) der älteste ist; er diente wohl als Stall und besaß ein
bewohntes Obergeschoss. Ob Reste von Mauern auf den Grabenkan-
ten und auch südlich der Hinterburg als Reste von Zwingeranlagen zu
verstehen sind, ist unklar.

Wann die Hinterburg entstand, deuten die Form des Burgtores und
die Trichterfenster des Wohnturmes an, vor allem aber ein reliefierter
Kragstein aus dem Wohnturm (heute im Museum Eberbach). Diese
Formen sind spätromanisch, gehören also noch in die erste Hälfte bis
Mitte des 13. Jhs., und dies hat auch die Auswertung des Fundmaterials
bestätigt. Demnach kam die Bauentwicklung der Eberbacher Burgen,
die im frühen 12. Jh. oder gar 11. Jh. begonnen hatte, noch in der
Zeit staufischer Herrschaft zum Abschluss – ohne dass ihre konkrete
Funktion klar ist. Das Ende der Staufer bedeutete offensichtlich auch
einen entscheidenden Bedeutungsverlust der Eberbacher Burgen. Die
Zerstörung 150 Jahre später war damit nur noch die Bestätigung einer
längst abgeschlossenen Entwicklung.

Freienstein

Die Burg wurde 1280 als Sitz eines Heinrich von Freienstein zuerst erwähnt. Eine sorgfältige Deutung der komplizierten Quellenlage durch
Thomas Steinmetz macht es wahrscheinlich, dass die später noch oft
belegte Familie »von Freienstein« – sie kam aus dem Raum Baden-
Baden – aus der Ministerialität der Markgrafen von Baden stammte
und in der Funktion von Burgmannen auf Freienstein saß. Dabei ist
die Burg kurz vor 1280 (nach etwa 1250) von Schenk Konrad I. von
Erbach erbaut worden, um dem Vordringen der Pfalzgrafen am Neckar
einen Stützpunkt entgegenzusetzen; die Markgrafen von Baden waren
damals Verbündete der Erbacher, und die Freiensteiner mögen so zu
einem standesgemäßen Sitz gekommen sein. Der Sicherung gegen die
Pfalz entsprach die Lage an der alten Nord-Süd-Straße vom Main über
Michelstadt/Erbach nach Eberbach. Das umgebende Waldgebiet wurde

INFORMATION

Die Ruine liegt gut
sichtbar westlich
über Gammels-
bach bzw. über
der B 45. Zufahrt
vom Nordende des
Ortes aus, zuletzt
wenige Meter Auf-
stieg.

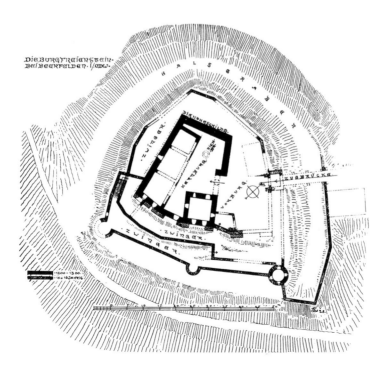

Freienstein, Grund-
riss von K. Krauß
1928. Manche
hier dargestellte
Bauteile sind
inzwischen ver-
schwunden, auch
die Scheidung in
zwei Baupha-
sen entspricht
nicht mehr dem
Forschungsstand
(nach Steinmetz,
Freienstein).

Freienstein, die
Ruine vom Tal aus.
Über den beiden
Zwingermauern
und hinter den
Wohnbauten
ragt der Rest
der Schildmauer
hervor.

durch vier Rodungsdörfer (Gammelsbach, Ober- und Unter-Sensbach, Hebstahl) erschlossen.

Freienstein blieb immer in der Hand der Erbacher. Mitte des 16. Jhs. wurde es modernisiert, aber der Dreißigjährige Krieg leitete offenbar auch hier den Untergang ein; 1703 war die Burg verfallen. Allzu verspätete denkmalpflegerische Bemühungen erlebten 1988 ein weithin beachtetes Waterloo, als die Schildmauer einstürzte und das bereits stehende Gerüst spektakulär mit sich riss. Heute fehlt daher nicht nur die gesamte Nordostecke der Kernburg, sondern auch die Vorburgreste fielen dem Einsturz und den folgenden Bauarbeiten zum Opfer; die Ruine ist heute gesichert, aber großenteils noch von Schutt bedeckt.

Die Kernburg von Freienstein liegt, von einem u-förmigen Felsgraben und Zwingerresten umgeben, auf einem gegen Norden ansteigenden Hang. Sie bildet ein Trapez hoher Ringmauern, aus halbwegs quaderartigen Steinen mit Buckelquadern an den Ecken; das schon um 1900 fehlende Tor muss im Osten gelegen haben. Heute hat man den Eindruck, das Innere der Kernburg habe aus Bebauung im Süden und Westen bestanden, während nördlich nur die Schildmauer gestanden hätte. Das trifft jedoch, wie Dietrich Röder und Thomas Steinmetz vor dem Einsturz 1988 erkannten, so nicht zu. Vielmehr ließen Kragsteinreihen von Decken, im 1. Obergeschoss auch ehemalige Fenster und Ansätze von Querwänden erkennen, dass sich an die Schildmauer ursprünglich ein großes Gebäude lehnte; die Kragsteine belegten mindestens ein Obergeschoss nebst Pultdach, noch mehr Geschosse bzw. ein regelrechter Wohnturm sind denkbar. Dabei lag in der Nordostwand ein spitzbogiges Doppelfenster, dessen Form zur Erbauung um 1250−80 passte. Ein entsprechendes Doppelfenster des 13. Jhs. findet man heute noch an der Ostseite des etwa quadratischen, anfangs dreigeschossigen Südostbaues, der auch in weiteren Details in die erste Bauzeit der Burg zurückgeht, aber in der Spätgotik erneuert wurde; von diesem Umbau zeugen heute seine meisten Öffnungen und die Erker. An den Südostbau schlossen anfangs weitere Bauten an, die die gesamte Talseite der Kernburg einnahmen, von denen aber nur geringe Spuren erkennbar blieben.

Wohl in der zweiten Hälfte des 14. Jhs. wurde Freienstein grundsätzlich neu gestaltet, wobei vor allem der Bau an der Schildmauer verschwand und, quasi als Ersatz, ein langes, viergeschossiges Gebäude im Westen entstand; von ihm sind heute nur noch die Fensternischen in der Ringmauer erhalten, seine Quermauern sind zu Strebepfeilern restauriert. Warum es zum Abriss des Hauptgebäudes der Erstanlage kam, ist unbekannt; vielleicht war es eingestürzt.

Die Zwingeranlagen um die Kernburg, die sich östlich zu einer Vorburg erweiterten, sind nur im Westen und Norden in Resten erhalten; sie waren, wegen der gleichen Mörtelfarbe, wohl mit der Kernburg gleichzeitig. Die talseitigen Zwinger mit den drei Rondellen dürften dagegen nach 1531 entstanden sein, als Graf Eberhard XIV. nach einer Landesteilung der Erbacher die Burg erweitern ließ. Die Schartenform der Türme findet man sonst nur an oberfränkisch-thüringischen Befestigungen, und dass die Türme gegen das Tal stehen, anstatt gegen die gefährdete Bergseite, lässt an ihrer Ernsthaftigkeit zweifeln. Auch die Wohnbauten erfuhren in dieser Spätzeit eine letzte Modernisierung, von der vor allem noch die Erker an der Südostecke zeugen.

Hirschhorn

INFORMATION

Die Burg mit Hotel-
Restaurant liegt
über Hirschhorn
am Neckar. Die
Zufahrt führt nörd-
lich der Stadt von
der Straße nach
Beerfelden ab.

Ein Johannes von Hirschhorn, der ab 1270 mehrfach belegt ist, war der erste, der sich nach der Burg nannte. Wahrscheinlich war er, als Sohn eines (Neckar-)Steinachers und einer Hirschbergerin, der Begründer der Familie und Erbauer von Burg Hirschhorn. Sie dürfte gegen Mitte des 13. Jhs. entstanden sein, in der Zeit des Stilübergangs von der Romanik zur Gotik, denn es gibt Fensterreste beider Stilstufen. Die Stürze zweier rundbogiger Doppelfenster sind heute als Bänke am Aufstieg zur Kernburg verwendet, ein spitzbogiges Doppelfenster mit Nasen ist in der Ostwand des ältesten Wohnbaues erhalten.

Die Burg wurde im 15./16. Jh. von den Hirschhornern stark ausgebaut, so dass von der Kernburg nur Teile erhalten sind. Sie stand auf dem abfallenden Grat zwischen Neckar- und Finkenbachtal und war bergseitig durch die erhaltene Schildmauer geschützt. Am Westende der Schildmauer steht ein hoher und schlanker Rechteckturm, der wohl erst um 1400 hinzugefügt wurde; dass an seiner Stelle anfangs ein Bergfried stand, scheint nicht wirklich gesichert. An der Ostseite, zum Neckar hin, ist ein Rest des ersten, dreigeschossigen Wohnbaues er-

Burg Hirschhorn,
das bergseitige
Tor der oberen
Vorburg mit dem
»Gefängnisturm«.
Das Mauerstück
ganz rechts, aus
kleinteiligem
Bruchsteinwerk,
ist ein Rest der
älteren Ringmauer,
das Brockenmau-
erwerk der übrigen
Mauer ist typisch
für das 15. Jahr-
hundert.

halten, der aber heute, unter einem Pultdach des 19. Jhs., nur wie ein Anbau des großen »Hatzfeldbaues« von 1582–86 wirkt. In den Räumen direkt an der Schildmauer sind übereinander mehrere originale Doppelfenster erhalten, die man in den Fluren des Renaissancebaues sieht.

An der Westseite der Kernburg findet man heute eine Terrasse, unter der sich die Grundmauern eines Westflügels verbergen. Der zerstörte Südabschluss der Kernburg liegt unter einem Wiesenhang und bleibt daher unbekannt. Jedoch sind verschiedene Reste einer turmlosen Zwingermauer wohl des 14. Jhs. erhalten, vor allem im Norden zum Halsgraben – heute als innerer Zwinger – und westlich als Außenmauer der Terrasse; im Keller unter der heutigen Caféterrasse zum Neckar wurden weitere Teile ergraben. Im Südwesten, heute an der gepflasterten Auffahrt, stand in diesem Zwinger ein Rechteckbau, dessen Grundmauern erhalten wurden.

Burg Hirschhorn, Ansicht vom Neckarufer. In der Fernsicht dominieren der Hatzfeldbau (1582–86) oben rechts und der hohe Wartturm des 14. Jahrhunderts auf der Schildmauer. Links der runde »Schafturm«, von dem die ältere Stadtmauer von 1392 ins Tal hinabsteigt

Kapelle und Wohnräume um 1350

Über der Rezeption des Schloss-Hotels, die sich durch Rippenwölbung auszeichnet, liegt die Burgkapelle, das heutige Standesamt; beide Räume liegen in einem Anbau des 14. Jhs. an die südliche Giebelseite des ersten Wohnbaues. Die Kapelle befindet sich heute unter dem Pultdach, das nach einem Einsturz 1810 entstand; dadurch hat sie ihre originale Decke und einen Teil der Wände verloren, aber an der Nordwand ist noch ein Rest eines freskierten Passionszyklus erhalten. Die Ostwand der Kapelle öffnete sich früher in einem gefasten Spitzbogen, vor dem nun der Bau des 16. Jhs. steht; hier muss man sich einen gewölbten Altarraum vorstellen, der als Erker einen Akzent der Neckarfront bildete.

Gleichzeitig mit dem Anbau der Kapelle wurde der Wohnbau modernisiert, denn der Raum, der auf gleicher Höhe mit der Kapelle an der Schildmauer liegt – heute führt der Aufstieg zum Turm hindurch – zeigte früher ebenfalls Ausmalungsreste und den Ansatz einer Rippenwölbung, für die man sogar das 2. Obergeschoss opferte. Auch zwei Kaminreste zeugen hier von den Wohnräumen der Obergeschosse.

Die Kapelle wurde 1345 gestiftet und 1350 geweiht; ihre Ausmalung und die Gewölberippen im Raum darunter bestätigen die Entstehungszeit. Die Kapelle und die Neugestaltung des Wohnbaues spiegeln den Reichtum der Hirschhorner, die im 14. Jh. umfangreichen Besitz ver-

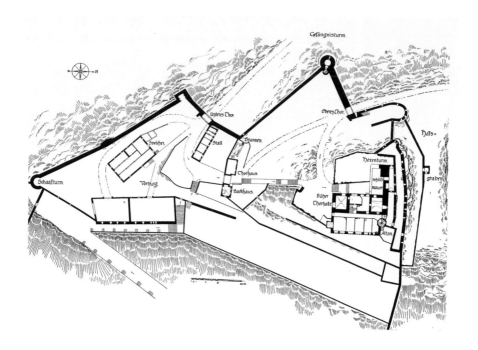

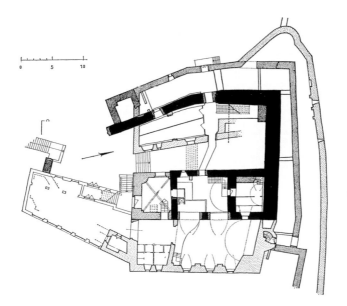

Hirschhorn, Gesamtanlage (oben) und Baualterplan der Kernburg; die erste Bauphase der Kernburg ist schwarz markiert (nach Ebhardt, Deutsche Burgen, und Th. Biller unter Verwendung des Planes in Einsingbach, Kunstdenkmäler Bergstraße).

einten und wichtige Ämter am pfälzischen Hof besetzten. Zur Burg
gehörten vier Rodungsdörfer, und die Siedlung unter ihr wurde 1391
zur Stadt erhoben.

Umbauten um 1400 und die Vorburgen

Im Fernblick vom Neckar beeindruckt Burg Hirschhorn heute vor allem
durch die aufragenden Bauten der Kernburg, den Turm und den Renais-
sancebau. Betritt man die Burg jedoch, so überrascht im Gegenteil ihre
Ausdehnung. Ist schon die obere Vorburg geräumig, so bedeckt die
Gesamtanlage mit der unteren Vorburg und den Zwingern eine Fläche,
die beim Zwölffachen der Kernburg liegt – und bei immerhin der Hälfte
der darunter liegenden Altstadt! Die Ausbauten, die die Burg auf diese
Größe brachten – und ihr auch den Turm an der Schildmauer hinzufüg-
ten –, sind leider nicht schriftlich belegt. 1395 werden zwar Arbeiten an
den Befestigungen erwähnt, aber schon die Struktur der Bauten zeigt,
dass sie in mehreren Abschnitten über einen größeren Zeitraum entstanden sind. Die obere Vorburg geht sicherlich ins 14. Jh. zurück, die
untere Vorburg entstand mit der 1392 begonnenen inneren Stadtmauer.
        Freilich zeugen nur noch wenige Reste in der oberen Vorburg von
ihren ältesten Mauern – der untere Torbau, mit Anbau und Fachwerkge-
schossen des 16. Jhs., und ein geringer Mauerrest neben dem Tor zum
Halsgraben. Denn die Ringmauern wurden weitgehend in der ersten
Hälfte des 15. Jhs. erneuert, wie ihre Dicke, die Schießscharten und das
Brockenmauerwerk zeigen. Auch der runde »Gefängnisturm« an der
vorspringenden Ecke und die u-förmige Bastei über dem bergseitigen
Tor passen in diese Zeit; alle diese Bauten und auch die äußere Zwingermauer im Halsgraben zeigen Brustwehren über Rundbogenfriesen.
Das Tor in den Halsgraben ist »1583« und »1600« markiert.
        Die Westumwehrung der unteren Vorburg ist baueinheitlich mit der
1392 begonnenen Stadtmauer und besitzt drei Schalentürme; der runde »Schafturm« steht auf dem Berggrat an der Stelle, wo die Mauer
ins Tal hinabsteigt. Die Stadtseite dieser »Vorburg« wurde offenbar
erst später durch Gebäude und eine schwache Mauer gesichert, sie
war also eher ein unbefestigter »Vorhof«, dessen Gebäude aus dem
16./17. Jh. stammen: Ein Speicher von »1610« (heute Wohnhaus), ein
langer Stall, und der große »Marstall« mit wohl später eingemauertem

Hirschhorn, der Westgiebel des »Hatzfeldbaues«. Der scheinbare Anbau links, mit Pultdach, ist ein Rest des ersten Wohnbaues aus dem 13. Jahrhundert.

Datum »1521«, der als Hotelannex im 20. Jh. wieder aufgebaut wurde. Es liegt nahe, dass die Wirtschaftsfunktionen erst im Nachmittelalter aus der (oberen) Vorburg in den Stadtmauerwinkel »herabgerutscht« sind, wobei der Grund des Vorganges offen bleibt.

Der »Hatzfeldbau« (1582–86)

Offenbar beschränkten sich die herrschaftlichen Wohnbauten der Burg bis ins 16. Jh. auf die kleine Kernburg. Es überrascht daher nicht, dass die Herren von Hirschhorn 1582 einen Neubau begannen, den »Hatzfeldbau«, der vor die Längsseite des älteren Wohnbaues gesetzt wurde. Da er auf dem Abhang steht, erreicht er die erstaunliche Höhe von 27 m bis zur Giebelspitze und verdeckt heute den halb abgetragenen Bau des 13./14. Jhs. Die Entstehungszeit des »Hatzfeldbaues« zeigt sich außen in den Ziergiebeln und den regelmäßig gruppierten Rechteckfenstern der durch Gesimse markierten drei Hauptgeschosse; die Fassadenbemalung im Stile des 16. Jh. ist modern. Eine Wappentafel an der Südfassade – ursprünglich im 1. Obergeschoss – nennt die Erbauer Ludwig von Hirschhorn und seine Witwe Maria von Hatzfeld. Das Innere enthält über dem Gewölbekeller heute in drei Geschossen Hotelzimmer; es war schon vor der Hotelnutzung (seit 1956) stark verändert und zeigte fast keine Reste des 16. Jhs. mehr.

»Hundheim«

Die nach Aussage der Funde im 11. und früheren 12. Jh. bestehende, oberirdisch nur noch an ihren Gräben erkennbare Burg zwischen Neckarsteinach und Hirschhorn wird in mittelalterlichen Quellen nicht erwähnt; die Bezeichnung »Hundheim« ist modern. Der Ausgräber M. Klefenz vermutet aufgrund späterer Besitzverhältnisse, dass die Grafen von Hohenberg (bei Durlach) und Lindenfels die kleine Burg als Lorscher Vögte erbauten, dass sie aber schon um 1130 in einer Fehde mit dem Bischof von Speyer zerstört wurde. Als ein späterer Bischof aus der Familie der Grafen dem 1142 gegründeten Kloster Schönau Güter in dieser Region schenkte, hat die Burg offenbar schon nicht mehr existiert.

Der Bauplatz war eine leicht überhöhte Spornspitze, die vor allem neckarseitig steil abfällt, aber im Bereich der Burg selbst eher sanfte Hangneigungen aufweist. Heute erkennt man noch einen Halsgraben gegen Nordosten und etwa 15 m dahinter den zur schmalen Terrasse verschliffenen Ringgraben, der die mit Achsen von etwa 35 m nur kleine (Kern-)Burg umgab. Die Grabungsschnitte sind wieder zugeschüttet, um die Befunde zu schützen.

Die 1,70 m dicke Ringmauer, nur an einer Stelle ergraben, bestand im aufgehenden Teil aus länglichen, abgespitzten Kleinquadern, von denen nur eine Schicht erhalten war. Südöstlich wurde sie in der Endzeit der Burg untergraben, der Schutt bildet einen Abraumhügel; eine Unterminierung während der Belagerung liegt nahe. Der achteckige Hauptturm der Burg stand im Nordosten, gegen die Angriffsseite, frei im Hof. Bei einem »Durchmesser« von etwa 11 m war seine in zwei Schnitten erfasste Mauer nur 1,40 m dick; wegen dieser geringen Mauerdicke spricht ihn der Ausgräber als Wohnturm an. Die Reste seiner äußeren Mauerschale mit vorspringendem Sockel zeigen eine ähnlich hohe Qualität wie die Ringmauer. Von einem Wohnbau im Süden, der teils durch die erwähnte Untergrabung zerstört ist, konnten noch Teile der Hofwand, einer Querwand und ein Türgewände erfasst werden.

Die Grabungsergebnisse werden vom Ausgräber im Sinne einer Zweiphasigkeit gedeutet. Ringmauer und Turm – sowie sicherlich auch die Gräben – seien vermutlich in den Jahrzehnten vor etwa 1070 entstanden, der Wohnbau erst danach hinzugekommen; die deutlichen

INFORMATION

Die seit 2004 ausgegrabene Burg über (Neckarsteinach-)Neckarhausen lag auf dem »Schlossbuckel«, 170 m über dem Fluss. Man erreicht sie von Neckarhausen auf einem asphaltierten Forstweg (»Greinerweg« = Europawanderweg 8), von dem nach der dritten starken Kurve links ein Waldweg abzweigt (Wanderkarte nötig!).

Hundheim, ein
Rekonstruktions-
versuch durch den
Ausgräber

Unterschiede in der Mauertechnik könnte man freilich auch so deuten, dass hier gegen 1070 zwei verschiedene Steinmetztrupps arbeiteten. Fraglos wurde die Burg nach ihrer Zerstörung – wohl um 1130 u. a. durch Unterminierung (?) – systematisch abgetragen, das Material abtransportiert.

Burgen der vorstaufischen Epoche haben in den letzten Jahrzehnten zunehmendes Interesse auf sich gezogen; die besser erforschten sind aber immer noch Ausnahmen, der Baubestand ist in der Regel sehr reduziert. Der im Falle von »Hundheim« festgestellte Grundriss, der in mancher Hinsicht auf die klassische Phase des deutschen Burgenbaues im späteren 12. und 13. Jh. vorverweist, ist daher ein wichtiger Beitrag zum Kenntnisstand. Die hohe Qualität des Mauerwerks bzw. der Steinmetzarbeit legt zudem ein weiteres Mal nahe, dass so frühe Burgen von Werkstätten erbaut wurden, die ihre Kompetenz zunächst im Kirchenbau erworben hatten.

Harfenburg von Achim Wendt

Nach jüngsten Forschungsergebnissen (Christian Burkart) ist die Burg mit dem – programmatischen – Namen »Harfenberg« urkundlich zuerst im Jahr 1200 nachgewiesen. In dasselbe Jahr fällt zugleich die letzte urkundliche Erwähnung des seit 1184 als Bligger III. von Steinach bezeugten Minnesängers, der sich des öfteren am Hof des Stauferkaisers Heinrich VI. aufhielt. Recht wahrscheinlich sind sowohl der bezeichnende Burgenname als auch die Entstehung des Harfenwappens der Herren von Steinach auf ihn zurückzuführen. Jedenfalls sollte er um 1340 in der berühmten Heidelberger Liederhandschrift (Codex Manesse) mit dem Instrument als Wappenbild verewigt werden. Bald nach 1402 starb der Harfenberger Zweig der Steinacher aus. Zu dieser Zeit war auch die »Stammburg« längst aufgegeben: Sie war nicht zuletzt aus finanziellen Schwierigkeiten bereits um 1300 an die Pfalzgrafen gefallen, und in einer Fehde mit den Herren von Hirschhorn 1339/40 zerstört worden. Der Wiederaufbau wurde zwar vertraglich zugesichert, doch verschwand die Harfenburg schon bald aus der schriftlichen Überlieferung.

Die Ruine liegt auf einem flach aus dem Bergmassiv südwärts abdachenden Sporn, dem »Schlossbuckel«, über dem Laxbachtal unweit Heddesbach. Auf der bewaldeten Burgstelle sind keine Mauerreste mehr sichtbar, doch lässt die markante, künstliche Formung des Geländes die Anlagestruktur ungewöhnlich gut nachvollziehen. Hinter zwei nacheinander den Bergsporn abriegelnden Abschnittsgräben liegt die annähernd rechteckige Kernburg von ca. 30 m × 20 m Ausdehnung innerhalb eines Ringwalles und Grabens. Das bauliche Zentrum markierte ein massiver, gegen den Ringgraben vorgeschobener Turm, der heute einen kegelförmigen Hügel aus Trümmerschutt bildet. Einzelne in den Graben abgerutschte Quader der Eckverbände lassen ein hochmittelalterliches Bauwerk von ansehnlicher Qualität erahnen. Archäologisch festgestellte Brandschichten und Funde auf dem kleinen, hinter dem Turm gelegenen Plateau der Kernburg weisen auf einen durch Kachelöfen beheizten Fachwerkbau. Entlang der Ostseite der Burg zieht ein alter Hohlweg vom Dorf zum Bergmassiv. Von diesem Weg aus scheint der alte Zugang in die Burg auf der Westseite in einen vorgelagerten

INFORMATION

An der Straße von Heiligkreuzsteinach nach Heddesbach liegt in einer Spitzkehre am »Schlossbuckel« ein Parkplatz. Gegenüber führt hinter einer Schranke ein fallender Waldweg südwärts in etwa 700 m zur Burgstelle.

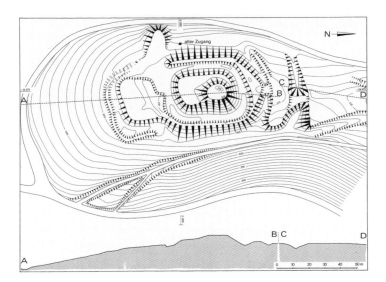

Harfenburg,
Lageplan und
Längsschnitt (Lan-
desdenkmalamt
Baden-Württem-
berg)

Wirtschaftshof geführt zu haben, der sich im Gelände noch als ein
grabenumgebenes Plateau schwach abzeichnet.

Entgegen bisheriger Vorstellung war die Harfenburg keine Motte
des 11. Jahrhunderts, sondern eine in ihrer Anlagekonzeption entwickelte Turmburg, innerhalb eines ausgedehnten Systems aus Holz-
Erde-Befestigungen. Den Kern bildete ein – möglicherweise polygonaler – Turm (vgl. das benachbarte Hundheim), dessen Schutthügel im
Gelände an der Angriffsseite noch deutlich wahrzunehmen ist. Die auf
einem Plateau in seinem Schutz angeordneten Wohn- und Wirtschaftsbauten bestanden aus Fachwerk. Befund, Schriftquellen und archäologische Funde deuten übereinstimmend auf eine Blütezeit im späten
12. und 13. Jahrhundert. Durch Brand zerstört, scheint die Harfenburg
nach 1340 nicht mehr aufgebaut worden zu sein.

Waldeck von Achim Wendt

Die erste Erwähnung der Burg wird gewöhnlich auf einen Konrad von Waldeck bezogen, der 1152 als Zeuge in einer Wormser Bischofsurkunde für das Zisterzienserkloster Schönau erscheint. Nach jüngster Überprüfung (Chr. Burkhart) handelt es sich dabei jedoch um die Verwechslung eines Angehörigen der Edelfreien von Hirschberg-Strahlenberg mit ortsfremdem Schwarzwälder Adel. Die Ersterwähnung der Burg verschiebt sich damit um anderthalb Jahrhunderte auf das Jahr 1301, als die Strahlenberger dem Rheinischen Pfalzgrafen dort das Öffnungsrecht einräumten. Wenn auch keine genauere Bestimmung der Gründungszeit möglich ist, spricht der historische Rahmen doch dafür, die Entstehung von Burg und Herrschaft Waldeck im Zusammenhang mit der Binnenkolonisation zu sehen, die das Wormser Bistum ab den 1130er Jahren mit Hilfe freiadeliger Vasallen im Steinachtal vorantrieb; den Rodungszusammenhang spiegelt schon die sprechende Namengebung. Eine bald wieder aufgegebene, vielleicht als Vorgänger anzusprechende Anlage ist anhand geringer Reste noch auf dem »Burgschell« über Lampenhain erkennbar. Der finanzielle Niedergang der Strahlen-

INFORMATION

Von der Straße, die von Heilig-kreuzsteinach nach Unterabstei-nach führt, zweigt links die Straße nach Waldeck ab. Nach etwa 500 m ist rechts das Gasthaus zur Burg Waldeck ausge-schildert (Park-platz). Der Zugang zur Ruine erfolgt rechter Hand durch den Biergarten.

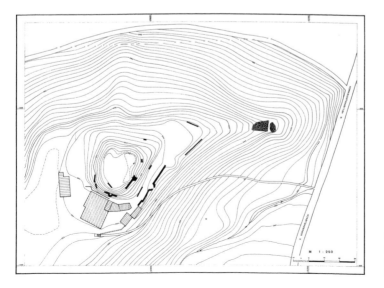

Waldeck, Lageplan (Landesdenkmal-amt Baden-Württemberg)

Waldeck, der Burg-
berg von Westen

berger führte zur Verpfandung und 1357 schließlich zum Verkauf der
ganzen Herrschaft an die Pfalzgrafen; danach schweigen die Quellen zu
Waldeck. Langfristig blieb ein bedeutender herrschaftlicher Schafhof
bestehen, während man die Kernburg zur Steingewinnung abtrug.

Die Ruine besetzt die Spitze eines steil in das Steinachtal vorspringenden Bergsporns. Der Burghügel wurde aus dem Fels herausgearbeitet und trägt geringe Reste einer bis zu 2 m starken polygonalen
Ringmauer aus Granitporphyr, die ein etwa 25 m × 20 m großes Plateau umschließt. Einzelne sorgfältig gearbeitete Eckquader aus Rot-
sandstein mögen auf den Abbruch eines Turmes verweisen. Der Fuß
des Burghügels wurde im Süden und Osten randlich für eine Zufahrt
mit Wirtschaftsbereich terrassiert. Die umgebende spätmittelalterliche Zwingermauer hat sich mit dem Rest eines Schalenturms in einem
kleinen Abschnitt erhalten; der Großteil ist am Steilhang abgerutscht.
Vor der Burg wird ein später zugeschütteter Halsgraben mit Brücke
erwähnt.

Das Erscheinungsbild der Kernburg entspricht der vermutlichen
Entstehung im frühen 12. Jahrhundert. Eine intensive Nutzung ist bis
zum 16./17. Jahrhundert nachweisbar. An Stelle der ehemaligen Vorburg
blieb der ausgedehnte herrschaftliche Wirtschaftshof in Form der heutigen Ansiedlung mit Gastwirtschaft ablesbar.

Neckarsteinach

Neckarsteinach bietet mit seinen vier Burgen über dem langen Flussbo-
gen ein ganz ungewöhnliches, erklärungsbedürftiges Bild. Die übliche
Deutung, dass alle Burgen von der Familie der »Landschaden von Steinach« erbaut wurden, liegt aufgrund vergleichbarer Burgengruppen
nahe, aber die konkrete Form dieser These – ausgehend von romantischen Mythen und Behauptungen W. Möllers in den 1920er Jahren –, ist
problematisch. Die lange unterstellte Aufteilung der »Landschaden« in
fünf Linien ist unbeweisbar, die Erbauung der Burgen durch bestimmte
Personen erst recht, und die Datierungen lagen viel zu früh. Ausgangs-
punkt einer solideren Deutung, die zuletzt Th. Steinmetz versuchte,
muss vielmehr sein, dass alle vier Burgen erst im 14. Jh. in den Schriftquellen erscheinen – Hauptindiz für ihre Entstehungszeit sind daher
die Bauten selbst.

Die *Vorderburg* steht nahe der Ostspitze des langen Bergsporns.
Die Spitze selbst ist heute leer, aber es gibt an ihrer Südseite Mauerreste, gegen die östlich der Vorderburg die Stadtmauer stößt. Auch hier
lag also ein befestigter Bereich, wohl eine Vorburg – oder vielleicht
doch die älteste Burg der »Landschaden«? Denn die Stammburg der
Herren von Steinach, die seit 1142 erwähnt sind, ist auf jeden Fall auf
dem Ende des Spornes zu suchen – hier war sie, weit vorteilhafter als
die drei Nachbarburgen, dreiseitig durch Hänge geschützt und brauchte
nur westlich einen Graben.

Von der etwa 50 m x 25 m großen Vorderburg selbst sind nur Teile
erhalten. Der quadratische Bergfried, aus glatten hammerrechten Quadern mit Buckelquadern an den Ecken, und der südlich angelehnte,
wohl früh aufgestockte Wohnbau entstanden einheitlich im mittleren
bis späten 13. Jh., wobei aber der Wohnbau auch ein Maßwerkfenster,
offenbar des späten 14. Jhs., und Renaissancefenster aufweist; er ist
zudem ab 1815 erneuert. Vom Westteil der Kernburg – hier stand u. a.
ein großer Wohnbau – bleiben nur Ringmauerreste mit dem wappenge-
zierten Tor; auch von den Zwingeranlagen ist nur ein Ecktürmchen im
Südwesten besser erhalten.

Die *Mittelburg* wurde, nach neuen Forschungen von J. Friedhoff, ab
1835 durch den Mainzer Baumeister Ignaz Opfermann in die heutige,

INFORMATION

Die vier Burgen
liegen über Ne-
ckarsteinach,
14 km östlich von
Heidelberg. Von
der Altstadt bzw.
von der B 37 am
Neckarufer füh-
ren Aufstiege zu
dem Bergrücken
mit den Burgen.
Vorderburg und
Mittelburg sind
Privatbesitz,
Hinterburg und
Schadeck offene
Ruinen.

neugotische Form gebracht; die Jahreszahl »1822« an den Zinnen des Treppenturmes, die der Kunstdenkmälerband 1969 auf den Ausbau der Gesamtanlage bezog, muss also anderes bedeuten. Ältester Baubestand der Mittelburg, wohl aus der Mitte oder 2. Hälfte des 13. Jh., ist die längsrechteckige Ringmauer mit dem quadratischen Bergfried an der Südwestecke; vielleicht geht auch der Wohnbau im Osten so weit zurück, wobei ein oft für mittelalterlich gehaltenes Doppelfenster im neugotischen Treppengiebel allerdings mit diesem ins 19. Jh. gehören dürfte. Diese Teile besitzen regelmäßiges Kleinquaderwerk mit Eckbuckelquadern. Freilich wurde der Erstbau später tiefgreifend umgestaltet: Im mittleren 16. Jh. brach man die Südmauer ab und verband die bestehenden Gebäude nördlich durch einen Neubau. Es entstand eine neckarseitig offene Dreiflügelanlage, deren Hof mehrgeschossige Loggien zierten; sie waren wohl vom »Gläsernen Saalbau« des Heidelberger Schlosses angeregt. Der Neugestaltung ab 1835 fiel der Loggienhof zum Opfer; es entstand ein nördlich vorspringendes Treppenhaus (das 1935/36 nochmals verändert ist). Im Übrigen erhielten die Türme und

Gebäude Bekrönungen aus kleinen Zinnen, Treppengiebeln und Erkertürmchen, die für die frühe, »englische« Neugotik typisch sind. Auch die Vorburg wurde durch ein Erkertürmchen und Fenster diesem Stil angepasst, ebenso die Terrassen vor allem der Neckarseite, in denen ein Zwinger des 14./15. Jhs. stecken kann.

Die Ruine der *Hinterburg*, die am Ansatz des langen Bergspornes liegt, ist die im Baubestand älteste und architektonisch herausragende der Neckarsteinacher Burgen; sie wurde gegen Mitte des 13. Jhs. erbaut, wie die Fenster der Neckarseite und das Gewände des Haupttores belegen. Die Kernburg bildet ein Fünfeck mit dem Bergfried an der vom Hang überragten Westspitze und dem Tor in der zurückspringenden Südostecke; der Grundriss erinnert an Landsberg im Elsass (1198–1200) und noch mehr an das nahe Zwingenberg (vor 1253). Der Bergfried ist samt beiden Ringmaueransätzen mit gutem Buckelquaderwerk verkleidet, der Rest der Außenmauern mit Bruchstein; dass der Turm, wie gemutmaßt wurde, wesentlich älter sei als der Rest der Kernburg, ist dadurch allein nicht zu belegen.

Neckarsteinach, die Neckarseite der »Hinterburg« mit den schönen Fenstern des Wohnbaues, aus dem zweiten Viertel des 13. Jahrhunderts. Nur der Bergfried zeigt hier Buckelquader, die übrige Burg wurde aus Bruchstein errichtet.

Es gab wohl von Anfang an zwei Wohnbauten. Vom neckarseitigen Bau, in dessen Erdgeschoss das Burgtor führte, zeugen noch die bis 1906 vermauerten und damals restaurierten Fenster des Obergeschosses, unter ihnen ein fünfteiliges Gruppenfenster. Sie zeigen gotische Merkmale – Spitzbogen, abgefaste Kanten, das Gruppenfenster als solches –, aber rund- und kleeblattbogige Abschlüsse und Ecksäulchen sind noch romanische Merkmale. Auch das rundbogige Tor mit seiner Profilierung passt in die Übergangszeit der Stile. Th. Steinmetz bezweifelt, dass dieser Bau je vollendet wurde; das ist jedoch nicht zwingend. Vom zweiten Wohnbau, der östlich neben dem Tor vorsprang und dessen niedrige Reste stark restauriert sind, ist nur der Gewölbekeller wohl von 1441 erhalten; Funde in den 1960er Jahren weisen auf eine Modernisierung im 16. Jh.

Im Brunnen wurde ein Belüftungsgang entdeckt, und auch von einer Wasserleitung fand man Reste im Steinachtal. Spätmittelalterlich sind die beiden Zwinger, vor denen im Norden und Osten ein gefütterter Graben lag; der innere Zwinger entstand wohl nach 1426, der äußere ist durch ein Rondell an der Südwestecke und ein rechteckiges Werk neben dem nordöstlichen Torbau verstärkt.

Schon die ungünstige Lage von *Schadeck*, auf einer Felsnase im Steilhang – daher auch der Name »Schwalbennest« – legt die Entstehung als letzte der vier Burgen nahe. Die Ruine besteht aus einem verschoben viereckigen Wohnbau, der bergseitig durch eine schmale, geknickte Schildmauer auf hohem Felssockel geschützt wurde; zum Neckar liegt ein Hof, zum Berg ein Halsgraben. Die Schildmauer trägt zwei runde Erkertürme; der Achteckaufbau des nördlichen ist eine Zutat des 19. Jhs. Die markante Anlage ist aber nicht in einem Zug entstanden. Wahrscheinlich stand ein erster Wohnbau im Nordosten, wo Fensternischen erhalten sind; der heutige Wohnbau im Schutz der Schildmauer dürfte nach 1428 errichtet worden sein, als Dieter Landschad bei einer Verpfändung 100 Pf. Heller verbauen sollte. Die Fenster und das Tor des Baues gehören in diese Zeit, auch das Burgtor. Am Südende des Halsgrabens ist dessen Sperrmauer noch erhalten, davor der Rest eines Torzwingers, in den der Serpentinenweg vom Neckar mündete.

Es bleibt die schwierige Frage, wer die vier Burgen erbaut hat, wann, und zu jeweils welchem Zweck? Für Vorder-, Mittel- und Hinterburg ist dies nicht wirklich zu klären, weil wir bei der jeweiligen Ersterwähnung – ein rundes Jahrhundert nach der Erbauung – zwar über

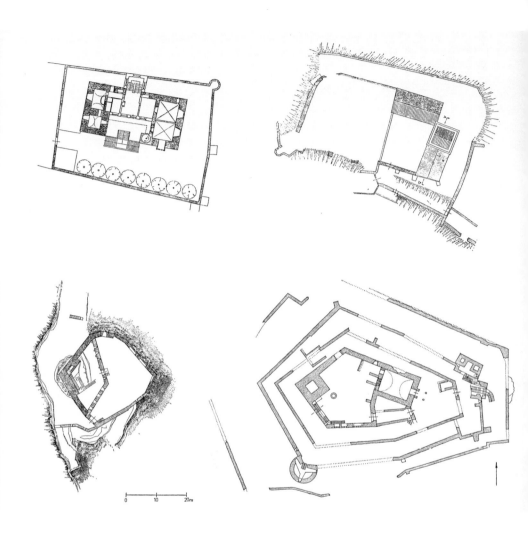

Lehensverhältnisse informiert werden, aber noch nicht einmal über die damaligen Bewohner, geschweige denn über die längst verstorbenen Bauherren. Zumindest dürfte die Vorderburg – die 1366 je halb von Worms und Speyer zu Lehen ging – nicht nur nach ihrer Lage der älteste Sitz der »Landschaden« gewesen sein; auch dass ihre Wormser Hälfte stets in der Hand der Familie blieb und ihr umfangreiches Zubehör unterstreichen dies. Schwer fassbar bleiben Entstehungszeit und Funktion der »Mittelburg«, die ebenfalls ein geteiltes Lehen war,

Neckarsteinach, Grundrisse der vier Burgen (von oben rechts nach unten links): Vorderburg, Mittelburg, Hinterburg und Schadeck (nach Einsingbach, Kunstdenkmäler Bergstraße)

hier aber zwischen Worms und Mainz; sie könnte genauso ein Bau der »Landschaden« gewesen sein. Falls jedoch erst der 1295–1316 erwähnte Boppo von Steinach ihr Erbauer gewesen sein sollte, der nicht das übliche Wappen der Landschaden führte, käme auch eine andere Familie infrage. Noch rätselhafter ist schließlich die Hinterburg, die zuerst in einem Vertrag zwischen dem Bischof von Speyer und einem künftigen Amtmann 1344 genannt wird; sie wurde damals als »wuest und zerfallen« bezeichnet, der Wiederaufbau gefordert. Wer hatte sie etwas mehr als ein Jahrhundert früher errichtet, und warum war sie so früh schon Ruine? War sie von Anfang an ein Bau des Bistums gewesen? Jedenfalls sollte sie 1426 und 1441 durch spätere speyerische Amtleute instand gehalten und u.a. mit einem Zwinger und einer Zugbrücke verstärkt werden.

Gesichert ist allein die Entstehung von Schadeck, der jüngsten der vier Burgen; Regesten der Urkunden, die sie belegen, waren bereits 1932/35 publiziert worden, wurden aber bis zu einer Publikation von Th. Steinmetz 2008 falsch interpretiert. 1335 kaufte nämlich das Erzstift Mainz – zusammen mit Worms den »Landschaden« den Berg zu »Schadecke« ab, auf dem die Burg schon bestand oder zumindest geplant war; Bauherr war also Balduin von Luxemburg, der als Burgenbauer berühmte Erzbischof von Trier, der 1328–36 auch Administrator des Erzbistums Mainz war. Die Burg sollte sicherlich die drei älteren Burgen und wohl auch die nahen kurpfälzischen Besitzungen kontrollieren.

Dilsberg

Burg und Städtchen Dilsberg überblicken das untere Neckartal besser als alle Burgen der weiteren Umgebung. Der hohe Berg in weiter Flussschleife, der nur südöstlich über einen Sattel mit dem Massiv zusammenhängt, trägt ein nicht ganz ebenes Plateau, auf dessen höchster Stelle über dem steilen Osthang die Burg liegt. Die Kernburg nimmt die Südostecke des Städtchens ein, von dem sie ein Graben trennte (das heutige Festspielgelände); die Vorburg ist gegen den Sattel vorgelagert.

1208 wird Dilsberg zuerst erwähnt, als Ausstellungsort einer Urkunde des Grafen Boppo V. von Lauffen. Die Lauffener, deren Stammburg bei Heilbronn lag, besaßen auch die älteste Burg Eberbach und waren Grafen im Lobdengau um Ladenburg, also ein Machtfaktor am unteren Neckar. Als sie ausstarben, erbten zunächst die Herren von Dürn die Burg und nannten sich zeitweise »Grafen von Dilsberg«, ohne aber dort zu residieren; dann wurde Dilsberg, als die Dürner in eine Krise gerieten, wohl 1287/88 dem Reich verkauft. Auf die Dauer aber mussten sich hier die Pfalzgrafen im nahen Heidelberg durchsetzen; von 1344 datiert der erste Beleg, dass die Burg ihnen gehörte.

Wie die Burg bis ins 14. Jh. aussah, wissen wir trotz vielen Spekulierens nicht. Zwar enthalten die Mantelmauer, die unten gerundet und dann über Vorkragungen polygonal ist, und andere Mauern zahlreiche große Buckelquader mit schmalem Randschlag, die sicherlich aus der zweiten Hälfte des 12. Jhs. stammen. Aber die Forschung ist sich einig, dass diese Quader von einem Bauwerk stammen, das später abgebrochen wurde; sie wurden erst sekundär für die Mantelmauer verwendet, was die vielen, im 12. Jh. undenkbaren Auszwickungen mit kleineren Steinen erklärt. Was von der ältesten Burg Dilsberg zeugt, ist außerdem höchstens der Grundriss, aus dem man eine rundliche Kernburg von etwa 30 m Durchmesser mit ovaler Vorburg erahnen könnte – romanische Teile enthält sie nicht. Wie aber die Kernburg aussah, ob sie etwa einen Wohnturm enthielt – wie R. Kunze vermutet –, bleibt unbekannt.

Für die Pfalzgrafen war Dilsberg zwar nur eine von vielen Burgen – aber eine, die wegen der Nähe zu Heidelberg und der schwer angreifbaren Lage wichtig war. Deswegen baute Ruprecht I. die Siedlung vor der

Dilsberg, die Innenseite der Schildmauer, die wohl im mittleren 14. Jahrhundert unter Verwendung vieler Buckelquader der Zeit vor/um 1200 entstand. Rechts Reste des Wohnbaues mit dem im 16. Jh. angebauten Treppenturm

Burg aus, indem er 1347 die Bewohner zweier naher Dörfer umsiedelte, das so entstandene »Städtlein« ummauerte und mit gewissen Privilegien versah – es gab aber z.B. kein Marktrecht, wie es für wirkliche Städte wichtig war. Als besondere Pflicht der Bewohner wurde vielmehr festgehalten, sie hätten ihre Häuser und Höfe dem Kurfürsten und seinen Bediensteten auf Wunsch zur Verfügung zu stellen. Der besonders schwer einzunehmende Platz wurde folglich als Rückzugsort in Kriegszeiten ausgebaut; außerdem war er Sitz eines großen Unteramtes.

Während die Stadtmauer samt Tor erhalten ist, kann man nur noch vermuten, was im mittleren 14. Jh. auf der Burg gebaut wurde. Sicher hat die Absicht des Pfalzgrafen, hier notfalls selbst zu wohnen, auch eine Modernisierung der Burg erfordert, und die erhaltene, 15 m hohe Mantelmauer passt mit ihren vier Erkertürmchen durchaus in die Zeit; früher besaßen diese hohe Spitzdächer, die viel zu kleinen Zinnen sind erst aus dem 19. Jh. Dass der Wohnbau in der Nordostecke der Kernburg gleichzeitig entstand, kann man vermuten – erhalten sind nach Abbruch 1827 nur der Keller und der Treppenturm des 16. Jhs., an dem sich das Fachwerk-Obergeschoss des Wohnbaues »abgedrückt« hat.

Auch die Zwinger um die Kernburg – heute nur im Süden und Osten erhalten – mögen in diese Phase gehören; auf ihrem Südteil stand bis ins
19. Jh. das Amtshaus mit Renaissance-Erker und hofseitigem Treppenturm. Um 1330 entstand ein quadratischer Bau an der Nordostecke der
Vorburg, vielleicht ein Burgmannenhaus; sein Untergeschoss stammt
aus dieser Zeit, auch ein Kreuzstockfenster im 1. Obergeschoss. Sonst
ist der Bau im 16. Jh. als »Kommandantenhaus« erneuert; 1895/96 wurde er als Rathaus und Schule restauriert, seit 1996 ist er Kulturzentrum.

Dass die Burg, die noch als Jagdschloss diente, im 16. Jh. nochmals

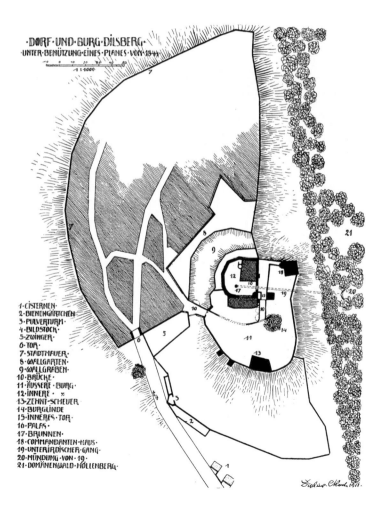

Dilsberg, Burg und
Stadt nach einem
Plan von 1844
(Umzeichnung
von 1911) (nach
v. Oechelhäuser,
Kunstdenkmäler...
Heidelberg)

·DORF·UND·BURG·DILSBERG·
·UNTER·BENÜTZUNG·EINES·PLANES·VON·1844·

1·CISTERNEN·
2·BIENENGÄRTCHEN·
3·PULVERTURM·
4·BILDSTOCK·
5·ZWINGER·
6·TOR·
7·STADTMAUER·
8·WALLGARTEN·
9·WALLGRABEN·
10·BRÜCKE·
11·ÄUSSERE·BURG·
12·INNERE·   »
13·ZEHNT-SCHEUER·
14·BURGLINDE·
15·INNERES·TOR·
16·PALAS·
17·BRUNNEN·
18·COMMANDANTEN-HAUS·
19·UNTERIRDISCHER·GANG·
20·MÜNDUNG·VON·19·
21·DOMÄNENWALD·HÖLLENBERG·

modernisiert wurde, bezeugen nur geringe Reste. Der Treppenturm des abgerissenen Wohnbaues in der Kernburg und das Kommandantenhaus wurden schon erwähnt, zu ergänzen ist die Zehntscheuer von »1535« an der Südseite der Vorburg, die heute als modernes Haus unter anderen erscheint. Die südliche Angriffsseite von Burg und Stadt wurde im 15./16. Jh. außerdem durch einen weitläufigen Zwinger gesichert, von dem heute vor allem der fünfeckige »Pulverturm« vor dem Stadttor auffällt; der Zwinger ist heute ein Park, auch die evangelische Kirche von 1870–73 steht darin.

Wegen seiner festen, residenznahen Lage und der Rolle der Pfalz als protestantische Vormacht spielte Dilsberg im Dreißigjährigen Krieg eine wichtige Rolle. Es blieb zunächst Stützpunkt der Pfalz, der unter anderem von Tilly 1622 erfolglos attackiert wurde; Schanzen dieser Zeit sind im »Bannholz« südöstlich der Stadt erkennbar. Später wechselte Dilsberg mehrfach den Besitzer, hatte zeitweise eine schwedische Besatzung, blieb aber schließlich ab 1635 in kaiserlicher Hand. Aus dieser umkämpften Epoche stammt der »Wallgarten« zwischen Kernburg und Städtchen, mit seiner Halbbastion eine zeittypische Erdverschanzung.

Vom 46 m tiefen Brunnen im Hof der Kernburg führt ein begehbarer, gegen 80 m langer Gang zum Osthang des Burgberges – scheinbar ein Beispiel der beliebten »unterirdischen Gänge«. Nach neueren Forschungen entstand er aber erst um 1650/80 für Belüftungszwecke, als der Brunnen vertieft wurde; im Mittelalter war er nur 21 m tief gewesen.

1799 nochmals von den Franzosen attackiert blieb der Dilsberg ab 1803 noch Staatsgefängnis. Der heutige Zustand geht auf die Jahre 1820–27 zurück, als die Burg systematisch abgerissen wurde; auch die mehrfachen Restaurierungen ab etwa 1895 haben ihr heutiges Bild geprägt.

Reichenstein von Achim Wendt

Burg Reichenstein tritt erst zwischen 1292 und 1353 als Pfandobjekt des Reiches in die urkundliche Überlieferung ein. Ihre Errichtung erfolgte sicher bald nach 1212 im Zusammenhang mit der Stadterhebung Neckargemünds, zur Sicherung des Erbes der Grafen von Lauffen. Schon acht Jahrzehnte später gelang es den konkurrierenden Pfalzgrafen, erstmals Rechte an der Burg über eine Pfandschaft aus Händen König Albrechts von Habsburg zu erwerben. Im Jahr 1353 ging das Pfand endgültig an Kurpfalz. Im Rahmen der kurpfälzischen Territorialplanung wurde jedoch der ebenfalls vom Reich erworbene Dilsberg statt Reichenstein zum Zentrum im Neckartal ausgebaut. Die Burg über Neckargemünd verlor ihre Bedeutung und scheint zugunsten des Ausbaues der Stadt bald abgebrochen worden zu sein; schon im 17. Jahrhundert war sie weitgehend verschwunden. Bei Erdarbeiten 1934 und 1989 in großen Mengen geborgene Keramikfunde bestätigen die recht kurze Wohnnutzung auf dem Reichenstein im 13. und 14. Jh.

Die Burg lag in beherrschender Position auf dem langgestreckten Bergrücken des Hollmuth über der Stadt und Elsenzmündung. Innerhalb des seit dem 19. Jahrhundert für Gärten und den Stadtpark stark überformten Geländes ist ein langrechteckiger Grundriß noch schemenhaft nachzuvollziehen, der auf eine einstmals bedeutende Anlage schließen lässt. Hinter dem als Vertiefung gegen den Berg ablesbaren Abschnittsgraben sind wenige Lagen des hochmittelalterlichen Sandsteinmauerwerks noch in der südlichen (Schild-?) Mauer und der westlichen Ringmauer vorhanden. Auch der damit verbundene, verwitterte Teil des 1934 rekonstruierten Burgtores mit romanischem Kämpfer steht noch am ursprünglichen Ort. Alles andere heute sichtbare Mauerwerk entstammt der zur Naherholung und als Versammlungsort ab 1900 für den Stadtpark geschaffenen Konzeption als künstliche Ruine.

INFORMATION

Von der Hauptstraße am östlichen Ortsausgang von Neckargemünd biegt man rechts in die Hollmuthstraße ab. Nach ca. 200 m führt ein ausgeschilderter, kurzer Treppenweg rechts zum Stadtgarten mit der Ruine.

Reichenstein über Neckargemünd. Der Umriss der früh zerstörten Burg wird heute durch weitgehend neue Mauern angedeutet. Allein Reste des Torgewändes, hier rechts, belegen noch die spätromanische Bauzeit.

Heidelberg – Schloss und »Obere Burg«

Das Heidelberger Schloss ist seit der Romantik die berühmteste Burgruine Deutschlands, deren grandiose Bauten sich in eine selten schöne Landschaft einfügen und durch ein wenig verändertes, überwiegend barockes Stadtbild ergänzt werden. Mit dem Besuch des Schlosses wird traditionell und aus gutem Grund ein Spaziergang über die Gartenterrassen verbunden.

INFORMATION

Das Schloss erreicht man über die »Neue Schlossstr«, die »Obere Burg«, heute Hotel »Molkenkur«, über die »Klingenteichstr.« Beide Ziele sind ohne Parkplatznöte mit der Zahnradbahn zum Königstuhl zugänglich (Eingang in der »Zwingerstr.«, Parkhaus »P 12«). Für Schlosshof, »Großes Fass« und »Deutsches Apothekenmuseum« gibt es ein Ticket, für die Schlossführung ein anderes. Mehrere Gaststätten im Schloss und seiner Umgebung.

Die Obere Burg

Um die Rolle der beiden Burgen in der Entstehung und Entwicklung von Heidelberg zu verstehen, sollte man zuerst die »Molkenkur« besichtigen, einen bewaldeten Bergsporn über Schloss und Stadt. Dort findet man allerdings keine Burg mehr, sondern ein Hotel; erst auf den zweiten Blick fällt der Halsgraben auf, durch den die Straße führt, und ein unscheinbarer Mauerrest nahe diesem Graben, am Rande des großen Parkplatzes. Nur der schöne Blick von der Spitze des Bergsporns über Stadt und Schloss bis auf die Rheinebene lässt noch ahnen, dass hier der Ursprung von Heidelberg lag.

1156 wurde der Staufer Konrad, ein Halbbruder Kaiser Friedrichs I., zum Pfalzgrafen bei Rhein ernannt, spätestens 1174 wurde er zudem Vogt des Bistums Worms und des reichen Klosters Lorsch. Um diese Zeit verlegte er seinen Sitz von Bacharach am Mittelrhein nach hier, in Wormser Gebiet. Die Neckarfurt der »Bergstraße« und die Straße von Worms nach Nürnberg und Würzburg, also eine Kreuzung wichtiger Wege, und das gut erschlossene Vorland machten den Platz attraktiver als das karge Schiefergebirge. Dass Konrads Sitz die »Obere Burg« auf der »Molkenkur« war, blieb lange unklar; erst vor kurzem gelang Manfred Benner/Achim Wendt der archäologische Nachweis, dass die »Obere« oder »Alte Burg« wirklich ins 12. Jh. zurückging. An ihrem Fuß entstand eine ebenfalls archäologisch belegte Siedlung, um die Peterskirche; unter anderem die frühe Nennung von »Bürgern« (*cives*)

Das Heidelberger Schloss aus der Luft, von Osten, mit dem »Apothekerturm« vorne und dem »Glockenturm« rechts. Dahinter Stadt und Neckartal

Heidelberg, die ergrabenen Reste der »Oberen Burg« im Bereich des Hotels »Molkenkur«. Nur der längere, schwarz eingetragene Mauerrest ganz rechts ist heute noch sichtbar (nach Wendt/Benner, »castrum...«).

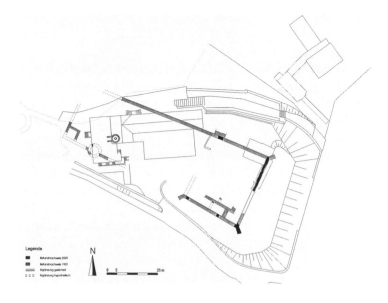

Das Heidelberger Schloss, Blick durch den äußeren Torbau auf den Torturm (1531–41) mit einem der steinernen Wächter neben dem Wappenrelief

weist darauf hin, dass dieses »suburbium« um 1200 schon einer Stadt ähnelte.

Über Gestalt und Entwicklung der »Oberen Burg« wissen wir wenig, denn sie fiel 1537 einer Pulverexplosion zum Opfer; die Reste wurden im 17. Jh. für eine Schanze eingeebnet. Grabungen 1900–01 ließen hinter dem Halsgraben eine rechteckige Kernburg mit Eckstrebepfeilern erkennen; die Nachprüfung von Benner/Wendt bestätigte die Strebepfeiler – ein im Burgenbau seltenes Element – als Teil eines Baues wohl noch des 13. Jhs. Die einzige Zeichnung der Burg ist ins Zerstörungsjahr 1537 datiert und bestätigt die rechteckige Kernburg, die einen quadratischen Bergfried und spätgotische Wohnbauten besaß. Ganz unbekannt bleibt leider, wie die Burg des 12. Jhs. aussah, die dahinter auf der Spornspitze lag.

Der Ursprung des Schlosses – die »Untere Burg«

Dass auch das Heidelberger Schloss, das heute von Renaissancebauten geprägt ist, anfangs eine Burg war, deuten noch zwei Merkmale an – die Berglage und die Rondelle hinter dem Graben. Freilich gehen die Rondelle nicht vor das 15. Jh. zurück, und der Bauplatz ist zwar geräumig, aber besonders günstig für die Verteidigung ist er, vom Steilhang überragt, keineswegs. Dass man hier nur bauen konnte, weil der Berg darüber durch die »Obere Burg« gesichert war, liegt auf der Hand, ebenso die Annahme, dass die untere Burg mit der Stadt gegründet wurde, deren Mauern an sie anschlossen. Jedoch konnten erst neue archäologische Forschungen beides nachweisen – Stadt und Schloss entstanden gemeinsam in der ersten Hälfte des 13. Jhs., wohl nach der Übernahme der Pfalzgrafenwürde durch die Wittelsbacher 1214.

Bei aller Unregelmäßigkeit der Bauten, die durch die Zerstörung noch gesteigert wurde, besitzt das Schloss eine klare Gesamtform, nämlich die eines Rechtecks von 100 m x 80 m. Burgen des 12./13. Jhs. sind selten so groß, und darin mag ein Grund liegen, dass man die Ringmauer, die dieses Quadrat festlegte und die noch in den jüngeren Bauten steckt, bis vor kurzem nicht so früh datierte. Sie ist freilich sehr verbaut und dem Laien kaum erkennbar, aber es gibt an allen vier Seiten erhebliche Reste, außerdem Fundamente von Bauten im Osten, und im Norden sogar noch Keller und hohe Wände von Wohnbauten

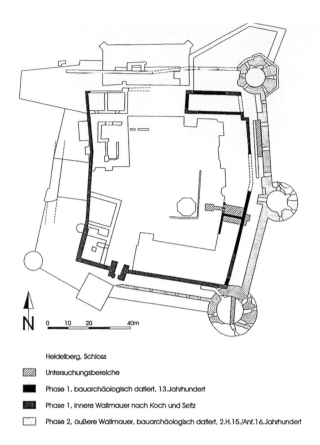

Das Heidelber-
ger Schloss, die
Bauteile des
13.–16. Jahrhun-
derts nach den
Forschungen von
Benner/Wendt
(nach Wendt/Ben-
ner, »Alte Hüte«...)

0   10   20   40m

Heidelberg, Schloss

▨ Untersuchungsbereiche

■ Phase 1, bauarchäologisch datiert, 13.Jahrhundert

▨ Phase 1, innere Wallmauer nach Koch und Seitz

▢ Phase 2, äußere Wallmauer, bauarchäologisch datiert, 2.H.15./Anf.16.Jahrhundert

der ersten Hälfte des 13. Jhs. Im »Gläsernen Saalbau« des 16. Jhs. an
der Nordostecke, ist ein dreiteiliges frühgotisches Fenster erhalten; zu
ihm passen Fundstücke spätromanischer Fenster. Zudem besaß die
Burg hinter dem Torturm des 16. Jhs. schon einen älteren, im 19. Jh.
ergrabenen.

Etwa im zweiten Viertel des 13. Jhs. entstand also unterhalb der ersten Heidelberger Burg eine ungewöhnlich große zweite Anlage, zusammen mit der neu geplanten Stadt, durch die damals der Flussübergang
der »Bergstraße« umgeleitet wurde. Diese großzügige Gesamtplanung
zeigt, dass hier bewusst ein neues Zentrum der Pfalzgrafschaft angelegt wurde – und eben dies blieb das Schloss bis zur Zerstörung
1689–93. Die Bedürfnisse der Hofhaltung eines Kurfürsten bewirkten

in der Folge, dass die Burg immer wieder modernisiert und durch neue Bauten bereichert wurde. Deswegen sehen wir heute ein eindrucksvolles Konglomerat teils prächtiger Bauten des 15.–17. Jhs., in denen die ursprüngliche Burg kaum noch zu ahnen ist.

Das Schloss des 16. Jahrhunderts – das Äußere

Bei einem Rundgang durch die Gärten erscheint das Schloss durch die fensterreichen Schlossbauten gegliedert, aber auch durch Rondelle und Türme, besonders an den vom Berg überragten Seiten im Osten und Süden. Sie zeigen, dass man noch im 15. und frühen 16. Jh. die Verteidigung zu modernisieren versuchte, obwohl die ungünstig liegende Burg im Zeitalter der Artillerie kaum noch zu halten war. Die geringe Konsequenz dieser Bemühungen erkennt man vor allem an der Südwestecke, wo der Burgweg ankommt. Hier hätte eines der stärksten Rondelle »hingehört«, nicht nur die relativ kleine, heute zerstörte Streichwehr im Graben. Stattdessen finden wir drei kräftige Rondelle – aus den Jahren vor und um 1480, durch eine später überbaute Zwingermauer verbunden – an der viel weniger bedrohten Ostseite: den »Glockenturm« und den gesprengten »Krautturm« an den Ecken (»Kraut« = Schießpulver), den »Apothekerturm« in Frontmitte. Besonders unfunktional ist der 1533 als letztes Rondell erbaute »Dicke Turm« – mit 7 m Mauerdicke und fast 40 m Höhe ein monumentaler Bau, der aber über der Stadt steht, wo kein Angriff zu erwarten war. Gegen den Berg errichtete man lediglich 1531–41 den Torturm, der zwar hoch und massiv ist, aber mit seinen wenigen Scharten keine wirkliche Verteidigung erlaubte – seine Skulpturen, Wappen und die romanisierenden Details kennzeichnen ihn als eher symbolhafte Architektur.

Was sich in diesen Wehrbauten und ihrer unfunktionalen Verteilung spiegelt, ist die Entwicklung von der Burg zum Schloss – vom mittelalterlichen Adelssitz, der verteidigungsfähig war und auch seine Symbolik weitgehend von seiner Wehrhaftigkeit ableitete, zum unbefestigten neuzeitlichen Fürstenschloss, bei dem ästhetisch gestaltete, besonders von zeremoniellen Bedürfnissen abgeleitete Formen die Wehrhaftigkeit weitgehend verdrängten. Diese neuzeitliche, »friedliche« Selbstdarstellung der Fürsten wird in dem recht frühen Fall Heidelberg besonders deutlich, wenn man den Hof des Schlosses betritt.

Das Schloss des 16. Jahrhunderts – Innenhof und Palastbauten

Der Schlosshof wirkt durch seine Unebenheit – die Südostecke liegt deutlich höher – und durch die Vielfalt der umgebenden Bauten ausgesprochen abwechslungsreich. Unübersehbar ist dieses Bild Ergebnis einer langen Entwicklung, in der nach wandelbaren Bedürfnissen ständig gebaut und verändert wurde. Bewohner der Burg waren der Pfalzgraf, sein großer Hofstaat – in dem sich nach heutigen Begriffen Familie und Regierung mischten –, Gäste und zahlreiche Bedienstete. Für diesen großen und sozial gestaffelten Personenkreis war viel Raum unterschiedlicher Art nötig, wobei besonders die herrschaftlichen Bauten oft auch nach persönlichen Vorlieben der Pfalzgrafen gestaltet wurden.

Die vornehmsten Bauten des Schlosses stehen im Süden, wo sie als eindrucksvolle Front auf die Stadt hinabblicken; das war von Anfang an so, denn im »Gläsernen Saalbau« an der Südwestecke stecken Reste eines Baues aus dem mittleren 13. Jh. Im Hof sieht man nur ein schmales Stück des spätestens 1546 begonnenen »Gläsernen Saalbaues« mit schönen, romanisierenden Loggien. Eingefasst und ein wenig erdrückt wird er von den reichen Fassaden der beiden wichtigsten Bauten des Schlosses. Rechts steht der vor 1558 begonnene »Ottheinrichsbau«, eines der Hauptwerke der deutschen Renaissance, mit seiner wohlproportionierten Fassade, die mit Statuen von Helden, Tugenden und Planetengöttern geschmückt ist. Links an den »Gläsernen Saalbau« schließt der »Friedrichsbau« (1601–07) an, der im Erdgeschoss die Schlosskirche enthält.

Die Gebäude im Westen des Hofes treten heute eher zurück. Der nur im Erdgeschoss erhaltene »Frauenzimmerbau« enthält jedoch den großen Saal des Schlosses, die »Hofstube«, ehemals mit Aussichtserkern auf Tal und Stadt; er wurde vor 1520 erbaut, der Saal 1934 neu hergerichtet. Der anschließende, stark zerstörte »Bibliotheksbau« (um 1520) sprang über die ältere Burgmauer auf den Zwinger vor; entgegen seinem Namen enthielt er im Wesentlichen wohl eine »Herrentafelstube« im Obergeschoss.

In der Südwestecke des Schlosses steht der »Ruprechtsbau« – nach dem Pfalzgrafen und deutschen König Ruprecht (1400–1410) –, der an die romanische Ringmauer angebaut ist; der Oberbau wurde um 1534 erneuert. Die Südostecke nehmen Wirtschaftsgebäude ein, in denen

Heidelberger
Schloss, Huffassa-
de des Gläsernen
Saalbaus (ab 1546)

u.a. die großen Rauchfänge von Küchen für Herrschaften und Gesin-
de und des Backhauses erhalten sind. Zwischen diesen Bauten und
dem »Ottheinrichsbau« steht noch ein Teil des »Ludwigsbaues« (vor
1524), zum Tor hin schließt der »Soldatenbau« für die Wache an. Vor
ihn springt die Brunnenhalle des frühen 16. Jhs. in den Hof vor, deren
römische Säulen aus der karolingischen Kaiserpfalz Ingelheim geholt
wurden.

Die Bauten des frühen 17. Jahrhunderts und der »Hortus Palatinus«

Seit der Renaissance gehörte zu jedem Fürstensitz ein in geometri-
schen Formen gestalteter Garten, und auch der Bezug zur Landschaft
wurde betont, vor allem im Sinne der Aussicht, die man vom Schloss

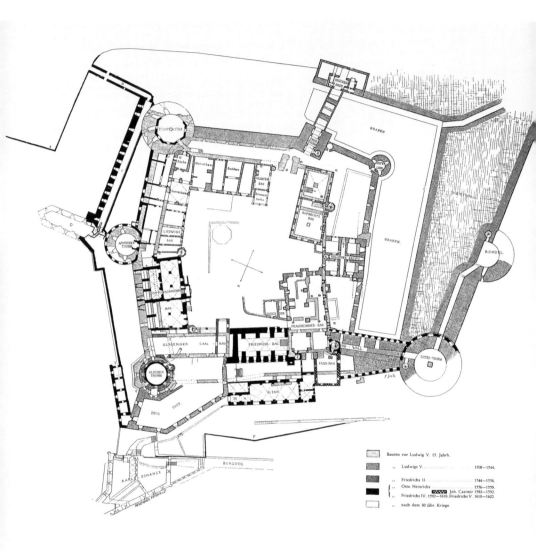

aus hatte. Dem Blick über das Neckartal diente in Heidelberg der »Altan«, eine Terrasse vor dem gleichzeitigen »Friedrichsbau« (1601–07). Von dort sieht man auch den westlich vorspringenden »Fassbau« (um 1590), der das »Große Fass« beherbergt, das damals etwa 130.000 l Wein aufnahm (das heutige, von 1750, fasst 222.000 l). Über dem fast

Das Heidelberger Schloss, Baualterplan nach den Untersuchungen von Koch/Seitz 1887–91

10 m hohen Fasskeller lag die Anrichte des Saales im »Frauenzimmer-bau«, wohin der Wein über Rohrleitungen gelangte. Das Fass ist ein anschauliches Zeugnis für die zentrale Rolle von Festen und Empfängen in den Hofhaltungen des 16. Jhs. – auch indem es von Anfang an nicht als schlichter Behälter, sondern als Sehenswürdigkeit verstanden wurde.

Als 1533 der »Dicke Turm« entstand, verband man ihn über einen Wall mit der Nordwestecke des Schlosses, und auch an seine Südseite schloss der hohe Wall des »Stückgartens« an. Diese Anlagen wurden für eine großzügige Neugestaltung benutzt, als Kurfürst Friedrich V. – 1619–20 der tragische »Winterkönig« von Böhmen – nach seiner Hochzeit 1613 eine moderne Residenz mit großem Schlossgarten schaffen wollte. Auf dem Verbindungswall entstand der »Englische Bau« – Friedrichs Gemahlin war die Tochter des englischen Königs Jakob I. – auf dem Stückgarten und vor der Süd- und Ostseite des Schlosses der berühmte »Hortus Palatinus«. Vom »Englischen Bau«, der durch einen Rundsaal auf dem »Dicken Turm« ergänzt wurde, sind nur zwei Fassaden erhalten – die nördliche mit einer schlichten, geschossweisen Gliederung, die weithin sichtbare zur Stadt mit einer Kolossalordnung über beide Geschosse, die damals ebenfalls neuartig war. Baumeister war Jacob Wolff d. J., der 1616 das sehr beachtete Nürnberger Rathaus begann.

Der »Hortus Palatinus« (lat.: »Pfälzischer Garten«) entstand ab 1616 nach Entwürfen von Salomon de Caus aus Dieppe in Nordfrankreich, der als Gartenkünstler und Physiker berühmt war. Der Garten bezog seinen Reiz nicht nur aus der Vielfalt seiner »Parterres« – die wir nur aus Darstellungen jener Zeit kennen –, sondern auch aus den Terrassen, die aus der Hanglage entwickelt sind. Viele seiner Attraktionen waren in die Stützmauern integriert; das zeigen noch die »Große Grotte« und die Triumphpforte im Osten der Hauptterrasse (»Laubenterrasse«), vor denen die Skulptur des »Vaters Rhein« die frühere Pracht der Brunnen andeutet. Überall wurde symbolisch Bezug auf die Herrscherrolle Friedrichs V. genommen. Die durch Wandelgänge erschlossenen Terrassen waren schwer zu überblicken; nur von oben, vor allem vom Schloss selbst, begriff man die Gesamtanlage. Der kleinere »Stückgarten«, vor dem »Englischen Bau«, war abgetrennt, weil vor dem Schlosstor ein Hofbereich lag; den Zugang zum »Stückgarten« bildete das erhaltene »Elisabethentor«.

Eine »romantische« Ruine in der Diskussion

Die Zerstörung durch französische Truppen 1689–93, im »Pfälzischen Erbfolgekrieg« beendete das höfische Leben im Schloss auf dramatische Weise; Wiederherstellungsversuche blieben begrenzt, 1720 zog der Hof nach Mannheim um. Aber es dauerte nur ein Jahrhundert, bis man in den schrecklichen Folgen militärischer Gewalt etwas Anderes zu sehen begann, nämlich ein stimmungsvolles, mit Natur und Landschaft ideal verbundenes Zeugnis der Vergänglichkeit. In der Romantik wurde die nie ganz verlassene Schlossruine zum Objekt graphischer und literarischer Darstellung, was auch schon im »touristischen« Sinne zu wirken begann, zumal der Garten ab 1804 dem Publikum geöffnet wurde.

Gegen Ende des 19. Jh. geriet das Heidelberger Schloss auch in den Sog modischer Burg-Wiederaufbauten, die von Anfang an ein Aspekt adelig-romantischer Begeisterung gewesen waren. Die Initiative des Grafen Charles de Graimberg (1774–1864), der die Ruinen vor Steinraub schützte, mündete in einzelne Erhaltungsmaßnahmen, dann aber – nach Gründung des »Schlossvereins« 1866 – in Diskussionen über einen Wiederaufbau, die in doppelter Hinsicht positiv endeten. Zunächst wurde zur Erfassung der Bausubstanz und nötiger Erhaltungsmaßnahmen 1883 das »Schlossbaubüro« gegründet; es legte 1887–91 das große Werk der Architekten Koch und Seitz vor, in dem die Schlossruine auf für die Zeit richtungweisende Art dokumentiert wurde. 1891 beschloss dann eine Gutachterkommission, dass ein Wiederaufbau nicht akzeptabel, aber die Erhaltung der Ruine geboten sei. In der Geschichte der Denkmalpflege bedeutete diese Entscheidung einen bedeutenden Schritt zu der Erkenntnis, dass eine Ruine als Ergebnis historischen Geschehens grundsätzlich einen Eigenwert besitzt, der höher ist als ein immer problematischer Wiederaufbau. In Heidelberg hat man sich daran gehalten; nur das Innere des »Friedrichsbaues« wurde 1897–1903 frei erneuert. Sonst sind zwar die Erdgeschosse der meisten Bauten heute wieder nutzbar, aber der Charakter der Ruine und ihre historische Wahrhaftigkeit sind erhalten.

IV Burgen und Schlösser
im nördlichen Odenwald

Wildenberg

INFORMATION

Man folgt von Amorbach der Straße nach Mudau, bis zum Abzweig nach Preunschen. Dieser Straße folgt man kurz bis zum bezeichneten Wanderparkplatz. Von dort 2,6 km auf fast ebenem Waldweg zur Ruine.

Wildenberg, das als eine der bedeutenden Burgen Deutschlands gilt, liegt im einsamen Tal des Mudbaches, sieben Kilometer südlich Amorbach. Die Burg und das zugehörige Dorf Preunschen auf der Hochebene entstanden fraglos als Rodungsvorstoß in Waldgebiet.

Wildenberg wird erst um 1222 erwähnt, aber Inschriften am Torturm erwähnen zwei Herren von Dürn als Erbauer, Ruprecht (»Rubreht«) und einen sonst unbekannten Burkhard (»Burhert«). Der 1171–97 erwähnte Ruprecht I. war der erste bekannte Vertreter der Familie, deren namengebender Sitz das 12 km entfernte Walldürn war. Er gehörte zum Gefolge Kaiser Friedrichs I., mit dem er vielfach und zu höchsten politischen Anlässen in Burgund und Italien war; wahrscheinlich war er auch schon Klostervogt von Amorbach.

Unklar ist, wann genau Ruprecht Wildenberg erbaute. Walter Hotz nahm aufgrund des Stiles einer Säule im Bergfried die 1170er Jahre an, Thomas Steinmetz vermutet, die Burg sei bei Ruprechts Tod, um 1197, noch im Bau gewesen und erst ab 1216 vollendet worden. Beide Thesen leiden aber bisher unter einer zu schmalen Faktengrundlage; zwar ist nicht auszuschließen, dass auch ein so aufwändiger Bau wie das ursprüngliche Wildenberg jahrzehntelang unfertig liegen blieb, aber bisher scheint es doch wahrscheinlicher, dass Torturm und oberer Saal einfach modernisierende Umbauten waren.

Die Burg des späten 12. Jahrhunderts

Die Burg, in typischer Spornlage, bildet ein Rechteck von 89 m × 32–39 m; im Nordwesten ist der Mauerverlauf gebrochen an den Hang angepasst, das südöstliche Tor liegt in einem Rücksprung. Die Ringmauer, mit Buckelquadern verkleidet, ist an der südwestlichen Angriffsseite zu einer leicht geknickten, 2,50 m dicken, noch 8 m hohen Schildmauer verstärkt. Hinter ihrer Mitte steht, mit einer Ecke zur Angriffsseite, der quadratische Buckelquader-Bergfried, der Balkendecken besaß. In seinem Einstiegsgeschoss lag ein Aborterker, und ein Lichtschlitz ist – als Reparatur – innen durch eine Säule abgestützt, deren »Bandknollenkapitell« schon in die 1170er Jahre datiert werden kann. Ringmauer und Bergfried zeigen zahlreiche, gleichartige Steinmetzzeichen.

Eine in Resten erhaltene Quermauer teilte um den Bergfried einen rund 29 m × 16 m großen Bereich ab, in dem neben dem Turm auch ein Wohnbau stand. Dieser war anfangs nur etwa 11 m lang und wurde später beidseitig verlängert, bis zur Schildmauer bzw. zum Torturm. Der romanische Bau besaß im Erdgeschoss einen Kamin, flankiert wohl von zwei winzigen Doppelfenstern; das nördliche ist erhalten. In der Ringmauer gab es im Erdgeschoss einen zweiseitig zugänglichen Abort. Wer hier wohnte, ist unklar – war dies eine kleine »Kernburg« mit der Wohnung des Burgherren? Oder residierte hier eher ein Burgvogt?

Geht man an der langen nordwestlichen Ringmauer entlang, so sieht man zunächst, unter Efeu, zwei Aborterker, Hinweise auf bewohnbare, wohl aus Holz errichtete Nebengebäude. Dann findet man – unter einem runden Erkertürmchen des 14. Jhs., wo die jüngere Quermauer anstößt – eine Doppelpforte, deren Trennpfeiler innen ein romanisches Ornament trägt. Eine einzelne Pforte als Ausfall wäre nicht ungewöhnlich, aber als Doppelpforte, die nicht etwa in getrennte Räume führte, handelt es sich um einen schwer erklärlichen Sonderfall.

Am äußersten, tiefer liegenden Ende der Burg findet man die Ruine des berühmten Saalbaues, an den ein zweiter quadratischer Turm, der »Westturm«, angebaut war. Vom Turm ist nach Einstürzen nur ein Stumpf erhalten, und auch vom Saalbau der ersten Bauzeit sind nur Teile übrig, denn sein Obergeschoss entstand erst um 1220–30 und die gesamte Hofwand ist nach 1356 erneuert. Nur die lange Nordostwand und die Südostwand – beide Teile der buckelquaderverkleideten Ringmauer – stammen im Erdgeschoss aus der ersten Bauzeit. Diese beiden besaßen ursprünglich fünf Doppelfenster von wuchtiger Formgebung, mit Mittelstützen statt Säulen, und Rundbogennischen, die anfangs nicht bis zum Boden reichten; die beiden Ostfenster der Nordwand sind heute verschwunden, eines ist im Kloster Amorbach ausgestellt. Das Fenster der Giebelseite ist in den 1930er Jahren zu einer Art Torbogen verfälscht; links neben ihm findet man die berühmten Inschriften »BERTOLT MURTE MICH, ULRICH HIWE MICH« – also die Namen eines Maurers und eines Steinmetzen – und, schwer deutbar: »OWE MUTER«. An der Längswand beeindruckt außerdem ein nach 1935 teilweise wiederhergestellter riesiger Kamin. Er und die Fenster zeigen, dass das

Wildenberg, der Tor- und Kapellenturm des frühen 13. Jahrhunderts von außen. Die berühmte, als Erker vorkragende Apsis der Kapelle war früher weitgehend durch einen hölzernen Wehrgang verdeckt, dessen Balkenlöcher und Hakenkonsolen man noch sieht.

Erdgeschoss ursprünglich ein großer Saal war; unter ihm lag noch ein Keller, der im 15. Jh. eingewölbt wurde.

Dass Wolfram von Eschenbach (um 1170 – um 1220) auf Wildenberg zumindest Teile seines »Parzival« verfasst habe, wurde 1922 zuerst vorgetragen und ist heute herrschende Meinung; die Argumente sind in der Tat recht gut. Wolfram verglich die Feuerstellen der idealisierten Gralsburg mit jenen einer gleichnamigen Burg – »so große Feuer sah man nie, hier auf Wildenberg« – und der altfranzösische Name der Gralsburg, »Munsalvasche«, wird überzeugend eben mit »wilder Berg« übersetzt (in modernem Französisch: »mont sauvage«). Wolfram war nach eigener Aussage Dienstmann des Grafen von Wertheim – Wertheim ist nur 28 km entfernt – und kam aus dem ebenfalls fränkischen (»Wolframs-«) Eschenbach.

Wildenberg bei Amorbach, der restaurierte Kamin im Erdgeschoss des späten 12. Jahrhunderts, darüber ein Fensterrest vom oberen Saal der Zeit um 1220–30

Der Torturm und der obere Saal

Der Torturm von Wildenberg erweist sich schon durch sein weitgehend glattes Quaderwerk als jüngerer Bauteil; er dürfte um 1210–20 entstanden sein. Sein wuchtiges, gestuftes Rundbogentor mit eingestellten Säulen, das hofseitig einfacher wiederkehrt, führt in eine ehemals kreuzgewölbte Halle mit »mandelförmigen« Rippen. Im Obergeschoss lag die Kapelle, deren berühmter, als Runderker vorkragender Altarraum ursprünglich hinter einem hölzernen Wehrgang versteckt war, dessen Balkenlöcher und Hakenkonsolen erhalten sind. Der Gang führte um den gesamten Turm; von ihm trat man auch im Westen in die Kapelle.

Die beiden Inschriften am inneren Torgewände, die Ruprecht und Burkhard von Dürn als Erbauer nennen, wurden 1821 in die künstliche Ruine im Eulbacher Park eingebaut; 1936 kamen sie zurück. Die seit den 1930er Jahren gelegentlich auftretende Behauptung, es seien Fälschungen von 1821, ist unbelegbar und unwahrscheinlich; die Inschriften wurden vielmehr schon 1822 als Altertümer dokumentiert. Die Bedeutung der zweiten Inschrift bleibt freilich unklar: War der unbekannte Burkard Ruprechts Bruder? Oder ein Nachfahr, vielleicht der Erbauer des Torturmes? Jedenfalls handelt es sich hier um die ältesten bekannten Bauinschriften einer deutschen Burg und damit um sehr bedeutungsvolle Schriftdenkmale.

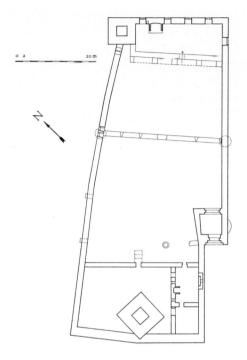

Wildenberg, Grundriss. Die Bauteile des 14./15. Jahrhunderts sind mit dünnerem Strich eingetragen. (nach Hotz, Burg Wildenberg)

Dass der Saalbau am Nordostende der Burg in den Jahren nach etwa 1220 ein neues Obergeschoss erhielt, und dass dieses aus einem zweiten Saal bestand, erkennt man an der schönen dreiteiligen Fenstergruppe der südöstlichen Schmalseite und an weiteren Fensterresten der Nordostwand, zu denen ein heute in Amorbach befindliches Fenster gehörte; bis zur falschen Restaurierung der 1930er Jahre war das Obergeschoss außen mit Glattquadern verkleidet. Der Saal war zweifellos auf die dreiteilige Fenstergruppe hin ausgerichtet, die ihre Schmuckformen nach innen wendet. In der Nordwand gab es nach den Resten – und Zeichnungen der 1820er Jahre – weitere Doppelfenster – die den älteren Kamin im Erdgeschoss sicherlich unbrauchbar machten – und einen balkonartigen Erker; die Hofwand ist bis auf die romanische Rundbogenpforte erneuert, im Nordwesten lag nur das Portal zum Westturm.

Konrad I. von Dürn, der Enkel des Erbauers Ruprecht, nannte sich ab etwa 1222 manchmal »Konrad von Wildenberg«, und in der Tat dürfte ihm, der 1258 starb, der Ausbau mit Torturm und Saal zuzuschreiben sein; eine Geschichte des Klosters Amorbach von 1736 behauptet sogar, er habe Wildenberg 1216 überhaupt erst erbaut. Konrad war jedenfalls ein mächtiger Mann, der die Herrschaft der Dürn auf ihren kurzen Höhepunkt führte; er blieb im Umkreis der Staufer, heiratete in die Grafenfamilie von Lauffen ein, vergrößerte den Besitz der Familie erheblich und gründete u. a. das Kloster Seligenthal und die Stadt Amorbach.

Geschichte der Burg nach der Stauferzeit

Mit dem Tod Konrads 1258, mitten im Endkampf der Staufer, begann der Zusammenbruch der Dürner; 1271/72 verkauften sie Wildenberg und große Teile ihres Besitzes, zwischen 1308 und 1323 starben alle drei Linien aus. Das Erzbistum Mainz, der neue Besitzer, dehnte mit dem Kauf seinen Einfluss in eine bisher würzburgische Zone aus. Die Burg diente bis zum Bauernkrieg als Amtssitz für Amorbach und weitere Gebiete, und als Stützpunkt für Geleite durch den Wald und im Kriegsfall. 1525 steckten Bauern die Burg in Brand.

Von den Umbauten der mainzischen Jahrhunderte, aus schlechtem Mauerwerk ausgeführt, ist wenig erhalten. Am auffälligsten ist die Quermauer, die eine Trennung in Kern- und Vorburg schuf, mit zeittypischem Rundbogenfries und heute noch einem runden Erkerturm; das Tor ziert das Wappen des Erzbischofs Dietrich von Erbach (1434–59). Die Hofwand des Saalbaues wurde, wohl nach dem Erdbeben 1356, erneuert, und neben dem Torturm vergrößerte man den Wohnbau, wovon ein Mauerteil mit rechteckigen Doppelfenstern zeugt. Vom Zwinger um die ganze Burg findet man noch geringe Spuren, vor denen ein Graben verläuft; nur die Torbauten und die Brückenpfeiler in beiden Halsgräben sind besser erhalten.

1802 kam die Ruine an die Grafen zu Leiningen. 1821 ließ Graf Franz zu Erbach-Erbach ornamentale Stücke aus der unter Steinraub leidenden Burg holen und in Eulbach verbauen; er veranlasste auch die erste Darstellung Wildenbergs in Text und Bild. Erst ab 1905 begann man mit Erhaltungsarbeiten an der Ruine, die inzwischen wissenschaftliches Interesse hervorrief; größere, teils leider verfälschende Restaurierungen gab es 1935–39.

Miltenberg

Die Burg Miltenberg ist 1226 zuerst erwähnt, als Erzbischof Siegfried von Mainz dort eine Urkunde ausstellte. Die Funktion der Burg – Sitz eines mainzischen Burggrafen und ab 1541 eines Amtes – ergibt sich aus ihrer Lage; sie sollte den Main dort sichern, wo er den Durchbruch zwischen den bewaldeten Sandsteinbergen von Odenwald und Spessart verlässt und in die offenere Landschaft am Unterlauf austritt. Wie umkämpft dieser Bereich im 12./13. Jh. war, zeigen die Stützpunkte der Nachbarmächte. Den Pfalzgrafen gehörte das 1,5 km entfernte stadtartige Wallhausen, das auf den Resten eines Kohortenkastells entstand; es wurde 1238/40 von Mainz zerstört. Acht Kilometer mainaufwärts markierte dagegen die vor 1197 entstandene Burg Freudenberg die würzburgischen Interessen.

INFORMATION

Über der Altstadt von Miltenberg am Main. Hofbesichtigung und Bergfried täglich außer Montag 11.00 bzw. 13.00 bis 18.00.

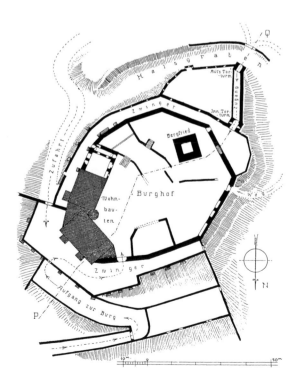

Miltenberg, Grundriss (nach Mader/Karlinger, Kunstdenkmäler)

Burg Miltenberg nutzt einen Bergsporn über dem Main, wobei die
schon 1237 belegbare Stadt, mit der Zollstelle, zwischen Burg und Fluss
entstand. Die Burg bildet ein eiförmiges Polygon mit Achsen von 75 m
und 60 m. Ihre Ringmauer – aus halbwegs regelmäßig geschichtetem
Bruchstein, wie in Freudenberg – lässt im Süden und Westen noch
originale Zinnen unter einer Erhöhung erkennen. Wo das romanische
Tor lag, bleibt offen; das stadtseitige geht mit seiner Fallgatternische

Miltenberg, die Wohnbauten der Kernburg entstanden in mehreren Bauphasen. In dem niedrigen Teil rechts stecken Reste des romanischen Wohnbaues, der Teil ganz links entstand 1504 als allein stehender Bau. Nach 1555 wurde alles zu einem Gebaude zusammengefasst, wobei auch der Treppenturm vorgesetzt wurde.

höchstens ins 14. Jh. zurück, ein vermauertes Tor beim Bergfried ist wohl im 15. Jh. eingebaut (und das spitzbogige Westtor erst im 19. Jh.). Südwestlich gegen die Angriffsseite steht im Hof der quadratische Buckelquaderbergfried; er wendet der Gefährdung eine Ecke zu, vergleichbar dem nahen Wildenberg. Das Geschoss über dem Hocheinstieg diente mit Kamin und Abort als Wächterstube. Ungewöhnlich sind die vier originalen Wurferker an der Wehrplatte; allerdings sind nicht viele romanische Bergfriede noch so hoch erhalten. Ringmauer und Bergfried dürften Ende des 12. Jhs. entstanden sein; dies jedenfalls scheint das Ergebnis von archäologischen Untersuchungen 1979–93 zu sein, die leider bisher nicht veröffentlicht sind.

   Die langgestreckten Wohnbauten der Burg, die die Stadtseite beherrschen, machen den Eindruck, im Wesentlichen aus dem 15./16. Jh.

zu stammen; jedoch haben die neuen Untersuchungen eine komplexe
Entwicklung erwiesen. Der zunächst kleine romanische Wohnbau stand
demnach rechts vom späteren Treppenturm an der Ostmauer. Er wurde
von Erzbischof Konrad von Weinsberg (1390–96) modernisiert, dessen
Wappenrelief heute allerdings woanders sitzt, links vom Treppenturm.
Um 1500 brannte dieser Wohnbau ab und wurde unter Erzbischof Berthold von Henneberg (1484–1504) durch einen Neubau, die südlich etwas längere »Kemenate« ersetzt. Gleichzeitig entstand weiter nördlich,
von der »Kemenate« isoliert, ein großer Wohnbau mit Treppengiebeln
und zwei markanten Standerkern zur Stadt; er zeigt Wappen Bertholds
und die Datierung »1504«. Schließlich fasste Erzbischof Daniel Brendel
von Homburg (1555–82) nach den Zerstörungen des Markgrafenkrieges
1552 die Bauten zusammen und setzte vor ihre Nahtstelle den Treppenturm, der sein Wappen trägt. Nach Reparaturen im 17. Jh. wurde
schließlich um 1860–70 eine Wohnung für die nun privaten Besitzer
eingebaut, und zwar in eben jenen Teil der »Kemenate«, der schon in
romanischer Zeit bestanden hatte.

Auch die Befestigungen der Burg wurden im 15. Jh. ergänzt. Ein
Zwinger umzieht die Bergseite, mit einem zusätzlichen, heute zuge-
wachsenen dreieckigen Torzwinger; man datiert den Zwinger um 1400,
das Vorwerk auf 1434–59. Die niedrigen Torbauten von Zwinger und
Vorwerk wurden im 19. Jh. verändert; der äußere besaß eine Zugbrücke. Die stadtseitigen Torzwinger reichen bis zum Marktplatz hinunter
und sind durch Tore in Abschnitte zerlegt; das unterste in Renaissance-
formen entstand erst »1610«. Ein Wappen vor dem heute zweiten Tor,
mit dem Datum »1482«, ist nicht mehr sichtbar.

1730 zog der Amtmann in die Stadt, und die Burg verfiel, bis sie
1808 in Privatbesitz kam. Besonders bedeutungsvoll unter ihren
Eigentümern war der nassauische Archivar Friedrich Gustav Habel, der
eine große Kunst- und Archivaliensammlung in der 1858 gekauften
Burg unterbrachte und seine Wohnung in die Ruine der »Kemenate«
einbaute. Sein Neffe, Kreisrichter Wilhelm Conrady aus Rüdesheim, erweiterte ab 1867 Wohnung und Sammlungen; er entdeckte u.a. den berühmten, bis heute ungedeuteten »Toutonenstein« (im Stadtmuseum).
Nach seinem Tod wurde die Sammlung leider 1904 versteigert; unter
späteren Eigentümern wurden ab 1908 das Innere der Burg und der
Burghof nochmals historistisch erneuert. 1979 schließlich kaufte die
Stadt Miltenberg die Burg.

Freudenberg und das »Räuberschlösschen«

Gegenüber dem Normalfall deutscher Burgen, wo die Erbauungszeit nur unsicher ermittelt werden kann, stellt Freudenberg eine Ausnahme dar, denn die Erbauung ist in den Schriftquellen exakt zu fassen. Im Jahr 1200 tauschte Bischof Konrad I. von Würzburg mit dem Kloster Bronnbach das Gelände, auf dem sein 1197 verstorbener Vorgänger das »castrum Freudenberg« begonnen hatte, das aber wegen dessen Tod noch unvollendet war. Da der mächtige, quadratische Buckelquaderbergfried der Burg zunächst nur rund 10 m hoch wurde, darf man unterstellen, dass die Burg kurz vor 1197 begonnen wurde. Sie liegt auf einem Bergsporn zwischen zwei Tälern, der talseitig abfällt und vom Hang noch überragt wird.

Schon um 1235 existierte eine Siedlung Freudenberg – die spätere Stadt –, und diese hatte ihren Namen fraglos von einer nutzbaren Burg; folglich wurde die begonnene Burg bald nach 1200 vollendet. Darauf deutet auch die ungewöhnliche Gestalt des Bergfriedes. Auf den Sockel von 13,80 m Seitenlänge wurde nämlich ein wesentlich schlankerer Turm gesetzt, was innen allseitig eine Vorkragung von einem vollen Meter nötig machte – eine einzigartige Konstruktion, die nur als Planänderung erklärbar ist. Der aufgesetzte Turmteil besteht aus gleichartigen Buckelquadern wie der Sockel, auch mit denselben Steinmetzzeichen, die aber unsauber versetzt sind; offenbar wurde der Aufsatz also aus Quadern erbaut, die für den ursprünglichen Turm schon bereit lagen. Aus dem frühen 13. Jh. stammt außerdem die im Grundriss dreieckige Ringmauer, die in etwa halber heutiger Höhe aus schichtenrecht, teils allerdings schräg verlegtem Bruchstein besteht, und vielleicht auch der relativ große, aber schlecht erhaltene »Kapellenbau« in der Nordecke der Kernburg.

Ob die Burg dann im Besitz der Bischöfe blieb oder verlehnt wurde, ist unbekannt; 1246–53 ist jedenfalls ein Ritter Markward von Freudenberg aus dem Umkreis der Herren von Dürn belegt. Zwischen 1269 und 1287 kam Freudenberg samt der Stadt als würzburgisches Lehen an den Grafen von Wertheim; jedoch scheint die Burg weiter keine gro-

INFORMATION

Die Ruine liegt über Freudenberg am Main, 8 km von Miltenberg Richtung Wertheim. Markierter Aufstieg von der Altstadt aus, etwa 100 m Höhenunterschied. Zum »Räuberschlösschen« sind es 1000 m auf gleicher Höhe (Wanderweg »M« bzw. »1«).

Freudenberg, die Ruine der Kernburg von Westen. Links der Giebel des Wohnbaues von 1361, rechts die im 14. Jahrhundert erhöhte Ringmauer und dahinter die beiden Aufsätze des Bergfrieds. Ganz vorne die in den letzten Jahren erneuerte äußere Zwingermauer

ße Rolle gespielt zu haben, denn es sind weder Quellen der Folgezeit erhalten, noch Umbauten erkennbar.

Erst »1361« wird durch die Jahreszahl am Giebel des erhaltenen Wohnbaues, in der Westecke der Kernburg, wieder eine Bautätigkeit fassbar, die den heutigen Bestand von Freudenberg prägt; der Wohnbau ist einer der frühesten im deutschen Burgenbau, der inschriftlich datiert ist. 1354 vereinbarte Eberhard I. von Wertheim die Hochzeit des Erben der Grafschaft mit der Tochter des Grafen von Rieneck; der Sohn, der künftige Graf Johann I., wurde erst später bestimmt. Die Hochzeit fand 1363 statt, und Johann war bis 1373 Mitregent der Grafschaft, dann Nachfolger seines Vaters. Die Stadt Freudenberg erhielt 1373 einen Marktzoll, der ältere Rechte ergänzte, und 1376 die Privilegien der Stadt Wertheim. Aus alledem schließt Th. Steinmetz überzeugend, dass Burg Freudenberg damals zum Aufenthalt Johanns bzw. zum zweiten Sitz der Grafen neben Wertheim ausgebaut wurde.

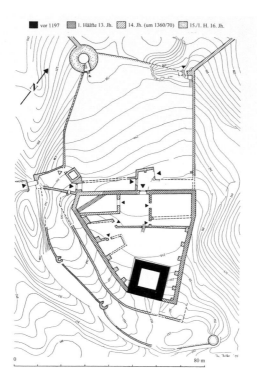

vor 1197   1. Hälfte 13. Jh.   14. Jh. (um 1360/70)   15./1. H. 16. Jh.

0   80 m

Freudenberg, Baualterplan (Th. Biller auf Grundlage des photogrammetrischen Planes von W. Kaufmann, 1982, bei Steinmetz, Burg Freudenberg, und des Planes bei Weihs, Untersuchungen, für die Höhenlinien)

Zu diesem Ausbau gehört zunächst der zweite, nochmals schlankere Aufsatz des Bergfrieds, nun aus Bruchstein. Zusammen mit den polygonalen Eckerkern des ersten Aufsatzes verleiht er dem Turm eine im deutschen Burgenbau wohl einzigartige, dreiteilige Silhouette, freilich in einer Zeit, wo Türme mit schlankerem Aufsatz vor allem am Mittelrhein in Mode kamen, bei Burgen (Rheinfels, Marksburg, Eppstein, Friedberg) und bei Stadtmauern (Andernach, Oberwesel, Rüdesheim). Die Ringmauer wurde auf das Doppelte erhöht und mit einem Wehrgang über Rundbögen versehen. Der Wohnbau von 1361 ist im Keller, wo Küche und Weinkeller vermutet werden, und in den unteren beiden Geschossen dreiseitig erhalten; sein heute fehlender Westgiebel wurde über die ursprüngliche Ringmauer vorgeschoben. Kreuzstockfenster im ersten Obergeschoss deuten auf einen Saal, vielleicht die 1414/15 erwähnte »große Stube«. Das zweite Obergeschoss aus Fachwerk fehlt heute, jedoch blieb der hohe östliche Treppengiebel mit zweilichtigen

Freudenberg, das Rondell (nach 1497) an der Nordwestecke der Vorburg. Es beherrschte nicht nur zwei Seiten der Vorburg, sondern auch das Flusstal mit der kleinen Stadt; links unten sieht man den Ansatz der westlichen Stadtmauer.

Rechteckfenstern erhalten. In der Nordostecke der Kernburg stand der wohl ältere »Kapellenbau«, der noch größer war als der Wohnbau und nach einem alten Stich ähnliche Giebel besaß, sowie einen Kapellener-ker in der Ostwand; die Erkerreste sind leider falsch restauriert. Die Kapelle war der hl. Katharina geweiht und wird seit 1400 vielfach er-wähnt. Zwischen Wohn- und Kapellenbau liegt das gleichfalls im 14. Jh. erneuerte, gestufte Spitzbogentor, über dem der Wehrgang beide Ge-bäude verband. Von einem turmlosen Zwinger um die Kernburg ist vor allem bergseitig ein Rest mit Rundbogenfries erhalten, und ein kleiner quadratischer Turm an der Westecke, der ein äußeres Tor schützte.

Im 15. Jh. blieb Freudenberg neben Wertheim Hauptsitz der älte-ren Linie der Grafen; die 1398 abgespaltene jüngere Linie residierte zunehmend auf Burg Breuberg. Amtsrechnungen dieser Phase zeigen, dass die Burg damals weitgehend vom Breuberg aus versorgt wurde; denn zu Freudenberg gehörten nur bewaldete Steilhänge, die weder

Ackerbau noch Viehzucht erlaubten. 1497 fiel die Burg an den Grafen Asmus von Wertheim (1509), der sie ab dem Folgejahr modernisierte; die verwitterte Zahl »1499« über dem Burgtor bezeugt dies noch. An den Kapellenbau wurde seitlich ein neues Treppenhaus angebaut, vor die südliche Angriffsseite ein äußerer Zwinger mit drei Rundtürmchen gelegt. Zwischen die beiden Schenkel der Stadtmauer, die im 14. Jh. entstanden war, wurde eine Vorburg eingefügt oder erneuert; ihr unterer Teil ist hoch aufgeschüttet. An der Westecke entstand ein runder Geschützturm mit phantasievoll variierten Rechteckscharten in drei Geschossen, der das Vorfeld beider Tore und sogar den Main beherrschte. Das zweite, in Resten erhaltene Tor zur Stadt lag unter einem runden Erkertürmchen auf der NO-Ecke der Vorburg.

Nachdem die Grafen von Wertheim 1556 ausgestorben waren, wurde die Burg verlassen; in den 1590er Jahren war sie zwar noch unter Dach, aber der Verfall hatte schon eingesetzt. Auch archäologische Untersuchungen 1996 erbrachten keine Hinweise auf eine Nutzung noch im 17. Jh. Nach Abschluss umfangreicher Restaurierungen finden in der Ruine neuerdings Festspiele statt; die Tribünen beeinträchtigen die Wirkung der schönen Ruine leider erheblich.

Wenig höher als Burg Freudenberg liegen einen knappen Kilometer westlich, auf einem abfallenden Sporn, die Reste des sogenannten »Räuberschlösschens«. Hinter dem vermutlichen Halsgraben, durch den heute der Fahrweg führt, sieht man noch Reste einer Trockenmauer aus großen, quaderartigen Steinen, vielleicht Rest eines verteidigungsfähigen Baues. Etwa 50 m dahinter, tiefer am Hang, folgen 1890 freigelegte Kellerreste von drei Gebäuden aus kleineren Bruchsteinen. Ein angeblich symmetrisches Grabensystem um die Reste, das eine Planskizze von 1890 darstellt, ist eine Mystifikation; es handelt sich nur um Erosionsrinnen, Spuren der Holzabfuhr und Wegspuren verschiedenen Alters. Dass eine Altstraße an der Anlage vorbei zur Höhe führte, wie Th. Steinmetz vorschlug, ist gut denkbar. Die wenigen Funde werden heute ins 12./13. Jh. datiert, jedoch dürfte die Anlage deutlich älter sein und wurde vielleicht beim Bau der benachbarten Bischofsburg aufgegeben.

Englischer Garten Eulbach

INFORMATION

An der B 47 zwi-
schen Michelstadt
und Amorbach.
Schloss privat,
Garten täglich ge-
öffnet; Wildgehe-
ge mit Wisenten,
Wildschweinen,
Dam-, Rot- und
Rehwild.

Bei Schloss und Park Eulbach, auf der bewaldeten Hochebene zwischen Michelstadt und Amorbach, kreuzt die »Nibelungenstraße«, die ungefähr dem Verlauf einer der ältesten Straßen im Odenwald folgt, den »Odenwald-Limes« und eine andere alte Fernstraße, die nord-südlich verlaufende »Hohe Straße«. Den Limes kann man oberirdisch heute nicht mehr erkennen, auch nicht das Kastell Eulbach, über das die Straße hinwegführt. Der »Odenwald-Limes« entstand nach 90 n. Chr. als Verbindung der Kastelle an Main – Beginn bei den Kastellen Obernurg oder Wörth – und Neckar (Neckarburken, Wimpfen). Anfangs war es nur ein Militärweg mit zehn kleinen Erdkastellen und Wachtürmen aus Fachwerk. Nach 120 n. Chr. schützte man den Weg durch eine Palisade, 145–146 entstanden steinerne Wachtürme und etwa gleichzeitig auch steinerne Kastelle. Nach 150 wurde der »Odenwald-Limes« aber aufgegeben und durch den vorderen Limes ersetzt, der 15–20 km weiter östlich lag, bei Miltenberg beginnend. Den »Odenwald-Limes« kann

Englischer Garten
Eulbach, die
»Rindenkapelle«
auf einer Insel im
künstlich angeleg-
ten Teich

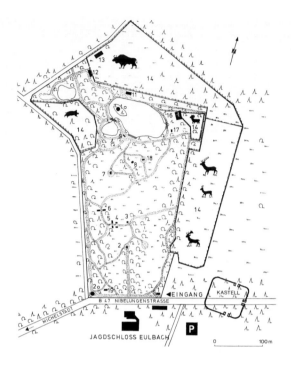

Der englische Garten in Eulbach, Lageplan mit Legende (nach Gödner, »Eulbacher Park«)

man heute auf dem Limeswanderweg begehen, wobei aber oberirdisch nur wenig von den Kastellen und Türmen sichtbar ist.

An der Straßenkreuzung lag schon im 9. Jh. ein Dorf Eulbach, das im Dreißigjährigen Krieg unterging. In seiner Nachfolge entstand ein gräflich erbachisches Gut, und bei diesem 1771 ein Jagdhaus, sowie 1795–98 ein großes Wildgehege. Initiator war Graf Franz I. zu Erbach-Erbach (1754–1823), dessen Antiken- und Waffensammlungen man noch in Schloss Erbach besichtigen kann. Sein in Italien geschultes Interesse an der Antike richtete sich seit dem späten 18. Jh. auch auf seine Heimat, wo er mit Hilfe des Beamten Johann Friedrich Knapp die Reste der Limes-Wachtürme – die man für Grabhügel hielt – und einige Kastelle ausgraben ließ. Das war noch keine Archäologie im heutigen Sinne, aber immerhin ließ er seine größeren Funde in einem Katalog festhalten. Dass es die Epoche der Romantik war, zeigt allerdings der Ausbau des Parkes in Eulbach 1802–07, in dem die »schönsten« Funde eine wichtige Rolle spielen.

Der Park bei dem gleichzeitig zum gräflichen Sommersitz ausge-
bauten Jagdhaus wurde von Friedrich Ludwig von Sckell (1750 –1823)
entworfen, dessen berühmteste Schöpfung der »Englische Garten«
in München ist; weitere bedeutende Werke sind die Erweiterungen
der Schlossparks in Schwetzingen und Wiesbaden-Biebrich. Auch
der vergleichsweise winzige Garten in Eulbach – er misst nur etwa
400 × 200 m – folgt den typischen Prinzipien dieser Gartenform, die sich
in der zweiten Hälfte des 18. Jhs. in England entwickelt hatte. Anstelle
der Geometrie barocker Gärten trat eine weichere, die Hügellandschaft
Englands zitierende Gestaltung mit Wiesen und Baumgruppen, durch
die sich geschwungene Spazierwege schlängeln; dabei ist die Anordnung aber nur scheinbar »natürlich«, in Wahrheit sind die Durchblicke
und Sichtachsen auf bewusst gesetzte Akzente sorgfältig komponiert.

In Eulbach sind die Akzente in der Landschaft teils von zeittypischer
Art, etwa der künstliche Teich mit der »Rindenkapelle« auf einer Insel
und die Burgruine daneben. Die Ruine – nach Franz`I. Enkel »Eberhards-
burg« – entstand 1818 auf dem Aushub des Teiches und integriert Teile
echter Burgen im damals erbachischen Herrschaftsgebiet, auch vom
leiningischen Wildenberg. Typisch für solche Parks und die Kultur des
Adels sind auch die Gedenksteine für mehrere Grafen zu Erbach. Indi-
viduellere, archäologische Interessen Franz` I. aber spiegeln die römi-
schen Reste und Nachbauten. Das beginnt mit dem Gartenhaus an der
Straße, dessen Achteck einem Tempel bei Neapel folgt, und mit einer
kleinen Kopie des Obelisken auf der »Piazza del Popolo« in Rom, aus
Steinen des nahen Kastells Würzberg. In seiner Nähe stehen römische
Altäre, Inschriften- und Reliefsteine, auch Fensterpfosten von Wachtür-
men des Limes. Besonders interessant sind, neben dem Sockel eines
Wachturms, Nachbauten der Tore der Kastelle Eulbach und Würzberg.
Sie zeigen die sauber geschichteten Quader solcher Kastelle aus der
Mitte des 2. Jhs., auch deren Gesimse und Zinnendecksteine; einen Ein-
druck von der früheren Form und Größe der Tore geben sie aber nicht.

Das Schloss ist heute durch die befahrene Bundesstraße und Zäune
vom Park getrennt; zur Erbauungszeit verklammerte die Achse auf den
Obelisken Gebäude und Garten viel stärker. Das parkseitige Hauptgebäude, das seine Gestalt 1846 – 58 erhielt, zeigt eine verspielte Neugotik mit Erkertürmchen, die Holzverkleidung betont den Charakter des
Jagdschlosses. Es dient heute noch als Wohnsitz und ist daher nicht
zu besichtigen.

Erbach

Eine Familie, die sich nach Erbach nennt, ist seit etwa 1180 nachweisbar. 1218 wird ein Konrad zum ersten Mal als »Schenk« von Erbach
bezeichnet, und wenig später ist belegt, dass es sich bei der Familie
um Reichsministerialen handelt, von denen ein vor 1223 verstorbener Gerhard Mundschenk König Heinrichs (VII.) gewesen war. Thomas
Steinmetz hat vorgeschlagen, dass die Erbacher ein Nebenzweig der
bedeutenden Reichsministerialen von Hagen-Arnsburg-Münzenberg
sind, die schon im 11. Jh. umfangreichen Besitz nördlich des Odenwaldes hatten, in der Wetterau und der Dreieich. Er vermutet, dass
die Erbacher mit Rückendeckung der Staufer im Lorscher Besitz um
Michelstadt Fuß fassten, und dass sie vor allem Zoll- und Geleitrechte
auf den hier sich kreuzenden Straßen an sich brachten. Diese These
bietet jedenfalls eine Erklärung für die Tatsache, dass die Erbacher im
Spätmittelalter zur mächtigsten Familie im Inneren des Odenwaldes
wurden. Zuvor mussten sie allerdings noch harte Auseinandersetzun-
gen mit den Pfalzgrafen durchstehen – in die auch das Erzbistum Mainz
verwickelt war, u. a. durch die Erbauung der Burg Fürstenau –, die ihren
Höhepunkt bald nach 1300 erreichten. Sie mündeten jedoch schnell
wieder in geordnete Verhältnisse, die u. a. darin Ausdruck fanden, dass
die drei Linien der Erbacher nun erblich das Amt des pfälzischen Mund-
schenken übernahmen.

Die Burg

Erbach ist der Name eines Baches, der von einer Ansiedlung – dem
heutigen »Dorf Erbach« – übernommen wurde. Wann die Schenken
bei diesem Dorf, auf einer Mümling-Insel, eine Burg erbauten, wissen wir nicht – nach den erschlossenen historischen Bedingungen und
dem Baubestand geschah es zwischen dem mittleren 12. Jh. und dem
mittleren 13. Jh.; erwähnt ist die Burg erst 1303. Ihr ältester erhaltener
Teil, der Bergfried, reicht kaum über das mittlere 13. Jh. zurück. Der
Rundturm mit sauberer Buckelquaderschale fällt nämlich durch seine
schlanken, »gotischen« Proportionen auf, die bei Rundtürmen der Zeit

Erbach, der
Innenhof mit dem
runden Bergfried
aus dem mittleren
13. Jahrhun-
dert, und dem
Barockschloss von
1731–36, dessen
Fassade vor 1902
neu gestaltet
wurde

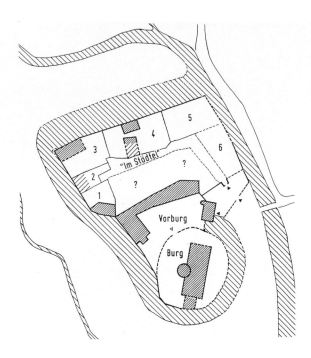

Erbach, rekonstruierter Lageplan von Burg, Vorburg und »Städtel« im 16. Jahrhundert. Die Ziffern bezeichnen die Burgmannensitze (nach Biller, Burgmannensitze).

um 1230 – etwa in Besigheim und Reichenberg in Württemberg – noch fehlen. Das Innere des Turmes wurde im Barock zum Treppenhaus, seine Bekrönung mit dem auffällig hohen Turmhelm stammt von »1497«; die Kragsteine darunter sind aber original.

Von der mittelalterlichen Kernburg ist sonst nichts erhalten. Durch Ansichten des 17. Jhs. wissen wir, dass sie oval war und von einem Graben geschützt wurde, den außen nochmals eine Zinnenmauer umgab. Beim Bau des Barockschlosses, das den Bergfried einbezog, wichen Ringmauer und Graben im Osten einem großen Platz, der die Hauptfront des Schlosses besser zur Wirkung bringt. Allerdings war das Barockschloss kein völliger Neubau, denn Ansichten des 17. Jhs. zeigen an seiner Stelle bereits ein Gebäude mit rechteckigen Doppelfenstern in zwei unteren Geschossen und einem zweiten Obergeschoss aus Fachwerk, mit Ziererkern; seine Außenmauern sind vom Barockbau zweifellos übernommen worden. Das Gebäude wird etwa um 1500 entstanden sein, und der hohe, erkergezierte Helm des Bergfrieds von »1497« passt dazu – er sollte den hohen Dachfirst des Neubaues überragen.

Das Barockschloss und die Sammlungen Franz' I.

Das 1731–36 erbaute Barockschloss ist ein einfacher, aber monumentaler Bau, dessen heutige Fassade erst aus den Jahren vor 1902 stammt. Neben genutzten Wohnräumen enthält er vor allem die Sammlungen Franz' I., des letzten regierenden Grafen zu Erbach-Erbach (1754–1823), die von seinen Nachfolgern ergänzt wurden. Ihre Bedeutung als in Deutschland frühe Zeugnisse wissenschaftlicher Interessen des Adels ist sehr hoch.

Zahlreiche Jagdtrophäen entsprechen typischen Aktivitäten des Adels, wobei aber die Dokumentation von Krankheiten des Wildes ein geradezu ökologisches Interesse andeutet. Auch bei der Waffensammlung liegt das Hauptgewicht auf Jagdwaffen, die systematisch geordnet vor allem die Entwicklung von der Muskete bis zu modernen, automatischen Waffen verdeutlicht. Durch das Alter ihrer Stücke, die bis in die klassische Zeit Griechenlands zurückgehen, ragen die Antiken aus den Sammlungen Franz` I. heraus; sie stammen von den Italienreisen des Grafen, auch aus Grabungen dort und am Odenwaldlimes, die sich auch in seinem Garten in Eulbach dokumentieren. Zu ihrer Unterbringung wurde u. a. ein Raum der »Villa Hadriana« bei Rom nachempfunden, und ähnlich entstand kurz nach 1800 der neugotische Saal, der die Rüstungssammlung aufnimmt. Praktisch alle Stücke hier gehören in die frühe Neuzeit ab etwa 1500; erwähnenswert sind die originale Reiterrüstung von Erasmus Schenk zu Erbach (†1503) und eine Rüstung Gustav Adolfs II. von Schweden (1594–1632). Die späteren Harnische gehörten nicht mehr »Rittern«, sondern Söldnern, insbesondere im Dreißigjährigen Krieg (1618–48).

Vorburg und »Städtel«

Nördlich des Schlosses findet der heutige Besucher zwei getrennt ummauerte Bereiche. Der erste, rechts neben dem Schloss zu betreten, ist die ehemalige Vorburg mit Neben- und Wirtschaftsgebäuden. Sie ist allerdings, nach den Veränderungen des 18. Jhs., nicht mehr durch einen Graben von der Kernburg getrennt, und ihr Bestand reicht nicht bis ins Mittelalter zurück, sondern nur ins 16. Jh. Das Tor führt durch den Archivbau von »1571«, dahinter stehen rechts weitere Bauten –

zunächst ein langes Gebäude mit Fachwerkobergeschoss, dann der »Alte Bau« mit Wappen von »1590« und schließlich quer der mächtige »Kanzleibau«, der ursprünglich wohl ein Kornhaus war. Diese Baugruppe wurde durch einen Brand 1893 schwer geschädigt und beim Wiederaufbau erheblich verändert.

Tritt man nicht in die Vorburg, sondern rechts davon, unter dem Rathaus hindurch, in das sogenannte »Städtel«, so findet man dort auf den ersten Blick wirklich eine »Altstadt« mit Stadtmauer, die lediglich dadurch auffällt, dass sie sehr klein ist. Tatsächlich war dies keine echte Stadt, also der Sitz von Handwerkern und Händlern, sondern etwas anderes – nämlich eine befestigte Burgmannensiedlung. Burgmannen waren Ministerialen (unfreie Dienstleute) bzw. später Niederadelige, die von den Herren großer und wichtiger Burgen beauftragt waren, diese Burgen zu verteidigen und zu verwalten. Sie besaßen Häuser oder Höfe in der Burg selbst, in einer angrenzenden Stadt oder auch in der Umgebung – oder es gab ausnahmsweise einen befestigten Sonderbereich nur für diese Burgmannensitze. Eben diesen Fall findet man in Erbach, wobei das »Tempelhaus« (um 1366–1379) – das nichts mit den Templern zu tun hatte – an der Nordseite der Befestigungsmauer das besterhaltene Beispiel eines solchen Burgmannenhauses ist. Es gibt jedoch, vor allem an der Westseite, noch weitere große Hofanlagen von Burgmannen, wie etwa die »Habermannsburg«, deren Bebauung aber überwiegend aus dem 16./17. Jh. stammt. Ab dem 17. Jh. verlor das »Städtel« langsam seine ursprüngliche Funktion; es entstanden Bürgerhäuser und die 1750 vollendete Pfarrkirche.

Die eigentliche, unbefestigte Ortschaft Erbach gruppierte sich schon im Mittelalter um Burg und Burgmannensiedlung. Sie war jedoch keine Stadt im damaligen Sinne, zur (Kreis-) Stadt wurde Erbach erst 1852. Gegenüber vom Schloss, jenseits der Mümling, liegt die Orangerie von 1722, und vor ihr der kleine Barockgarten in moderner Rekonstruktion.

Michelstadt, »Kellerei«

INFORMATION

In der Altstadt von Michelstadt. Odenwald- und Spielzeugmuseum und andere Nutzungen.

Michelstadt ist die älteste Siedlung im Herzen des dicht bewaldeten Sandstein-Odenwaldes, an der Kreuzung zweier alter Wege. Der eine führte von Norden durch das Mümlingtal und weiter durch das Gammelsbachtal zum Neckarknie, der andere – etwa die heutige »Nibelungenstraße« – von Worms über Lindenfels nach Amorbach und zum Main. Dass die Bedeutung dieser Wege begrenzt war, weil wirklich wichtige Straßen den Wald vermieden, zeigen die Nachrichten aus der Zeit Einhards, des Beraters von Karl dem Großen, der »Michlinstat« 815 geschenkt erhielt. 819 wohnten dort 100 Hörige um die 815 noch hölzerne, 821 neu geweihte Kirche. Auch dass Einhard den Ort nach 13 Jahren wieder verließ und seinen Wohnsitz samt neuem Kloster und Märtyrerreliquien an den Main nach Seligenstadt verlegte, verdeutlicht die damalige Unwirtlichkeit des Odenwaldes.

Einhard schenkte seine Besitzungen bei Michelstadt dem Kloster Lorsch, und dessen Abt Gerbodo (951–72) errichtete ein steinernes Haus im »castellum« Michelstadt. Dass diese frühe Befestigung den Kirchhügel besetzte, auf dem die heutige Pfarrkirche als Nachfolgerin der Holzkirche von 815 anzusprechen wäre, liegt nahe. Der flache Hü-

Michelstadt, die »Kellerei«. Der erbachische Wirtschaftshof entstand im 16. Jahrhundert aus der Vorburg einer damals aufgegebenen Burg. Die verschwundene Kernburg lag links anstelle des später entstandenen Stadtgrabens; in der Kellerei, von hier nicht erkennbar, ist noch der Unterbau ihres Torturmes erhalten.

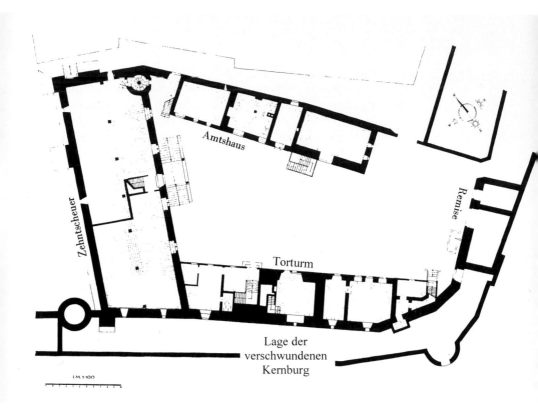

Zehntscheuer

Amtshaus

Remise

Torturm

Lage der
verschwundenen
Kernburg

I.M. 1:100

gel über der ehemaligen Sumpfniederung der Mümling, in Bachnähe, war dafür gut geeignet und von einer nur verbaut erhaltenen, starken Mauer umgeben, die freilich undatiert ist; Th. Steinmetz schlägt zudem vor, die auffällig tiefliegenden Straßenzüge als Nachfolger des Wall-Graben-Systems dieser Anlage zu deuten.

Michelstadt, Grundriss der »Kellerei« (nach Steinmetz, Die Burgen in Michelstadt)

1307 wurde im Krieg mit der Pfalz eine Burg Michelstadt der Erbacher zerstört. Auch ihre Lage und Gestalt ist unbekannt; da es sich hier aber bereits um eine Adelsburg handelte, ist sie kaum mit dem befestigten Klosterhof des 10. Jhs. gleichzusetzen. Nach der Zerstörung erteilte der Pfalzgraf 1311 die Erlaubnis zum Neubau einer Burg, die spätestens 1344 vollendet war. Von dieser zweiten Burg – ob sie nun anstelle der zerstörten entstand oder nicht – gibt es Reste, und zwar die »Kellerei«, die heute das Michelstädter Museum enthält.

Die Kellerei liegt in der Südostecke der Stadtmauer um einen tra-
pezförmigen Hof, den Bauten des 16. Jhs. bilden. Einziger älterer Bauteil
in dieser Anlage ist das Erdgeschoss eines Torbaues, das im Südwest-
flügel verbaut ist und am Schlussstein des Spitzbogentores das Datum
»1445« und den Namen von Otto Schenk von Erbach trägt. Normaler-
weise würde man diesen Torbau, der ja innen an die heutige Stadtmauer angebaut scheint, als Zugang interpretieren, der von außerhalb
der Stadt in die Burg führte. Aber so kann es nach Beobachtungen von
Th. Biller nicht gewesen sein, denn das gekehlte Torgewände und vor
allem die Rechteckblende und die Auflagersteine der Zugbrücke zeigen,
dass der Graben vor diesem Tor nicht dem heutigen Stadtgraben entsprach, sondern dass er auf der Nordseite des Torbaues lag, also im
heutigen Hof der Kellerei; ein zweites, inneres Spitzbogentor, dessen
profiliertes Gewände ebenfalls nach Norden zeigt, bestätigt dies. Aus
alledem ergibt sich, dass der Torbau in eine verschwundene Kernburg
geführt haben muss, die südlich der Kellerei im Bereich der heutigen
Stadtgräben lag; und die heute allein übrig gebliebene Kellerei entsprach wohl der Vorburg. Eine interessante Frage ist, ob die beiden
spätgotischen Fachwerkgeschosse über den beiden Toren noch zur
Bauphase von 1445 gehören; nur genauere Untersuchungen könnten
das klären.

Nach Schriftquellen wohnte Schenk Otto noch 1466 in der Burg
Michelstadt. Sein Neffe aber zog 1515 ins nahe Erbach um, und danach hat man die Kernburg offenbar abgebrochen und an ihrer Stelle
die Wallgräben der Stadt vervollständigt. Nur die Vorburg blieb übrig
und wurde bald zur Kellerei, d.h. zum Wirtschaftshof der Stadtherren
umgebaut; ihr ältester datierter Bauteil ist die Zehntscheuer von 1539.

Fürstenau

Fürstenau wurde in den Jahren um 1300 durch Erzbischof Gerhard von Mainz erbaut, nur einen Kilometer nördlich von Michelstadt, neben dem Kloster, das bei der Basilika Einhards aus dem frühen 9. Jh. entstanden war. Die neue Burg – die auch die beiden hier zusammentreffenden Straßen beherrschte – entstand damit auch nahe bei Erbach, dem Hauptsitz der im Herzen des Odenwaldes mächtigsten Familie, und wurde zudem ohne Erlaubnis auf deren Boden erbaut. Dass die Schenken dies nicht akzeptierten – eine Urkunde von 1300 spricht vom »unrechten Überbau« der Mainzer –, überrascht nicht, aber wirkliches Ziel der mainzischen Attacke war offenbar ein mächtigerer Gegner, nämlich Kurpfalz. Der Erzbischof versuchte hier seine Einflusszone auf Kosten eines schwächeren Nachbarn zu erweitern und löste damit scharfe Konflikte zwischen den drei involvierten Parteien aus, in denen die Schenken von Erbach nur mühsam standhalten konnten. 1355 aber besiegelte Mainz das Scheitern seiner Expansion und verpfändete die neue Burg an die Erbacher; sie dient bis heute den Grafen von Erbach-Fürstenau als Wohnsitz.

Fürstenau ist eine Wasserburg in der Mümling-Niederung, wie das nahe Erbach; Untersuchungen von F. Krebs vor 1980 haben die Bauentwicklung detailliert geklärt. Die Kernburg der Zeit um 1300 war demnach ein trapezförmiges Kastell mit 12,20 m hohen Mauern und vier knapp 25 m hohen, runden Ecktürmen; von den drei erhaltenen Türmen ist der nordwestliche etwas größer und war als einziger auch im Erdgeschoss geschlossen. Türme und Ringmauern enthielten Schießscharten, aber die Türme sprangen außen kaum über die Mauern vor. Im Inneren stand wahrscheinlich nur in der Südostecke ein steinerner Wohnbau, aber Fenster deuten auf Holz- oder Fachwerkbebauung auch an den anderen Seiten. Diese im Odenwald ungewöhnliche Anlage hatte in Frankreich und auch am Oberrhein im 13. Jh. Vorbilder, die freilich etwas anders aussahen. Insbesondere war der gesamte Bau meist nicht so hoch, und die Türme sprangen weiter vor und besaßen Scharten zur Flankierung der Mauern. Dieser Typus des »französischen« Kastells wurde in Fürstenau also abgewandelt, im Sinne geringerer Funktionalität, aber besserer Fernwirkung; wohl etwa gleichzeitig erhielt die gleichfalls mainzische Starkenburg bei Heppenheim ähnliche Ecktürme.

INFORMATION

Am nördlichen Ortsrand von Michelstadt, der Einhardsbasilika benachbart. Bewohnter Privatbesitz, nur Hofbesichtigung (9.00–16.00), keine Besichtigung der Ostseite.

Fürstenau, die Kernburg – das »Alte Schloss« – von Südwesten, aus dem Hof der Vorburg. Links der originale Nordwestturm, der spektakuläre Bogen, der die ursprüngliche Ringmauer ersetzt, entstand 1588.

Ab der zweiten Hälfte des 14. Jhs. wurde die Fürstenauer Kernburg zu einer Dreiflügelanlage weiterentwickelt, die im Prinzip bis heute erhalten ist; wahrscheinlich ersetzte man damals weitgehend Fachwerkgebäude durch Steinbauten. Die neuen Flügel erhielten Wendeltreppen in den Hofecken. Um 1460 wurden Nord- und Ostflügel nochmals aufgestockt, wenig später auch die Nordtürme. Ende des 15. Jhs. schließlich erhielt auch die Vorburg – deren anfängliche Gestalt unbekannt ist – runde Ecktürme, von denen einer verändert erhalten ist.

Gegen 1500 setzte aber auch der Wandel zum Schloss ein. Man begann in der Kernburg Fenster und Erker einzubrechen; 1492 entstand u. a. der Kapellenerker an der Ostseite. Wohl 1531–42 errichtete man an der Südostecke einen neuen Hauptturm, der den originalen Eckturm ersetzte. Er mag auf den ersten Blick als Stärkung der Verteidigung erscheinen, aber genaue Betrachtung zeigt, dass er nur im Sockel Schlüsselscharten besitzt, oben aber – vielleicht als Planänderung – Wohnräume mit großen Fenstern. Von den beiden Fernstraßen im Süden und Osten der Burg gut sichtbar, erhöhte der Turm die Wirkung des

Schlosses, aber mangels Scharten für größere Geschütze konnte er die Straßen nicht wirklich beherrschen.

Den monumentalen Höhepunkt des Wandels zum Schloss bildete »1588« der Zusammenschluss von Kernburg und Vorburg, indem der trennende Graben zugeschüttet und die Westmauer der Kernburg durch einen Rundbogen von fast 15 m Breite und 11 m Höhe ersetzt wurde. Dieser Bogen verbessert die Belichtung der Kernburg, wie es in dieser Zeit oft angestrebt wurde, erhält aber gleichzeitig ihre architektonische Geschlossenheit – eine der originellsten Lösungen der deutschen Renaissance. Der Hauptturm erhielt zugleich eine neue Schmuckhaube mit Umgang, Kuppel und Ziererkern. In der Vorburg entstanden westlich eine größere Kapelle und eine Kanzlei – die beide nicht erhalten sind – sowie die »Beschließerei« an der Nordseite. Durch diesen Funktionswandel der ersten Vorburg wurde eine zweite für die Wirtschafts-

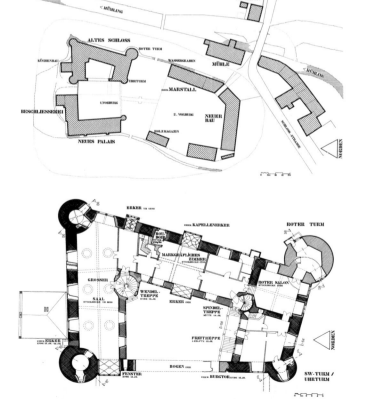

Fürstenau, Lageplan und Baualterplan des Erdgeschosses der Kernburg bzw. des »Alten Schlosses« (nach Krebs, Fürstenau)

Fürstenau, der
Hauptturm von
1531–42 (?)
mit der Haube
von 1588

funktionen nötig; sie ist gut erhalten und dreimal so groß wie die ältere. Ihr Wassergraben konnte im Zeitalter der Artillerie aber nicht mehr vor ernsthaften Angriffen schützen, sondern nur noch vor Räubern und Plünderern. Parkanlagen, die auf das Ostufer der Mümling hinüber reichten, die Mühle von 1733 und ein Gartenpavillon von 1756 vervollständigen das gut erhaltene Bild einer frühneuzeitlichen Kleinresidenz.

Lediglich einzelne Umbauten und neue Ausstattungen dienten im 18./19. Jh. der laufenden Anpassung an neue Vorstellungen von Stil und Komfort. Der wichtigste Neubau war das »Neue Palais« an der Westseite der ersten Vorburg, dem 1808–11 Kapelle und Kanzlei des 16. Jhs. zum Opfer fielen; das als unbequem empfundene »Alte Schloss«, die ehemalige Kernburg, wurde danach nur noch wenig genutzt. Ab dieser Zeit füllte man auch die verbliebenen Wassergräben zu; sie wurden wohl hier wie so oft als Belästigung empfunden, wegen des Geruchs und der Mücken. In der zweiten Hälfte des 19. Jhs. setzten schließlich wieder Bemühungen um die Nutzbarkeit bzw. Restaurierung des »Alten Schlosses« ein.

Breuberg

Nach Architektur und Erhaltungszustand ist der Breuberg die bedeutendste Burg des Odenwaldes. Nur das Heidelberger Schloss hat noch höheren Rang, durch seine reichen Palastbauten, die den Burgcharakter zurückgedrängt haben. Vergleichbar macht die beiden Bauten auch der Sandstein, der die Gestaltung reicher Architekturformen erlaubte.

Der Burgberg liegt in einer Schleife der Mümling, so dass er das Tal beidseitig kilometerweit beherrscht. Er hängt nur im Nordwesten über einen Sattel mit dem Bergmassiv zusammen, so dass die Burg zwar auf einem Gipfel liegt, aber mit klarer Angriffsseite. 1952 wurden zwei hallstattzeitliche Gefäße auf dem Berg gefunden; sie genügen aber nicht für den Beleg vorgeschichtlicher Besiedlung.

Zu den Erbauern der Burg und zum Zeitpunkt der Entstehung gibt es eine lange Diskussion; die Fakten sind aber eher unspektakulär. Um 1220 nannte sich Konrad Reiz von Breuberg das erste Mal nach der Burg. Er stammte aus einer offenbar freiadeligen Familie, die seit 1189 – vielleicht seit 1160 – nach einem nahen Dorf als »Reiz von Lüt-

INFORMATION

Autozufahrt von Neustadt (nordöstlich Höchst) und von der B 426 aus. Museum, Jugendherberge und Gaststätte.

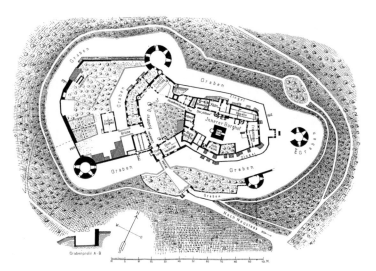

Breuberg, Grundriss der Gesamtanlage (1891). Einige der hier eingetragenen Bezeichnungen sind heute nicht mehr üblich. Der »Altbau« heisst heute »Alte Kemenate«, das »Frauenhaus« heute »Oberer Saalbau«. Die »Burgküche« liegt im Erdgeschoss der Rentschreiberei, der »Goth. Palas« ist das »Herrenhaus«. Der Äußere Burghof ist die Vorburg. (nach Schaefer, Kunstdenkmäler)

zelbach« belegt ist. Dies deutet auf den klassischen, in Süd- und West-deutschland häufig belegten Fall einer Burggründung – eine begüterte Adelsfamilie, die bisher auf einem Hof oder einer kleinen Burg im Dorf lebte, errichtete eine Höhenburg, wie sie im 11./12. Jh. als Statussymbol üblich geworden war; zweifellos geschah das hier auf Boden des Klosters Fulda, denn dessen Oberlehensherrschaft über die Burg bestand bis 1806.

Nachdem sie im 13. Jh. wichtige Ämter und Pfründen besessen hatten, starben die Herren von Breuberg 1323 aus. Es folgte eine Phase der Besitzzersplitterung, in der 1378 die Stadt Neustadt unter der Burg gegründet wurde. Die Grafen von Wertheim – die über eine breubergische Erbtochter Mitbesitzer waren – bemühten sich während des 14. und 15. Jhs., Alleininhaber der Herrschaft zu werden, aber erst 1497 erreichte dies Graf Michael II. (reg. 1482–1531), der auch auf der Burg residierte. Er baute den Breuberg mit Rondellen, der Kanonenplattform der »Schütt« und einem Zeughaus zeitgemäß aus, so dass er Konflikten u.a. mit Hessen und Würzburg gewachsen war.

Nach dem Aussterben der Wertheimer 1556 begann eine zweite Zeit der Besitzzersplitterung, doch ab 1563 besaßen die Erbacher eine Hälfte der Burg, schließlich ab 1598 die Löwensteiner die andere; das blieb dann so bis 1806. In den Kriegen des 17.–18. Jhs. war der Breuberg noch mehrfach wichtiger Stützpunkt; im Dreißigjährigen Krieg standen Erbacher und Löwensteiner problematischerweise auf verschiedenen Seiten. 1780 begannen dann Bestrebungen, die Verwaltung nach Neustadt zu verlegen und die verfallende Burg abzubrechen. Zum Glück blieb der Abbruch beschränkt, und der zeitweise Leerstand endete 1919 durch die Einrichtung der Jugendherberge. Nach 1945 fiel die durch die Nutzung als Arbeitslager nochmals geschädigte Burg an das Land Hessen, das sie seitdem instand hält.

Die Kernburg

Die Anlage des Breuberg besteht aus drei Teilen. Auf der obersten Kuppe liegt die Kernburg, die in romanische Zeit zurückgeht. Westlich von ihr, auf leicht fallendem Gelände, schließt die seit 1406 belegbare Vorburg an, die es an dieser Stelle sicher seit den Anfängen der Burg gab. Wieder westlich, jenseits eines Grabens, liegt schließlich die »Schütt«

Abb. S. 206/207:
Breuberg, Luftauf-
nahme von Süden

Burg Breuberg, die Brücke zum Haupttor an der Südseite der Vorburg, dahinter die Kernburg mit dem Bergfried

des frühen 16. Jhs., eine große Kanonenplattform, die die Angriffsseite deckte.

Die Kernburg stammt in ihrer etwa rechteckigen Grundrissform (55 m × 38 m) noch aus romanischer Zeit, jedoch sind ihre Bauten fast alle jünger. Nur der quadratische Bergfried in Hofmitte und das Tor der Kernburg lassen den frühen Ursprung der Anlage noch erkennen; in der übrigen Außenmauer findet man keine romanischen Details mehr. Der Bergfried ist ein Buckelquaderturm der im südwestdeutschen Raum weit verbreiteten Art, mit rundbogigem Einstieg in 9,50 m Höhe und einem Abort in der Wanddicke, im gleichen Geschoss. Auffällig ist die Tatsache, dass die unteren Meter keine Buckelquader, sondern Glattquader zeigen; westlich wurde um 1600 ein Brunnen in den Turm eingearbeitet. Der Aufbau des Bergfrieds mit der Türmerstube stammt von »1612«.

Das Tor der Kernburg ist rundbogig und gestuft, wobei beide Stufen mit kräftigem Rundstab profiliert sind. Es liegt in einer Rechteckblende, die von einem Rundbogenfries mit teils figürlichen Konsolen abgeschlossen wird. Diese Gestaltung ist vom romanischen Sakralbau abgeleitet und kennt im Burgenbau kaum Parallelen; zu nennen sind das »Schlosseck« (Pfalz) und Burg Weissensee (Thüringen). Im Vergleich mit ihnen ist auch der älteste Baubestand des Breuberg im weiteren Sinne um 1200 zu datieren.

An der Ringmauer der Kernburg stehen ringsum Gebäude, die im 14.–18. Jh. entstanden, überwiegend im 16. Jh. Sie wurden noch nie untersucht, so dass eventuelle Reste des 12./13. Jhs. unerkannt sind; ein Teilungsvertrag von 1357 belegt aber, dass an der Ringmauer schon damals viele Bauten standen. In der Vielfalt der heutigen Bebauung zeigt sich die lange Besitzersplitterung der Burg; sie bietet eine beispielhafte Widerlegung der verbreiteten Behauptung, jede Burg habe nur einen einzigen Wohnbau bzw. »Palas« besessen.

Links vom Tor, an der Nordseite, steht ein hell getünchter Bau mit hohem Treppengiebel des 15. Jhs., der schon im 16. Jh. »Alte Kemenate« hieß (»Kemenate«, von lat. *caminata*: beheizbarer Bau oder Raum). In seinem Erdgeschoss liegt der über 80 m tiefe Brunnen, der um 1556–60 entstand; bei seinem Bau sollte der Brunnenmeister bereits an einen Geheimgang zum Berghang hinaus denken. Östlich an die »Alte Kemenate« stößt der hofseitig modern veränderte »Neubau« (um 1600). In der Nordostecke der Burg folgt die seit 1357 erwähnte Kapelle, die ihre heutige Gestalt erst nach 1695 erhielt, aber mit ihren Fenstern, Wandmalereien und der Emporenbrüstung in die Gotik zurückgeht. Der Bau an der Ostseite der Kernburg, südlich der Kapelle, stammt aus dem 15. Jh., heißt aber nach dem 1553 eingebauten Saal im 2. Obergeschoss der »Obere Saalbau«; der Saal besitzt einen schönen Erker und große Kreuzstock- und Vorhangbogenfenster. Unter den Bauten an der Süd- und Westseite der Kernburg ist der älteste die Rentschreiberei an der Südwestecke. Sie zeigt Fachwerk des späten 15. Jhs., das steinerne Erdgeschoss enthält eine Küche. An diesen Bau schließt östlich, durch einen Treppenturm getrennt, das Erbacher »Herrenhaus« von 1568 an, und an der Westseite der Kernburg der kleine »Münzbau«; hier war im 17. Jh. kurzfristig die erbachische Münzstätte untergebracht.

Um die Kernburg läuft ein stark restaurierter, turmloser Zwinger, der nach der Jahreszahl »1612« an der Ostseite lange instandgehalten wurde. Innerhalb der Vorburg enthielt er eine vorgeschobene Toranlage mit Zugbrücke, zu der auch der quadratische »Hexenturm« gehörte.

Die Vorburg

Die Vorburg war von Gebäuden umgeben, die aus dem 16./17. Jh. stammen und seit dem 19. Jh. meist Ruinen sind. Es waren keine Wirtschaftsgebäude mehr, wie sie im Mittelalter in einer Vorburg standen, sondern sie dienten den Funktionen einer Nebenresidenz mit Kanzlei.

Der südliche Torbau der Vorburg wurde vor ein älteres Tor gesetzt und sprang ursprünglich vor, wie der Eckverband außen rechts zeigt. Er entstand 1499 unter Michael II. von Wertheim, wie der Wappenstein über dem Tor sagt; allerdings ist das Wappen nach seinen Renaissance-Formen wesentlich jünger. Das »1558«–»1561« entstandene Gebäude zwischen Torbau und Kernburg, enthielt die große Wachstube, die heutige Gaststätte; gegen das Tor ist oben eine Skulptur eingemauert, der »Breilecker«, der einem Angreifer die Zunge herausstreckt. Darunter sieht man Reste eines Erkers für den Pförtner.

Links vom Eintretenden steht an der Südecke der Vorburg der »Johann-Casimir-Bau« von »1613«, der – über einem Unterbau von »15(1)3« – als herrschaftlicher Wohnbau der Grafen von Erbach entstand. Das verdeutlicht neben dem Portal besonders die Stuckdecke im »Rittersaal« des 1. Obergeschosses; sie zeigt eine aus 32 Wappen bestehende »Ahnenprobe« des Bauherrn, umgeben von mythologischen Darstellungen. Heute dient der »Johann-Casimir-Bau« als Museum des Breuberg-Bundes, der große Verdienste um die wissenschaftliche Erforschung des Odenwaldes besitzt.

Durch eine nur teilweise erhaltene, offene Schmuckgalerie im ersten Obergeschoss war der »Johann-Casimir-Bau« mit dem langen »Föppelsbau« verbunden, der in Knicken dem dahinter liegenden Graben folgt. Das Renaissance-Gebäude diente u. a. als Kanzlei der löwensteinischen Mitbesitzer (ab 1574 bzw. 1598); seit den 1850er Jahren ist es Ruine. An sein Nordende schließt die Fassade des wertheimischen Zeughauses an. Sein schlichtes Renaissanceportal wird von zwei halben Rundgiebeln bekrönt und mittig von einem Fenster, in dem die Skulptur eines Armbrustschützen auf den Vorplatz zielt; die Inschrift »HANNS STAINMILLER MACHT MICH« nennt den Baumeister, die Jahreszahl 1528 die Entstehungszeit. Demnach ist dies einer der frühesten Renaissancebauten im Odenwald; Hans Stainmiller aus Wertheim errichtete wenig früher auch die Rondelle der Minneburg am Neckar. Hinter dem Zeughaus steht der runde »Pulverturm«, der zur älteren Befestigung der Vorburg gehört (14./15. Jh.).

Die »Schütt« und die Rondelle

Neben dem »Johann-Kasimir-Bau« führt eine Brücke auf die »Schütt«, die künstlich aufgeschüttete Kanonenplattform im Westen der Burg; auf ihr stehen, neben dem schlichten erbachischen Zeughaus, nur Nebengebäude. Einen besseren Eindruck der »Schütt« gewinnt man bei einem Rundgang um den Graben. Unter dem »Johann-Kasimir-Bau« findet man ein erstes Datum »1503«, das Rondell des »Vorderen Turmes« an der Südwestecke ist »1505« datiert. An der Westfront der »Schütt« folgen die Daten »1515« und »151(0)«, wobei die letztere Zahl zweimal angebracht ist, einmal mit dem Zusatz »gebaut michel grave zu wertheim und her zu brauberg««, der wohl den Abschluss des Baues festhält. Das größte der Rondelle, der burgseitig offene »Rote Turm« von »15(0)7«, sichert den Ansatz der »Schütt« an die Vorburg. Ein drittes Rondell, der ebenfalls hinten offene »Michaelsturm« von »1504«, steht isoliert auf einem Felssockel im Ostgraben der Kernburg, ehemals nur über eine Brücke vom Zwinger der Kernburg erreichbar. So war er wohl nicht

geplant, sondern vielmehr als Teil eines Zwingers; denn Maueransätze am südlichen »Wilhelmsturm« und am »Roten Turm« führen in Richtung des »Michaelsturmes«. Offenbar wurde der Graben vor dem Zwinger der Kernburg erst nachträglich ausgearbeitet bzw. hangseitig der heutige, hohe Wall aufgeschüttet, wobei die Zwingermauern verschwanden. Das südliche Rondell, am Vorwerk vor dem Burgtor, scheint das älteste der Burg zu sein, denn es wird schon 1556 als »Wilhelmsturm« erwähnt, und der erschließbare Bauherr, Graf Wilhelm von Wertheim, starb 1482; es zeigt auch als einziges Rondell Bruchstein und ist hinten abgeflacht. Dass die Rondelle der Entwicklung des Befestigungswesens trotz aller Umplanungen nicht standhielten, zeigt übrigens das Urteil eines sächsischen Fachmannes von 1532: »... die drei hohen thurn, die seint auch nichts.«

Breuberg, das östliche Rondell, der »Michaelsturm«

Nauses

INFORMATION

Schloss-Nauses
liegt 1 km südöst-
lich von Ober-Nau-
ses, an der Straße
von Otzberg-He-
ring nach Höchst.
Bauernhof mit
Gaststätte.

Das Dorf Ober-Nauses und der Gutshof Nieder-Nauses – wie die gesamte Umgebung von Groß-Umstadt früher ein Lehen des Klosters Fulda –
wurden vor 1357 von der niederadeligen Familie Kilian aus Dieburg an
die »Gans von Werde« verkauft, die seit 1357 Burgmannen in Otzberg-
Hering waren und sich danach »Gans von Otzberg« nannten. Vor 1439
erbaute Dieter II. Gans von Otzberg in Nieder-Nauses eine kleine Burg,
wie sein Wappenrelief und das seiner Frau über dem Tor bezeugen;
Magdalene von Helmstadt war nämlich 1439 schon Witwe. 1471 ist das
»slosslin« zuerst erwähnt, später fiel es an die Sickingen und 1792 an
Löwenstein-Wertheim-Rosenberg.

Die Reste von Burg Nauses liegen im Talgrund direkt am Bach. Die
trapezförmige Anlage von etwa 26 m × 32 m, die ein Plan von 1794
erkennen lässt, war von einer knapp 0,85 m dicken, 5 m hohen Ringmauer – man findet die Ansätze noch am Torturm – und einem Wassergraben umgeben. Der Graben ist heute verschwunden, ebenso die
gesamte Ringmauer mit den Wirtschaftsbauten. Erhalten sind nur das
talabwärts liegende Herrenhaus und der kleine Torturm, die eine gute
Anschauung eines spätmittelalterlichen Niederadelssitzes geben.

Nauses, Wohnbau
und Torturm der
kleinen Burg,
beide mit jüngeren
Obergeschossen
aus Fachwerk,
stammen aus der
ersten Bauzeit
vor 1439. Die
anderen Gebäude
ersetzten erst im
19./20. Jahrhun-
dert den älteren
Wirtschaftshof;
in dieser Epoche
wurde auch der
Wassergraben
zugefüllt.

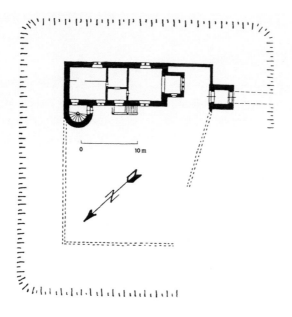

Nauses, Grundriss
mit Ergänzung
der früheren
Umwehrung nach
einem Plan des
18. Jahrhunderts
(nach Steinmetz,
Schloß Nauses)

Das innen umgebaute Wohngebäude besitzt Erd- und erstes Obergeschoss aus Mauerwerk, das zweite Obergeschoss ist aus Fachwerk,
wohl aus unbekanntem Grunde um 1500 erneuert; das früher hohe
Satteldach wurde um 1900 abgeflacht. Das tonnengewölbte, durch eine
Spitzbogenpforte zugängliche Erdgeschoss enthielt nur Lager, das erste Obergeschoss repräsentative Räume mit einer Stube; man erkennt
dies vor allem noch an dem großen Standerker gegen Südwesten mit
seinem in der Mitte höheren Gruppenfenster, das an der Hofseite wie-
derkehrte. Im Obergeschoss darf man von Anfang an privatere Räume
vermuten. Die heutigen Außentreppen an der Hofseite sind beide jüngeren Datums; die halbrunde Wendeltreppe stammt laut Inschrift von
»1583«, die Freitreppe zur Gastwirtschaft ist noch jünger.

Der kleine Torturm nahe dem Giebel des Wohnhauses ist nur 10 m
hoch und besitzt in den beiden unteren Geschossen Eckbuckelquader. Das Tor ist spitzbogig mit Zugbrückenblende, darüber ist das
Allianzwappen eingemauert. Ein zweites Spitzbogentor sitzt an der
Hofseite, in den Seiten der Durchfahrt waren Schlitzscharten auf den
Graben gerichtet. Das zweite Obergeschoss aus sehr schlichtem Fachwerk wird erst um 1600 datiert.

Otzberg

INFORMATION

Über dem Ortsteil
Hering der Ge-
meinde Otzberg.
Kurzer Aufstieg
von bezeichnetem
Parkplatz. »Samm-
lung zur Volks-
kunde in Hessen«
mit Museumscafé,
Burgschänke.

Burg Otzberg wird 1231 erstmals erwähnt, und zwar in Vereinbarungen zwischen dem Pfalzgrafen und dem Erzbischof von Mainz. Beide hatten schon im Vorjahr über die Burg verhandelt und bestätigten nun diese Absprachen, die wir aber leider nicht kennen. 1247 ließ sich dann Pfalzgraf Otto II. von Mainz zwei Burgmannensitze auf Otzberg einräumen. Die Handelnden in beiden Quellen sind schwer erklärlich, denn die Burg stand auf Boden des Klosters Fulda; Fulda ist auch Mitte des 13. Jhs. als Eigentümer von Otzberg belegt, durch die Nennung von vier Burgmannen 1244 und einen Aufenthalt des Abtes 1250. Der Mainzer Erzbischof ist bei dieser Lage am ehesten als mächtiger Treuhänder Fuldas zu deuten, der 1230/31 das Kloster gegen einen fremden Übergriff schützen sollte. Welche Rolle aber kann dann der Pfalzgraf gespielt haben – wenn nicht jene des »Angreifers«? Man kommt damit zu der Deutung, die Pfalzgrafen hätten Otzberg widerrechtlich auf dem Besitz Fuldas erbaut – was ein typischer Vorgang wäre, denn der Adel nutzte die militärische Schwäche von Klöstern oft in solcher Weise – und Mainz sei von Fulda zu Hilfe gerufen worden. Als Ergebnis von Verhandlungen hätte dann Fulda die Burg zwar erhalten, aber dem Pfalzgrafen wären gewisse Rechte dort erhalten geblieben. Diese Hypothese findet weitere Stützen in der Bausubstanz und im Namen der Burg. Der Bergfried als ältester Bauteil ist in die Zeit um 1230 zu datieren, und der Name Otzberg – im 13. Jh. »Othesberg« oder »Odesberg« – ist am ehesten von einem Erbauer namens Otto abzuleiten; als solcher wäre dann Pfalzgraf Otto II. (reg. 1231–53) anzusehen.

1322/1340 wird eine neue Kapelle im »suburbium« der Burg genannt, also im heutigen Städtchen Hering. Dass diese kleine Siedlung – die befestigt war und mehrere Burgmannensitze enthielt – von Anfang an (zuerst 1367) einen anderen Namen trug als die Burg, ist ganz ungewöhnlich und deutet darauf, dass ihr Name älter ist als die Burg. Die These von Wolfram Becher, der den Namen Hering(s) als »Höhering« deutet, also als Ringwall in Berglage, bietet eine schlüssige Erklärung – der Name wäre beim Bau der Burg durch deren neuen Namen verdrängt worden, hätte sich aber als Name der Siedlung erhalten. 1390 verkaufte Fulda die Burg an Kurpfalz; sie blieb aber zunächst bis 1427 den Grafen

von Hanau verpfändet, erst danach bildete sie den nördlichsten Stützpunkt der Pfalz. Nachdem Otzberg 1504 im bayerisch-pfälzischen Erbfolgekrieg von Hessen erobert und 1507 zurückgegeben worden war,
wurde es zu einer kleinen Festung ausgebaut. Dennoch wechselte es
im Dreißigjährigen Krieg mehrfach den Besitzer, zweimal durch Gewalt.
1648–1803 war der Otzberg wieder pfälzisch, dann kam er an Hessen-
Darmstadt. Ab 1826 – als Festung war der Bau längst unbrauchbar,
hatte aber noch als Kaserne und Staatsgefängnis gedient – brach man
viele Bauten ab und überließ den Rest dem Verfall.

Der Otzberg ist ein isolierter Basalt-Gipfel am Nordrand des Odenwaldes, der einen weiten Überblick über das Vorland bis Frankfurt
und Hanau bietet; sein Umland war weit vor dem Mittelalter besiedelt.
Entsprechend der Bergform hat die Burg ovalen Grundriss, wobei der
Bergfried in Hofmitte steht. Streng genommen ist der heutige Otzberg
aber keine wirkliche Burg mehr, denn außer dem Bergfried stammt kein
Bau aus der Zeit vor 1500; allein die Form des Gipfels legt nahe, dass
die Anlage von Anfang an oval war.

Der runde Bergfried ist – was manche Autoren ohne Begründung
ablehnen – wohl im Dreißigjährigen Krieg um ein Geschoss gekürzt worden und innen beschädigt und verputzt. Aber es ist noch erkennbar,
dass er zwei – ehemals drei – kuppelgewölbte Geschosse übereinander besaß, und eine Treppe in der Mauerdicke, vom Einstieggeschoss
nach oben. Damit gehört er zu einer Gruppe französisch beeinflusster
Rundtürme der ersten Hälfte des 13. Jhs. im deutschen Südwesten, auf
die 1975 zuerst C. Meckseper hinwies. Die Merkmale passen zugleich
überraschend gut zu einer Erbauung um 1230, also gerade zur Zeit der
Ersterwähnung des Otzberg.

»Ringmauer« und »Zwinger« der Burg hatten sicherlich mittelalterliche Vorgänger, sind aber Bauten erst des 16. Jhs., wobei der Zwinger in
Wahrheit eine allseitig umlaufende Kanonenplattform ist; seine Mauern steigen eindrucksvoll bis zu über 12 m aus dem Graben auf und
besitzen noch zwei Wehrerker. Die Mauern tragen Jahreszahlen des
späten 16. und frühen 17. Jhs., die aber nur Reparaturen festhalten.
Die wirkliche Entstehungszeit beider Mauerringe wird vielmehr durch
die Jahreszahl »1518« mit dem Wappen und Namen des Pfalzgrafen
Ludwig markiert, die sich an der Nordseite der inneren Mauer findet.
Auch der beide Mauerringe verbindende Torbau, an den Wappen über
dem Rundbogentor auf »1511« datiert, bestätigt die Zeit dieses Ausbau-

Otzberg. Das
»Kommandanten-
haus« von 1574
wurde von Anfang
an als Wohnhaus
errichtet und
diente zumindest
später dem Fes-
tungskommandan-
ten. Heute enthält
es die Gaststätte.

es zu einer kleinen, auf jede Flankierung verzichtenden Festung. Die Außenfront des Torbaues zeigt noch die Zugbrückenblende und neben dem Tor einen »1543« hinzugefügten Erker für den Pförtner. Innen wird die gewölbte Torhalle zum Hof durch ein gekehltes Spitzbogentor wohl noch des 14. Jhs. abgeschlossen; davor öffnen sich beidseitig Bögen zum Zwinger.

Von den Bauten, die sich rings um den Hof an die Ringmauer lehnen, sind nur drei noch unter Dach. Rechts vom Tor steht das »Kommandantenhaus« von »1574« – die Zahl steht an einem Fenster zum Hof –, das wohl von vornherein als Wohnung des Festungskommandanten diente. An der Südseite findet man das zweigeschossige »Bandhaus«, das an einem abgebrochenen Kellerhals früher ein verschieden zitiertes Datum trug, aber in seiner heutigen Form auch erst der Zeit nach 1500 entstammt. Der Name »Bandhaus« bezieht sich auf die frühere Werkstatt eines Küfers, der dort Fässer mit Weidenruten zusammen »band«; jedoch war dies sicher eine sekundäre Nutzung, ursprünglich handelte es sich um einen herrschaftlichen Wohnbau. An der West-

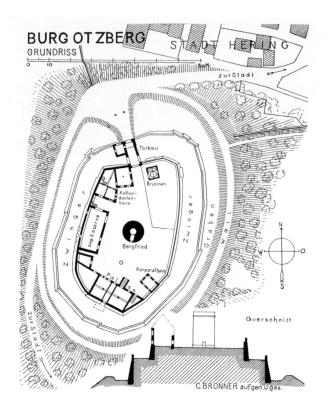

Otzberg, Grundriss
und Querschnitt.
Das »Bandhaus«
ist hier als »Palas«
bezeichnet. (nach
Bronner, Oden-
waldburgen)

mauer der Kernburg steht die Ruine der zweigeschossigen »Kaserne«,
die so nach ihrer letzten Nutzung heißt, und im Südosten das kleine
»Korporalhaus« aus dem 18. Jh., dessen Ruine 1996 als Veranstaltungs-
raum wieder unter Dach gebracht wurde. Nahe dem Tor liegt der nach
neueren Untersuchungen (A. W. Gleue) ins 14. Jh. zurückgehende und
im 16. Jh. erneuerte, mindestens etwa 50 m tiefe Brunnen, dessen He-
bewerk wohl auch aus dem 16. Jh. stammt.

Im Städtchen Hering, direkt unter der Burg, ist – neben Resten der
Befestigungsmauern und der 1929 vergrößerten gotischen Kirche – vor
allem das Burgmannenhaus der »Gans von Otzberg« sehenswert, in der
Nordwestecke der Stadtmauer, ein Bau des frühen 16. Jhs., der 1549
erweitert und 1572 modernisiert wurde. Sein gelegentlich zugängliches
Inneres enthält noch schöne Details, wie die Küche und einen Wohnraum mit Alkoven.

Schnellerts

Auf der bewaldeten Kuppe des »Schnellerts«, zwischen zwei östlichen Seitentälern des Gersprenztales, liegt eine Burgruine, deren Name und Geschichte unbekannt sind. Schnellerts, 1426 als »snelharts« belegt (mittelhochdeutsch hart, haardt o. ä. = Wald), war ursprünglich der Name eines nahen Waldes. Als Erbauer der Burg wurden u. a. die Crumbacher vermutet, deren namengebender Herkunftsort nicht weit entfernt ist, aber auch die Familie von Hochhausen und andere. Berühmt wurde der Schnellerts durch eine Sage, die Mitte des 18. Jhs. zuerst niedergeschrieben und später mehrfach literarisch bearbeitet wurde. Demnach zieht zu Beginn jedes Krieges ein unsichtbarer Burgherr mit Getöse durch die Luft zum sieben Kilometer entfernten Rodenstein, und bei Kriegsende wieder zurück. Derartige Sagen sind nicht selten und deuten, ähnlich wie jene von unterirdischen Gängen, oft auf frühere Besitzzusammenhänge.

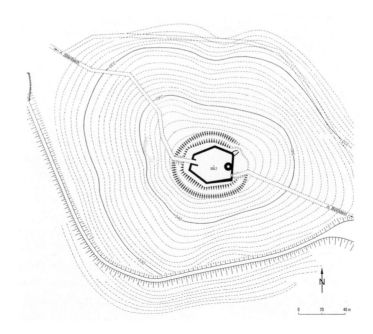

Schnellerts, Lageplan (nach Dascher u. a., Burg auf dem Schnellerts)

Die restaurierten Reste liegen auf einem regelmäßigen, wenig steilen Gneiskegel, der im Südosten durch einen Sattel mit dem Bergmassiv zusammenhängt, und sind von einem verflachten Ringgraben
umgeben. Noch um 1900 war die sechseckige Ringmauer aus Granit-
Bruchstein bis 3 m Höhe erhalten, später markierte dann nur noch ein
Schutthügel den Platz des Bergfrieds.

Die restaurierten
Mauern der Ruine
auf dem Schnel-
lerts, vorne der
runde Bergfried,
hinten der frühere
Torbau

Ab 1976 wurde der Schnellerts archäologisch untersucht. Nach den Ergebnissen wurde die Burg in der zweiten Hälfte des 13. Jhs. erbaut und nach kurzer Bewohnung – und einem durch Armbrusteisen bezeugten Kampf – vor 1300 wieder aufgegeben. Als erster Bauteil entstand die Ringmauer, dann – nicht unbedingt als Planänderung – der kleine runde Bergfried gegen den Bergsattel (Durchmesser 6,45 m). An der Westseite markiert ein Durchgang mit zwei flankierenden Mauern ein Torhaus. In der Burg wurden 1886 Spuren eines Steingebäudes festgestellt, bei den neueren Grabungen Hinweise auf einen Fachwerkbau, beide mit Ofenresten. Schwer deutbar bleibt ein fast 5 m vor die Ringmauer springender, etwa hufeisenförmiger Mauerzug an der Nordostecke, von dem nur die knapp 2 m hohe Innenschale gefunden wurde. Dieser Bau entstand offenbar schon mit der Burg und war ziegelgedeckt. Dass es sich dabei um einen Flankierungsturm handelte, scheint nach dem Anschluss an die Ringmauer, dem geringen Umfang der Reste und der Bauzeit aber unwahrscheinlich; vielleicht stand hier ein Baustellengebäude.

»Beerfurther Schlösschen«

Das »Beerfurther Schlösschen« gehört zu den Burgen, deren Name und Geschichte verloren sind. In den Schriftquellen erscheint es erst in den 1740er Jahren, als die Bewohner von Beerfurth dort Material für ihr neues Schulhaus holten und eine zerstörerische Phase des Steinraubs einleiteten. 1887 wurde die verbliebene Ruine von Eduard Anthes archäologisch untersucht, worüber er 1899 einen Kurzbericht veröffentlichte. Leider gibt es bis heute keinen vermessenen Plan der Anlage, und auch die bisherigen Beschreibungen sind ungenau.

Nach Anthes bildete ein quadratischer Turm von beachtlichen 14 m Seitenlänge und 2 m Mauerdicke den Hauptbau der Burg; seine Mauern sind heute als hohe Wälle erkennbar. Eine Lehm- und Holzkohleschicht im Turminneren deutete auf Brandzerstörung. Diesen Turm umgab dreiseitig eine etwa 10 m breite Terrasse, und an deren Kante lief eine ebenfalls etwa 2 m dicke Ringmauer um, die polygonal dem Gelände folgte, von der aber nur im Westen längere Spuren festgestellt wurden; heute sind noch zwei Reste sichtbar. Im Osten und Südosten des Turmes fand Anthes keine Reste der Ringmauer; im Osten stand der Turm nach heutigem Eindruck direkt über dem steilen Hang, so dass eine Ringmauer unnötig war. Vor der Südostseite der Terrasse, unter einem kleinen Hang, liegt eine weitere, vorburgartige Terrasse von etwa 20 m Tiefe, die bis an einen schwachen Quergraben reicht. Südöstlich vor dem Graben meinte Anthes Fundamente eines weiteren Gebäudes zu erkennen; hier mag es im Wald noch mehr Spuren geben.

Die ergrabenen Teile der Burg bezeugten, dass ihre Mauern mit mittelgroßen Sandsteinquadern verkleidet waren, wobei der Sandstein vom nahen Morsberg geholt werden musste. Buckelquader, die in der Literatur zur Burg gelegentlich erwähnt sind, wurden aber nicht gefunden. Die Grabungsberichte des 18. Jhs. deuten an, dass noch ein vermauerter Eingang in die Burg erkennbar war, aber seine Lage ist unbekannt.

Die Anlage als mottenähnliche »Turmburg« und die kleinteilige, saubere Quadertechnik deuten auf eine beachtlich alte Burg, die mindestens ins 12. Jh. zurückgeht. Den Grund für eine so frühe Entstehung könnte man in der Lage an einer Fernstraße sehen, denn die Vorgän-

INFORMATION

Auf der Nordspitze des »Burgberges«, östlich über Beerfurth bei Reichelsheim; ein asphaltierter Forstweg führt vom Südende des Dorfes hinauf, der Wanderweg 5 ist markiert zur Ruine geführt.

Vom »Beerfurther Schlösschen« sind nur geringe Mauerreste erhalten, aber im Gelände ist die Form dieser Turmburg, die wohl schon im 12. Jahrhundert entstand, noch gut ablesbar.

gerin der heutigen »Nibelungenstraße« Worms – Bensheim – Lindenfels – Michelstadt – Amorbach, die wichtigste Ost-West-Verbindung durch den Odenwald, führte nahe an der Burg vorbei. Die moderne Bundesstraße 47 ist zwar durch das Tal im Norden vom Burgberg getrennt, eine ältere, als Hohlweg gut erkennbare Straßentrasse führt aber wenige Meter westlich an der Burg vorbei, wohl zum nahen Pass am »Vierstöck«. Eine solche Trasse hätte auch einen zur Versorgung der Burg dienenden Hof auf dem Sattel im Südosten berührt, der bis ins 16. Jh. bestand und von dem eventuell Mauerreste ergraben wurden. Ob ein System aus einer Deichelleitung, drei künstlichen Teichen und Wasserrinnen, das östlich bis ins Bachtal hinunterreichte, eine Mühle versorgte oder mit Bergbau erklärbar ist – Letzteres nimmt Th. Steinmetz an – bliebe näher zu untersuchen.

Reichenberg

INFORMATION

Autozufahrt von
Reichelsheim. In
der Vorburg Café
der »Offensive Jun-
ger Christen« (Öff-
nung nur über das
Wochenende); die
Kernburg ist privat
und bewohnt.

Reichenberg liegt auf einem nicht allzu hohen Gipfel über dem schon in fränkischer Zeit bestehenden Reichelsheim. Auch die günstig liegende Burg könnte vor dem 13. Jh. entstanden sein, aber Belege für den Zeitpunkt und die Erbauer fehlen bisher. In den Schriftquellen erscheint Reichenberg erst 1276 mit einem Ritter Konrad von »Richenburg«, den man für den Vertreter einer sonst unbekannten Erbauerfamilie halten könnte, der aber wohl eher ein Burgmann der Schenken von Erbach war. Denn spätestens 1307 war Reichenberg im Besitz der Erbacher – damals wurde ein Burgfrieden geschlossen – und blieb es dann bis ins 19. Jh., seit dem Spätmittelalter als Sitz eines Amtes. Vom späten 13. Jh. an gab es sogar eine oft auf der Burg residierende »Reichenberger Linie« der Erbacher, die nach 1531 als einzige Linie weiterbestand und im Folgejahr zu Reichsgrafen erhoben wurde.

Ältester Bauteil von Reichenberg, wohl aus dem 13. Jh., ist die Ringmauer der Kernburg, die im Grundriss rundlich geführt war, mit einer Quaderecke nur im Nordosten, wo ein ursprünglicher Wohnbau stand; von ihm sind nur niedrige Ruinen erhalten. Dieser Bau wurde ab dem 16. Jh. gegen Süden durch einen Küchenbau verlängert, in dessen Ruine noch der Küchenschlot erhalten ist. Auf die davor im Hof liegende Zisterne wurde später eine schöne Brunnenfassung gesetzt, die aber erst im 20. Jh. aus Spolien improvisiert ist. Hinter der Südwestrundung der Ringmauer stand ein runder Bergfried, dessen Fundamente 1936 festgestellt wurden; er hatte 8,20 m Durchmesser und 3 m Mauerdicke. Seine Stellung erlaubte es, die Angriffsseite im Nordwesten und den Burgweg zu überblicken.

Im späten 14. Jh. entstanden wohl der Zwinger um die Kernburg und die Vorburg in der erhaltenen Form. Der Zwinger, der westlich zwei turmartige, runde Vorsprünge zeigt, ist nur nach den Resten seines Spitzbogenfrieses – einer seltenen Variante des sonst am Mittel- und nördlichen Oberrhein häufigen Rundbogenfrieses – ungefähr zu datieren. Er besaß im Süden einen Torturm, direkt vor dem verschwundenen Tor der Kernburg; heute sind nur Reste des Turmes erhalten, aber eine Zeichnung von 1804 zeigt ihn noch mit zwei Obergeschossen und den Spuren von Fallgatter und Zugbrücke. In der Ostecke der hohen Zwin-

Reichenberg. Die
Kapelle neben
dem Vorburgtor
wurde um 1400
von Eberhard X.
von Erbach und
seiner ersten
Gemahlin Marie
von Bickenbach
erbaut. Sie war
lange Ruine und
ist erst seit kurzem
wieder unter Dach.

germauer liegt ein Keller, den man früher für ein »Verlies« oder gar den
Rest des Bergfrieds (!) hielt.

Die Vorburg ist eine auffällig geometrische Anlage, insbesondere
der Südteil mit dem rechten Winkel am Tor und der Bautenreihung an
der schnurgeraden Ringmauer. Vermutlich ist sie in dieser Form eine
Planung der Zeit gegen 1400, als auch ihr wichtigster Bau entstand,
die Kapelle neben dem Tor. Denn diese Kapelle, ein kleiner Bau mit
Polygonalchor und (stark erneuerten) Maßwerkfenstern, soll auf zwei
Schlussteinen im Chor die Wappen von Eberhard X. Schenk von Erbach
und seiner (ersten) Frau Marie von Bickenbach getragen haben, deren
Ehe 1390 geschlossen wurde. Die Kapelle war lange Ruine und wurde
erst in den 1980er Jahren wieder unter Dach gebracht; die Chorgewölbe
sind erneuert. Neben der Kapelle erkennt man noch die Wangenmauern
des Torturmes, hinter dem gekehlten Spitzbogentor.

Wohl ins 15. Jh. gehört nach den Buckelquadern an der Nordostecke
der jüngst restaurierte »Krumme Bau« in der Kernburg, an ihrer gerun-
deten südlichen Ringmauer; seine einheitlichen, geteilten Rechteckfens-

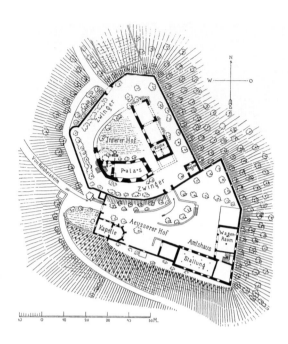

Reichenberg, Grundriss. Der 1936 ergrabene runde Bergfried im Westen der Kernburg (»Innerer Hof«) ist nachgetragen. (nach Bronner, Odenwaldburgen, mit Ergänzungen von Th. Biller)

ter entstammen einem dendrochronologisch gesicherten Umbau 1556. Schon »1554« – die Jahreszahl steht auf einem Fenstergewände – war der Bau gegen Westen verlängert worden, nachdem man den dort stehenden Bergfried abgetragen hatte. Schon diese Bauten des 15./16. Jhs. verzichteten auf alle Einrichtungen zur Verteidigung, und das gilt auch für zwei weitere Anlagen aus der Spätzeit von Reichenberg. Nördlich der Burg auf flacherem Gelände liegt eine rechteckige Ummauerung, der »Mauergarten«. Ziergärten auch bei bescheidenen Adelssitzen kamen im 16. Jh. im Mode; damals könnte auch dieser entstanden sein, oder erst im Barock. Denn der größte Bau der Burg, das winkelförmige Amtshaus, wurde wohl zwischen 1723 und 1741 erbaut, als der letzte Reichsgraf von Erbach gelegentlich auf der Burg wohnte. Es wurde allerdings später verändert, so dass nur noch die Remisentore und weitere Öffnungen im Erdgeschoss den barocken Ursprung bezeugen.

Schon um 1800 war die kaum noch benutzte Burg in schlechtem Zustand. Mehrere Bauten wurden Anfang des 19. Jhs. abgerissen, erst Ende des Jahrhunderts begannen Erhaltungsarbeiten, die seit den 1980er Jahren fortgesetzt wurden.

Rodenstein

INFORMATION

Ausgeschilderte
Autozufahrt von
Reichelsheim aus.
Ruine; Gaststätte
und Pension im
darunter liegen-
den ehemaligen
Hofgut.

1256 werden zum ersten Mal die Brüder Rudolf und Friedrich von Rodenstein urkundlich erwähnt; eben diese beiden hatten sich neun Jahre
früher noch »von Crumbach« genannt, zusammen mit vier weiteren
Brüdern. Die Burg wurde also von Mitgliedern einer Familie erbaut, deren Sitz ursprünglich in Fränkisch-Crumbach war, dreieinhalb Kilometer
nordöstlich der Burg. Der Burgname sagt, dass die Neugründung in den
Wald vorgeschoben wurde, wo erst gerodet werden musste. Auch der
ehemalige Hof direkt bei der Burg, der die wenigen Felder und Wiesen
im Tal bewirtschaftete, illustriert eine typische Rodungsburg.

Rodenstein liegt eher ungünstig auf einem Berghang, mit Graben
gegen Südwesten. Die nur teilweise noch höheren Bauteile der Ruine
sind aus Granit-Bruchstein errichtet und mehrfach restauriert, was das
Erkennen von Bauabschnitten und Datierungen verhindert.

Die Ringmauer der etwa rechteckigen Kernburg, mit abgerundeten Ecken, ist nur angriffsseitig noch 10 m hoch erhalten. An diese
Angriffsseite lehnte sich der Hauptbau, dessen hofseitige, nur noch
niedrige Mauer offenbar mit Fugen gegen die Ringmauer stieß; das
beweist nicht unbedingt, dass er erst im 14. Jh. entstand. Kragsteine
und Fensternischen an der Ringmauer zeigen, dass der Bau einen Keller und zwei Geschosse besaß. Im Nordostteil der Kernburg wurden
bei Freilegungen ab 1936 die Fundamente weiterer Bauten und ein
Brunnenschacht gefunden. Das Tor der Kernburg wurde im 14./15. Jh.
mit gekehltem Spitzbogengewände erneuert. Die östliche Vorburg ist
im Grunde nur eine Erweiterung des Zwingers, der um die Kernburg
verläuft; dass beide schon in der ersten Bauzeit der Burg entstanden,
wird unterstellt, ist aber nicht sicher. Der Zwinger besaß vermutlich
von Anfang an Tore gegen die Berg- und die Talseite; nur vom ersten
Bergtor sind hinter dem jüngeren Westturm Spuren seitlicher Wangenmauern erkennbar geblieben.

Die bescheidene Gründungsanlage von Rodenstein aus dem mittleren 13. Jh. wurde im 14. Jh. ergänzt – wohl nach 1346, denn damals
wurde bei einem Teilverkauf an die Katzenelnbogen der drohende Einsturz der Ringmauer erwähnt. Dieser Phase gehören wohl die zwei
Tortürme der Vorburg an, die beide Eckbuckelquader aus Sandstein

Rodenstein,
Grundriss. Die
Baualterangaben
sind weitgehend
hypothetisch, nur
der nordöstliche
Turm (14. Jh.),
und Zwinger und
Rondell im Nord-
westen (16. Jh.)
sind zweifelsfrei
sekundär (nach
Herchenröder/
Behn, Kunstdenk-
mäler).

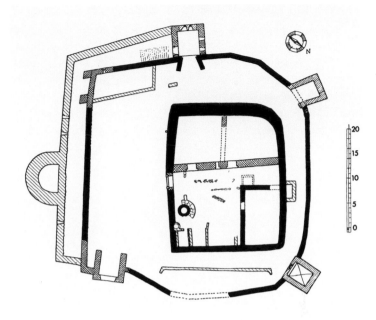

zeigen. Besser erhalten ist der Westturm, dessen vermauertes Spitzbogentor noch die Rechteckblende für die Zugbrücke zeigt, darüber
den Rundbogenfries der Wehrplatte; der Turm wird auch »Mühlturm«
genannt, weil man später, nach der Vermauerung des Tores, im Keller
ein wassergetriebenes Mahlwerk einbaute.

Die letzten Verstärkungen der Burg, Reaktionen auf die zunehmende Bedeutung der Feuerwaffen, fallen ins 16. Jh. Das Tor im bedrohten
Westturm mauerte man nun zu, wobei zwei Fenster eingebaut wurden; als Ersatz entstand ein kleiner Torturm weiter nördlich. Auch an
der Nordecke des Zwingers sicherte ein Rechteckturm die Flankierung;
beide Türme sind verfallen und undatierbar. Jüngster Bauteil der Burg
war ein Zwinger vor der Südseite, der durch ein kräftiges Halbrondell
verstärkt wurde und wohl erst Mitte des 16. Jh. entstand. Ähnlich alt
dürfte das »Lindengärtlein« vor dem Osttor sein, von dem nur die Um-
fassungsmauer erhalten ist.

Rodenstein überlebte den Dreißigjährigen Krieg, aber 1640 sind
erste Abbrüche belegt. Als Georg Friedrich, der letzte, schon nicht

Rodenstein. Der
südwestliche,
bergseitige
Torturm des
mittleren 14. Jhs.
von der Vorburg
aus. Die Reste der
Wangenmauern
hinter ihm gehören
wohl zum ersten,
bescheideneren
Torbau. Rechts die
»runde Ecke« der
Kernburg

mehr hier lebende Rodensteiner, 1671 starb, hatte er dem Landgrafen Ludwig VI. oft mitgeteilt, sein Vermögen lasse keine Erhaltung der Stammburg mehr zu. Die Ruine wurde vor allem ab 1936 freigelegt und gesichert. Die viel zitierte Sage, nach der bei jedem Kriegsausbruch ein unsichtbares, vom Rodensteiner angeführtes Heer lärmend zum Schnellerts zieht, hing ursprünglich an dieser nahen Burg und nannte den Rodenstein nur als Ziel; erst in den zahlreichen Neuformulierungen des 19. Jhs. – darunter vor allem Lieder von J. V. von Scheffel – wurde die Richtung des Zuges umgekehrt.

Lindenfels

INFORMATION

Die Ruine liegt
über der Altstadt
von Lindenfels.

Abt Winither von Lorsch, der 1077–88 amtierte, hat – wie die Lorscher Chronik festhält – den Besitz des Klosters geschädigt, indem er die »Slirburc« verschenkte. Eine Burg dieses Namens ist sonst unbekannt, aber die 1123 zum ersten Mal »Lindenfels« genannte Burg liegt über dem Dorf Schlierbach, und manche Forscher meinen daher, Burg Lindenfels sei der Nachfolger der Schlierburg an unverändertem Ort; andere identifizieren die ältere Burg allerdings mit dem nahen Ringwall auf dem »Alten Köpfchen«. Wem sie 1077/88 geschenkt wurde, bleibt offen, aber vermutlich wurde sie spätestens damals zur Adelsburg, auch wenn sie im Ursprung eine Fliehburg gewesen sein mag.

1123 nannte sich Graf Berthold d. J., aus einer Seitenlinie der Grafen von Hohenberg – ihre Stammburg war der heutige »Turmberg« bei Durlach – »Graf von Lindenfels«, ein früher Hinweis auf die Bedeutung der Burg, der am frühesten erwähnten im Inneren des Odenwaldes. Im Laufe des 12./13. Jhs. lassen die Quellen mehrfache Besitzerwechsel erschließen, wobei durchweg die absolute Spitzengruppe des Adels auftritt – die Grafen von Henneberg, die Staufer, die Welfen und die Markgrafen von Baden. 1277 schließlich kaufte Pfalzgraf Ludwig II. die Herrschaft und begründete damit die lange Zugehörigkeit zur Pfalz, die erst 1802 mit dem Übergang an Hessen endete. War Lindenfels anfangs noch wichtiger Stützpunkt für die pfälzische Expansion gewesen, was auch in der Gründung und Befestigung der kleinen Stadt zum Ausdruck kam, so sank es seit dem späten 15. Jh. zu einem ruhigen Oberamtsstädtchen herab. Seine geringe Bedeutung zeigte sich letztlich darin, dass die pfälzische Verwaltung die baufällige Burg 1728 und 1779 kurzerhand abbrechen ließ; der Oberamtmann residierte nun weit bequemer in dem Gebäude, das heute als Rathaus dient. Erst durch die Romantik gewann das Städtchen im 19. Jh. eine neue Bedeutung als Ausflugs- und Erholungsort.

Lindenfels liegt auf einem südwestlich vorspringenden Bergsporn zwischen dem Weschnitztal im Osten und dem Tal des Schlierbaches, eines Zuflusses der Weschnitz. Von der als Gipfel überhöhten, 404 m hohen Bergspitze hat man vor allem gegen Süden einen weiten Blick auf das dicht besiedelte Weschnitztal, das im Mittelalter eine der frü-

Lindenfels,
die nördliche
Ringmauer der
Kernburg. Von
dem angelehnten
Wohnbau des 14.
oder 15. Jahrhun-
derts sind nur der
Giebel und ein
Keller erhalten.

hen Rodungszonen des Odenwaldes war. Der Blick gegen Osten, auf die Straße ins Gersprenztal, ist dagegen durch Nachbarberge eingeschränkt.

Von der Kernburg ist nach den Abrissen des 18. Jhs. vor allem die polygonale Ringmauer erhalten geblieben, die sich bei genauer Betrachtung als einheitliches, wenn auch vielfach verändertes Bauwerk erweist. Die original erhaltenen Teile gegen Norden, Osten und Süden zeigen ein schichtenrechtes Mauerwerk aus quaderartig zugehauenem Granit, an den Ecken eingefasst mit glatten Sandsteinquadern. Diese sorgfältige Technik – man findet sie auch noch in den Fundamenten später erneuerter Partien, etwa im Nordwesten – ist unter den Burgen im Granitgebiet des Odenwaldes ungewöhnlich und weist auf eine Entstehung noch in romanischer Zeit. Th. Steinmetz will diese Ringmauer neuerdings schon in die 1120er Jahre setzen, als eine Burg »Lindenfels« zuerst genannt wurde; einer solchen Frühdatierung widersprechen aber ihre Merkmale. Sowohl die Technik als auch die beachtliche Dicke und Höhe der Mauer – bereits vor einer Erhöhung war sie 9–10 m hoch – deuten auf die Blütezeit des Burgenbaues um und nach 1200; auch die beiden 2003 freigelegten Abortschächte belegen eine auf das frühe 12. Jh. eingeengte Datierung nicht hinreichend (und ebenso wenig eine »Thermolumineszenz«-Analyse des Mörtels der Ringmauer, deren Ergebnis nämlich fast vier Jahrhunderte abdeckt: 873–1259). Wohl erst später wurde die nördliche Angriffsseite der Ringmauer durch eine in-

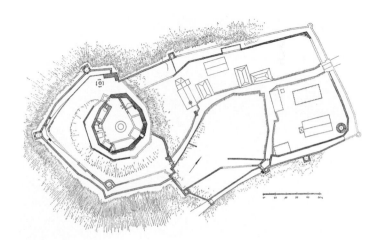

Lindenfels,
Grundriss von
Burg und Stadt
(nach Einsingbach,
Kunstdenkmaler
Bergstraße)

nere Vormauerung verstärkt, die man hofseitig an zwei Rücksprüngen erkennt. Außerdem ist der Westteil zu unbekannter Zeit (im 19. Jh.?) in viel schlechterem Mauerwerk erneuert worden. Eine restaurierte Lücke im Osten und das 1857 versetzte Haupttor der Stadt, im Norden der Kernburg, tragen heute zu dem unregelmäßigen Bild der Ringmauer bei. Dass das 1857 entfernte Haupttor durch zwei romanische Reliefs liegender Löwen geschmückt war – an Burgen ein seltener Fall, im Gegensatz zum Sakralbau der Epoche – belegt eine Notiz jener Zeit; eines der Reliefs ist heute am Kurhaus in der Stadt eingemauert und bestätigt die Entstehung auch des Tores im späten 12./frühen 13 Jh.

Leider viel übersichtlicher ist das Innere der Kernburg, denn hier sind nur Reste der durchweg jüngeren Bebauung erhalten, die sich ringsum an die Mauer lehnte; der runde Bergfried, der 1728 abgebrochen wurde, stand frei im Hof. Der Giebel, ein Teil der Hofwand und der Gewölbekeller sind von einem großen Wohnbau des 14. oder 15. Jhs. im Norden erhalten, links hinter dem Tor; er dürfte bis zu dem Renaissance-Erker weiter östlich gereicht haben, wo man die Kellerei

Lindenfels, der Burgberg von Norden

annimmt. Gegenüber im Südwesten gehören niedrige Mauern mit einem Schrägsockel zu der ehemals gewölbten Kapelle; sie wurde 1371 »von neuem« erbaut. Von einem kleinen Gebäude im Westen ist nur noch der Keller erhalten; Th. Steinmetz hält es wie die Kapelle im Kern für romanisch, wofür aber auch hier die Argumente nicht ausreichen. Von weiteren Bauten, die 1912 freigelegt wurden, zeugen nur noch Markierungen im Boden. Von weiteren Gebäuden zeugen nur noch Keller oder sie wurden 1912 ausgegraben und sind heute im Boden markiert.

Die Kernburg ist von drei Zwingern umgeben, von denen der innere die Kernburg eng umschließt und keine Türme besitzt. Die beiden äußeren Zwingermauern laufen in geringem Abstand parallel und lassen so viel Raum zur Kernburg, dass man hier Nebenbauten im Sinne einer Vorburg annehmen kann; sie umgeben die Burg nur dreiseitig, im Nordosten waren sie durch die Stadtmauer ersetzt. Äußere Zwinger und Stadtbefestigung gehen ins 14. Jh. zurück, mit Ergänzungen des 15. Jhs. Die innere der beiden Zwingermauern, in weiten Partien erneuert, besitzt im Südosten einen Turm mit vorspringender Spitze, im Norden eine Art geknickte Schildmauer. Vom stadtseitigen Torturm ist nur die Frontmauer mit der Stichbogennische des Fallgatters erhalten. Die äußere Zwingermauer ist im Süden und Westen durch zwei weit vorspringende rechteckige Schalentürme verstärkt, von denen der südliche das »Schlierbacher Tor« flankiert, ein Spitzbogentor mit Zugbrückenblende. Im Zwinger vor dem Tor zur Kernburg ist die Brunnenfassung des ehemaligen Marktbrunnens aufgestellt, von 1608; unter ihr liegt kein Brunnen, sondern eine 1912 festgestellte Filterzisterne.

Die kleine Siedlung auf dem Sattel unter der Burg erhielt schon im frühen 14. Jh. Stadtrechte. Sie umfasste neben den Häusern von Handwerkern und Ackerbürgern vor allem vier Sitze von Burgmannen, die im landesherrlichen Auftrag die Verteidigung von Burg und Stadt übernehmen sollten. Von der Befestigung der Stadt, aus dem 14. Jh. mit einem Zwinger des 15. Jh. sind vor allem noch der runde »Bürgerturm«, der Erkerturm der Nordecke und besonders die Anlagen des »Fürther Tores« im Osten sehenswert.

Lichtenberg

Schloss Lichtenberg liegt auf einem Gipfel des nördlichen Odenwaldes, der einen weiten Blick ins Vorland bietet; schon der Bauplatz macht also deutlich, dass das Schloss des 16. Jhs. aus einer Burg hervorgegangen ist. Der Berg hängt nur im Westen über einen Sattel mit dem Bergmassiv zusammen; dort schließen die Vorburg und die kleine Stadt an.

INFORMATION

In Lichtenberg, südlich von Reinheim und Groß-Bieberau. Museum und Wohnungen.

Lichtenberg wurde 1228 zuerst erwähnt, als sich Dieter II. von Katzenelnbogen »Graf von Lichtenberg« nannte. Ein Brakteatenfund mit Münzen des ausgehenden 12. Jhs. deutet an, dass die Burg einige Jahrzehnte früher entstanden sein dürfte. Nach dem Neubau des 16. Jhs. ist die Form der mittelalterlichen Kernburg nur noch zu ahnen, etwa in der geknickten Außenmauer des Ostflügels; Grabungen 1981 zeigten, dass sie oval war, etwa 55 m lang und 25 m breit. Nördlich des Schlosses, rechts vom heutigen inneren Tor, stand bis 1845 der »Katzenelnbogener Bau« wohl des frühen 15. Jhs., dessen gebogene Grundrissform zeigte, dass er an die Ringmauer angebaut wurde. Die Kernburg besaß auch einen Bergfried, der im 16. Jh. als damals abgebrochener »Schlossthurm« erwähnt wird; unbekannt bleibt aber seine Stelle. Noch mittelalterlich ist schließlich die Außenmauer der Vorburg, nördlich unter dem Schloss, mit Wehrgang über Rundbogenfries und vorgelagertem Wallgraben. Auch die Gebäude der Vorburg – Burgschmiede, Marstall, Kutschenhaus, Zehntscheuer – zeigen noch Pforten und Fenster des 15. Jhs.

1312 und 1360 erhielt die Siedlung vor der Burg Stadtrechte; von ihrer Stadtmauer sind noch die Ansätze an die Burg erhalten, mit einem runden Erkertürmchen nahe an dessen Südwestecke. Auch im Städtchen selbst gibt es Reste, mit der markierten Stelle des Tores.

Die Burg blieb bis zum 15. Jh. – als pfälzisches Lehen – Besitz der Katzenelnbogen, zeitweise auch der Grafen von Sponheim. 1479 fiel Lichtenberg mit dem katzenelnbogischen Erbe an Hessen, das hier weiterhin einen wichtigen Stützpunkt sah. 1503 entstand das mächtige Bollwerk der »Krautbütt« (= Pulverfass) auf einer Kuppe nördlich vor der Stadt, das mit einem Durchmesser von 18,70 m und bis zu 5,90 m dicken Mauern zu den mächtigsten Rondellen dieser Epoche gehört.

Lichtenberg. Blick
vom Schloss über
das Städtchen mit
der »Krautbütt«
(Pulverfass),
einem starken
Rondell von 1503,
das isoliert vor
Stadt und Burg
stand und die
Zufahrtswege
aus den Tälern
sicherte

Seine beiden überkuppelten Geschosse nahmen zahlreiche Geschütze auf, die die Zufahrtswege beherrschten; der rundbogige Eingang wurde von einem Wurferker mit Blendmaßwerk verteidigt.

Das Renaissanceschloss, das die Kernburg ersetzte, entstand 1570–81 unter dem jungen Landgrafen Georg I. von Hessen-Darmstadt (reg. 1567–96), der das zuvor von Krieg und Vernachlässigung geschädigte Land festigen wollte. Architekt war anfangs Jakob Kesselhut, der gleichzeitig auch das Jagdschloss Kranichstein errichtete; beide Schlösser, in der Anlage eng verwandt, standen am späten Beginn der Renaissance in Hessen-Darmstadt, der mit der vorangegangenen Italienreise Georgs I. zu tun hatte. Später, insbesondere bei der Innenausstattung, trat Jakob Wustmann an die Stelle von Kesselhut. Über die Fronen der Bewohner des Amtes Lichtenberg wurde später noch lange geklagt.

1570–81 wurde der 1516 erbaute spätgotische Ostflügel modernisiert und durch den Süd- und Westflügel zur heutigen Dreiflügelanlage ergänzt; der Ostflügel sollte wesentlich länger werden als wir ihn vorfinden. An der Zufahrt zur Vorburg entstand zugleich das »Hohe

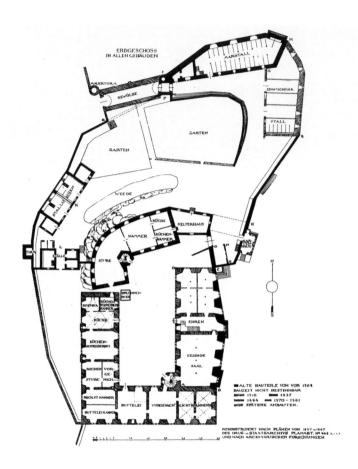

Lichtenberg, rekonstruierter Grundriss des Erdgeschosses Im Zustand von 1837/1847. Der rundliche Bau im Norden des inneren Schlosses ist der »Katzeneln-bogener Bau«, der 1845 einstürzte und dann abgetragen wurde. (nach Herchenröder/ Behn, Kunstdenk-mäler)

Pfortenhaus«, vor dem (»1855« erneuerten) mittelalterlichen Torturm. 1577 – so das Datum auf dem Brunnen im Burghof – schuf man auch eine über 4 km lange Wasserleitung, die aus durchbohrten Holzstämmen bestand und nicht lange funktionierte.

Die äußeren Merkmale des Schlosses sind die typischen der deutschen Renaissance. Die großen Baukörper mit regelmäßiger Reihung zweilichtiger Rechteckfenster erhalten nur durch wenige zusätzliche Schmuckelemente ihren architektonischen Charakter. Vor allem die Zwerchgiebel (= zum Dachfirst quer stehende Ziergiebel) des Süd- und Westflügels setzen entscheidende Akzente, und an der Hofseite der achteckige Treppenturm. Unter den Eingängen ist das Hauptportal im

Lichtenberg. Die Hofseite des Westflügels (1570–81) zeigt in Portal, Durchfensterung und Zwerchgiebel typische Merkmale der deutschen Renaissance.

Lichtenberg,
das Portal des
Ostflügels mit den
Wappen von Georg
I. von Hessen-
Darmstadt und
Magdalene Gräfin
zu Lippe

Westflügel hervorzuheben, dessen Aufsatz die Wappen von Georg I.
und seiner ersten Frau Magdalene Gräfin zu Lippe trägt. Die Innenausstattung des Schlosses verschwand im 19. Jh., insbesondere die
Stuckdecken; nur im Südflügel ist ein Saal erhalten. Prächtige Holz-
portale wurden 1895 ins Darmstädter Schloss übertragen, wo sie 1944
untergingen.

Im Dreißigjährigen Krieg wurde das Schloss mehrfach zum Zufluchtsort des landgräflichen Hofes. Es war nicht unbedingt stärker befestigt als die Residenz Darmstadt, lag aber weit vom Schuss in schwer
zugänglicher Höhenlage; das Rondell von 1503 wurde 1622 durch Erd-
verschanzungen ergänzt. Lichtenberg hatte anfangs eine Besatzung
aus Soldaten, später waren es nur noch Bewohner der Umgebung. Man

war ständig um Proviant und Munition bemüht, die Wasserversorgung blieb ein Dauerproblem; sechs 1639 zusätzlich erworbene Geschütze sind großenteils von den Stadtbewohnern bezahlt worden – denn Lichtenberg war Zufluchtsort auch der Bevölkerung geworden. Ein ernsthafter Angriff blieb aus, aber Nebenwirkungen des Krieges erreichten auch die Menschen im Odenwald, vor allem forderte die Pest 1635 zahlreiche Opfer unter den eng gedrängten Flüchtlingen.

Das Schloss blieb bis Mitte des 18. Jhs. häufiger Aufenthalt des Hofes bzw. Witwensitz, bis 1800 beherbergte es ein Amt. 1845 aber stand es weitgehend leer und war vom Verfall bedroht; der »Katzenelnbogener Bau« stürzte damals ein. Im 19. Jh. begann der Ort den Fremdenverkehr anzuziehen, ab der Zeit um 1900 wurden im Schloss Zimmer vermietet. Später richtete man Wohnungen ein, und 1951 wurde das Schlossmuseum eröffnet.

Literatur

Die Auswahl erfasst jene Literatur, die den gesicherten und aktuellen Kenntnisstand bildet.

Allgemeines zu den Burgen und Schlössern im Odenwald

Thomas Steinmetz, Burgen im Odenwald, Brensbach 1998. – Achim Wendt, Burgen und Adelssitze im unteren Neckarland, in: Führer zu archäol. Denkmälern in Deutschland, 36: Heidelberg, Mannheim u. d. Rhein-Neckar-Raum, Stuttgart 1999, S. 92–102. – Führer zu vor- und frühgeschichtlichen Denkmälern, Bd. 3: Mannheim, Odenwald, Lorsch, Ladenburg. Mainz 1965. – desgl., Bd. 8: Miltenberg, Amorbach, Obernburg, Aschaffenburg, Seligenstadt. Mainz 1967. – Führer zu archäologischen Denkmälern in Deutschland, Bd. 36, Heidelberg, Mannheim und der Rhein-Neckar-Raum, Stuttgart 1999. – Thomas Steinmetz, Frühe Niederungsburgen in Südhessen und angrenzenden Gebieten, Ober-Kainsbach 1989. – Carl Bronner, Odenwaldburgen, Teil 1–3, Groß-Umstadt 1924–27 (knapp und anschaulich, im Detail aber weitgehend überholt). – Walther Möller, Burgenkunde für das Odenwaldgebiet, Mainz 1938 (Starkenburg in seiner Vergangenheit, Bd. 8; im Detail weitgehend überholt). – Die Kunstdenkmäler im Großherzogtum bzw. im Volksstaat Hessen, Provinz Starkenburg, Kreis Erbach, Darmstadt 1891; desgl., Kreis Bensheim, Darmstadt 1914; Die Kunstdenkmäler des Landes Hessen, 2. Kreis Bergstraße, München u.a. 1969. – Die Kunstdenkmäler des Grossherzogthums Baden, Tübingen, Bd. 4, 4: Amtsbezirke Mosbach und Eberbach, 1906; Bd. 8, 8, 2: Amtsbezirk Heidelberg, 1913. – Die Kunstdenkmäler des Königreichs Bayern, München/Wien: III. Reg.-Bez. Unterfranken, 18: Bezirksamt Miltenberg, 1917 (Nachdr. 1981). Die älteren Kunstdenkmäler sind in der Regel in vielen Details überholt, bleiben aber wichtige Quellen für den früheren Zustand vieler Bauten oder auch für öffentlich nicht zugängliche. – Kulturdenkmäler in Hessen: Landkreis Darmstadt Dieburg, 1988; Stadt Darmstadt, 1994; Odenwaldkreis, 1998; Kreis Bergstraße (Bensheim, Heppenheim, Zwingenberg), 2004. Die »Denkmaltopographien« setzen keine wissenschaftlichen Forschungen voraus, sind aber für den aktuellen Zustand wichtig. – Handbuch der Historischen Stätten Deutschlands: Bd. 4, Hessen, 3. Aufl. 1976; Bd. 6, Baden-Württemberg, 2. Aufl. 1980; Bd. 7, 2, Bayern. Band 2: Franken 4. Aufl. 2006. – Georg

Dehio, Handbuch der deutschen Kunstdenkmäler, München/Berlin: Bände Hessen II/Reg.-Bez. Darmstadt, 2008; Baden-Württemberg I/Stuttgart, Karlsruhe, 1993; Bayern I/Franken, 2. Aufl. 1999.

Zu einzelnen Burgen und Schlössern (alphabetisch geordnet)

»Alsbacher Schloss« und »Weilerhügel«
Horst Wolfgang Böhme, Die Turmhügelburg bei Alsbach-Hähnlein und die Territorialentwicklung an der mittleren Bergstraße im Früh- und Hochmittelalter, in: Jahrbuch d. römisch-germanischen Zentralmuseums in Mainz, Jg. 30, 1983, S. 503–517. – Thomas Steinmetz, Frühe Niederungsburgen in Südhessen und angrenzenden Gebieten, Ober-Kainsbach 1989, S. 9–12. – Holger Göldner, Der Weilerhügel bei Alsbach Hähnlein, Führungsblatt …, Wiesbaden 1989 (Archäologische Denkmäler in Hessen, 81).

Amorbach
Wolf Schmidt, Das Templerhaus in Amorbach, München 1991 (Arbeitshefte d. Bayerischen Landesamts f. Denkmalpflege, 53). – Tilman Mittelstraß, Turm und Macht – der Rückbau des sog. Templerhauses in Amorbach von 1291 …, in: Beiträge zur Erforschung des Odenwaldes und seiner Randlandschaften, Bd. 7, 2005, S. 315–342.

Auerbacher Schloss
Wolfgang Einsingbach, Kreis Bergstraße, Text- u. Bildband, Berlin/München 1969 (D. Kunstdenkmäler d. Landes Hessen, S. 117–121. – Rainer Kunze, Burgenpolitik und Burgbau der Grafen von Katzenelnbogen, Braubach (1969) (Veröff. d. Dt. Burgenvereinigung, Heft 3).

»Beerfurther Schlösschen«
Thomas Steinmetz, Neue Forschungen zum Beerfurther Schlösschen, in: »gelurt«, Odenwälder Jahrbuch f. Kultur u. Geschichte, Jg. 2013, S. 116–121.

Breuberg
Georg Schaefer, Kunstdenkmäler im Grossherzogtum Hessen. A. Provinz Starkenburg, Kreis Erbach, Darmstadt 1891, S. 16–41. – Alexander Röder, Wolfram Becher, Hans H. Weber, Burg Breuberg im Odenwald, hrsg. i. A. des Breuberg-Bundes von Winfried Wackerfuß, 7. Aufl. Breuberg 1996.

Darmstadt
Georg Haupt, Die Bau- und Kunstdenkmäler des Landes Hessen, Stadt
Darmstadt, 2 Bde., Darmstadt 1952/54. – Reinhard Schneider, Jürgen
Rainer Wolf, Darmstadt in der Zeit des Barock und Rokoko, Louis Rémy
de la Fosse (Ausstellungskatalog, Bd. 2), Darmstadt 1980. – Volker Illgen,
Führer durch das Darmstädter Schlossmuseum, Darmstadt 1980.

Dilsberg
Adolf von Oechelhaeuser, Die Kunstdenkmäler des Amtsbezirks Heidel-
berg (Kreis Heidelberg), Tübingen 1913, S. 4–19. – Uwe Uffelmann, Der
Dilsberg im Mittelalter, Entwicklungen und Zusammenhänge, Neckargemünd 1985. – Wolfgang Dachroth, Stefan Wiltschko, Burgbrunnen und
Brunnenstollen der Feste Dilsberg, Heidelberg 1986. – Lolita Säubert,
Bernd Säubert, Das Kommandantenhaus der Feste Dilsberg und seine Restaurierung in den Jahren 1895/96, in: Südwestdeutsche Beiträge
zur historischen Bauforschung, 3, 1996, S. 167–185. – Stefan Wiltschko,
Burgfeste Dilsberg, Führer durch die Burganlage, Heidelberg 2000 (mit
einem problematischen Beitrag von R. Kunze).

Eberbach
Herrmann Deicke, Die Burgen von Eberbach am Neckar und ihre his-
torische Beziehung zu Worms, in: Der Wormsgau 6, 1963/64, S. 50–
66. – Fritz Arens, Die Errichtung der Burgen und der Stadt Eberbach am
Neckar, in: Zeitschrift f. d. Gesch. d. Oberrheins, Bd. 115 (Neue Folge
Bd. 76), 1967, S. 43–60. – Rüdiger Lenz, Burg Eberbach – eine staufische
»Burgenkette« auf der Burghälde? Darstellung ihrer Geschichte bis zum
frühen 20. Jh., in: Eberbacher Geschichtsblatt 2003, S. 86–104. – Nico-
lai Knauer, Baugeschichte der Burg(en) Eberbach – Auf Grundlage d.
Ausgrabungsberichtes v. Dr. John Gustav Weiss (Teil 1), in: Eberbacher
Geschichtsblatt 2003, S. 106–128; desgl. (Teil II), in: Eberbacher Ge-
schichtsblatt 2004, S. 53–76.

Erbach
Georg Schaefer, Kunstdenkmäler im Grossherzogtum Hessen. A. Provinz
Starkenburg, Kreis Erbach, Darmstadt 1891, S. 49–55, 91–95. – Thomas
Steinmetz, Die Schenken von Erbach, z. Herrschaftsbildung e. Reichsmi-
nisterialengeschlechtes, Breuberg-Neustadt 2000 (Der Odenwald, Son-
derheft 3). – Peter W. Sattler/Helga Bartmann, Schloss Erbach, Ein Führer
durch d. Residenz u. ihre gräflichen Sammlungen, Schwetzingen 2000. –
Thomas Biller, Burgmannensitze in Burgen d. deutschen Raumes, in:
Château Gaillard 21, Etudes de castellologie médiévale, La Basse-cour
(Colloque ... Maynooth 2002), Caen 2004, S. 7–16. – Lutz Beckmann/
Klaus Bingenheimer, Das »Tempelhaus« in Erbach/Odenwald, Karlsruhe

2004 (Inst. f. Baugeschichte d. Univ. Karlsruhe, Materialien zu Bauforschung u. Baugeschichte, 14).

Eulbach
Holger Gödner, Der englische Garten »Eulbacher Park«, Wiesbaden 2001
(Archäologische Denkmäler in Hessen, 152), m. weiterer Literatur.

Freienstein
Georg Schaefer, Kunstdenkmäler im Grossherzogtum Hessen. A. Provinz
Starkenburg, Kreis Erbach, Darmstadt 1891, S. 99–105. – Dietrich Röder,
Burg Freienstein bei Gammelsbach, Kreis Erbach, ein Deutungsversuch
der Schildmauer, in: Der Odenwald, Nr. 3, 1954, S. 13–20. – Thomas
Steinmetz, Burg Freienstein und ihre Burgmannen, in: Beiträge z. Er-
forsch. d. Odenwaldes u. seiner Randlandschaften, hrsg. v. Winfried Wa-
ckerfuß, VI, Breuberg-Neustadt 1997, S. 47–82.

Freudenberg und das »Räuberschlösschen«
Adolf v. Oechelhaeuser, Die Kunstdenkmäler des Amtsbezirks Wertheim
(Kreis Mosbach), Freiburg i. B. 1896 (D. Kunstdenkmäler d. Großherzog-
thums Baden, 4. Bd., 1. Abtheilung). – Michael Weihs, Archäologische
und baugeschichtliche Untersuchungen auf der Burg Freudenberg …, in:
Archäol. Ausgrabungen in Baden-Württemberg, 1997, S. 179 – 182. –
Thomas Steinmetz, Das Räuberschlösschen bei Freudenberg am Main –
Überrest der ältesten Burg Freudenberg?, in: Der Odenwald, Jg. 34, Heft
2, 1987, S. 58–63. – Thomas Steinmetz, Burg Freudenberg am Main, in:
Wertheimer Jahrbuch 2001 (2002), S. 105–133, m. d. älteren Literatur.

Fürstenau
Falk Krebs, Schloss Fürstenau Michelstadt-Steinbach im Odenwald, Baugeschichtliche Entwicklung von der Burg der Mainzer Erzbischöfe zum
Residenzschloss der Grafen zu Erbach-Fürstenau (Diss. TU Kaiserslautern
1980), Michelstadt 1982, m. d. älteren Lit.

Fürstenlager
Claudia Gröschel, Staatspark Fürstenlager, Bad Homburg/Leipzig 1996
(Edition d. Verwaltung d. Staatl. Schlösser und Gärten Hessen, Broschü-
re 4). – Monica Freiin v. Geyr, Hans Dorn, Bernd H.-K. Hoffmann, Park-
pflegewerk für den Staatspark Fürstenlager/Auerbach – Grundsätze z.
Pflege, Wiederherstellung u. langfrist. Erhaltung d. hist. Parkanlage als
Kulturdenkmal, Hrsg. Verwalt. d. Staatl. Schlösser u. Gärten Hessen, Bad
Homburg 1992.

Handschuhsheim

Die Kunstdenkmäler des Großherzogtums Baden, Bd. 8: Kreis Heidelberg, Tübingen 1913, S. 54–59. – Herbert Derwein, Handschuhsheim und seine Geschichte (1. Aufl. 1933), 2. Auflage Heidelberg 1997.

Harfenburg

Dietrich Lutz, Die Harfenburg bei Heddesbach, Rhein-Neckar-Kreis, Stuttgart 1977 (Kulturdenkmale in Baden-Württ., Kleine Führer 39). – Christian Burkhart, Bischof Konrad I. von Worms und die Ahnen des Minnesängers Bligger von (Neckar-)Steinach, neue Erkenntnisse z. Besiedlung d. südl. Odenwaldes im hohen Mittelalter, in: Der Wormsgau 29, 2012, S. 31–63. – Ders., Zwei wenig beachtete Quellen zur Geschichte der Herren von (Neckar-)Steinach und Harfenberg – Der wievielte Bligger war der Minnesänger? in: Der Odenwald 59/3, 2012, S. 95–102. – Ders., Bligger, der Minnesänger mit der Harfe, der kein (Neckar)Steinacher mehr sein wollte, in: Archiv für hessische Geschichte und Altertumskunde 72, 2014 (im Druck).

Heidelberg – Schloss und »Alte Burg«

Koch, Julius/Seitz, Fritz, Das Heidelberger Schloß, Darmstadt 1891. – Reinhard Zimmermann, Hortus Palatinus, Die Entwürfe zum Heidelberger Schlossgarten von Salomon de Caus, Worms, 1986. – Sigrid Gensichen, Das Heidelberger Schloß, Fürstl. Repräsentation in Architektur u. Ausstattung, in: Heidelberg – Buch einer Stadt, Hrsg. Elmar Mittler, Heidelberg 1996, S. 130–161. – Adolf von Oechelhäuser, Das Heidelberger Schloss, 9. Aufl., besorgt von Joachim Göricke, Heidelberg 1998 (1. Auflage 1891, später mehrfach bearbeitet), mit umfangreicher Literaturauswahl. – Romantik. Schloß Heidelberg im Zeitalter der Romantik, bearb. v. Uwe Heckmann, Regensburg 1999 (Schätze aus unseren Schlössern; Staatl. Schlösser u. Gärten Baden-Württ. Bd. 3). – Johann Kolb, Heidelberg – Die Entstehung einer landesherrlichen Residenz im 14. Jh., Sigmaringen 1999 (Residenzenforschung, Bd. 8). – Mittelalter – Schloss Heidelberg u. d. Pfalzgrafschaft bei Rhein bis z. Reformationszeit, Red. Volker Rödel, 2. Aufl. Regensburg 2000 (Schätze aus unseren Schlössern, Bd. 7) (Beiträge u.a. von Achim Wendt/Manfred Benner und Stephan Hoppe). – Wolfgang Wiese, Das Heidelberger Schloß, Führer durch d. Schloßanlage, Hrsg. Staatl. Schlösser u. Gärten Baden Württ., Heidelberg 2000. – Achim Wendt, Manfred Benner, »Alte Hüte?« – Neue archäologische Befunde z. Baugeschichte d. Heidelberger Schlosses im Mittelalter, in: Heidelberg, Jahrbuch z. Gesch. d. Stadt, Jg. 5, 2000, S. 119–138. – Achim Wendt, Manfred Benner, »castrum cum burgo ipsius castri«, Archäologie u. Gesch. d. Stadtgründung Heidelbergs, in: Zwischen den Zeiten, Archäologische Beiträge z. Geschichte des Mittelalters in Mitteleuropa, Festschr. f. B. Scholkmann, Rahden 2001, S. 93–

121. – dies., »... des lieux depuis si long-temps condamnés au silence«,
Archäologische Spurensuche auf d. oberen Burg auf d. Molkenkur, in:
Heidelberg, Jahrbuch z. Gesch. d. Stadt, Jg. 8, 2002/04, S. 9–40.

Heiligenberg über Jugenheim
Hans Buchmann, Jugenheim, Balkhausen und der Heiligenberg. Aus d.
Chronik d. Gemeinden Jugenheim u. Balkhausen, Darmstadt 1978. –
Horst Wolfgang Böhme, Die Turmhügelburg bei Alsbach-Hähnlein und
die Territorialentwicklung an der mittleren Bergstraße im Früh- und
Hochmittelalter, in: Jahrbuch d. römisch-germanischen Zentralmuseums
in Mainz, Jg. 30, 1983, S. 503–517.

Hirschhorn
Bodo Ebhardt, Deutsche Burgen, Bd. 2, Berlin o.J. (1902–5), S. 306–332. –
Wolfgang Einsingbach, Kreis Bergstraße, Textband u. Bildband, Berlin/
München 1969 (D. Kunstdenkmäler d. Landes Hessen), S. 269–279. – Tho-
mas Steinmetz, Die Abstammung der Herren von Hirschhorn sowie die Ent-
stehung ihrer Burg und Herrschaft, in: Geschichtsblätter Kr. Bergstrasse,
Bd. 30, 1997, S. 40–55. – Eberhard Lohmann, Die Herrschaft Hirschhorn,
Studien zur Herrschaftsbildung eines Rittergeschlechts, Darmstadt/Mar-
burg 1986 (Quellen u. Forschungen zur hess. Geschichte, 66).

»Hundheim«
Matthias Klefenz, Der Burgstall Hundheim, Sondierungsgrabungen auf
einer namenlosen Burg im unteren Neckartal, in: Der Odenwald, Zeitschrift des Breuberg-Bundes, 53. Jg. (2006), Heft 2, S. 53–63. – Ders., Der
Burgstall Hundheim, Sondierungsgrabungen auf einer Burg des 11./12.
Jahrhunderts am unteren Neckar, in: Denkmalpflege u. Kulturgeschichte
1 (2007), S. 30–34. – Ders., Die salierzeitliche Burg »Hundheim«, e. Relikt
d. hochmittelalterl. Siedlungsgeschichte im Odenwald u. am unteren
Neckar, in: Burgen und Schlösser, Jg. 52, 2011, S. 132–145. – Ders., Im
Spannungsfeld zwischen Bistum Worms und Reichskloster Lorsch: die
ehemalige Burg »Hundheim«, Etablierung und Niedergang einer Burg
der Salierzeit, in: Burg und Kirche, Herrschaftsbau im Spannungsfeld
zwischen Politik und Religion, Braubach 2013 (Veröff. d. Dt. Burgenvereinigung e.V., Reihe B, Bd. 13), S. 69–79.

Hirschberg und »Schanzenköpfle«
Achim Wendt, Das »Schanzenköpfle«, oder: Woher kommt d. Strahlen-
burg? in: Schriesheimer Jahrbuch 1, 1997, S. 35–56. – Achim Wendt,
Archäologische Prospektionsergebnisse zur Entstehung der Hirschberg-
Strahlenbergischen Burgen an der Bergstraße, in: Denkmalpflege in
Baden-Württ., 1/1998, S. 37–44.

»Kronenburg«
Bernd Philipp Schröder, Thomas Steinmetz, Die Anlagen der »Kronenburg« bei Dossenheim an der Bergstrasse, in: Burgen und Schlösser
1983, H. 2, S. 87–92 (mit einer teils überinterpretierenden Planskizze
von K.-O. Schröder). – Achim Wendt, Das Rätsel der »Kronenburg(en)«,
e. Bestandsaufnahme aus archäologischer Sicht, in: Heimatverein Dossenheim, Berichte, Informationen, Mitteilungen, Nr. 17, 1997, S. 26–46.

Lichtenberg
Max Herchenröder, Friedrich Behn, Die Kunstdenkmäler des Landkreises
Dieburg, Darmstadt 1940 (D. Kunstdenkmäler in Hessen), S. 196–207. –
Hans H. Weber, Schloß Lichtenberg im Odenwald, Fischbachtal (1978) –
ders., Zur Baugeschichte und Geschichte des Schlosses Lichtenberg im
Odenwald, in: Der Odenwald, Jg. 29, 1982, S. 3–15.

Lindenfels
Wolfgang Einsingbach, Kreis Bergstraße, Textband u. Bildband, Berlin/
München 1969 (D. Kunstdenkmäler d. Landes Hessen), S. 327–331 –
Hans H. Weber, Lindenfels – das Bild der Stadt in Vergangenheit und
Gegenwart, Lindenfels 1975 (Lindenfelser Hefte, II).

Michelstadt, »Kellerei«
Thomas Steinmetz, Die Burgen in Michelstadt, in: Der Odenwald, Jg. 32,
1985, Heft 4, S. 115–132. – ders., Die Stadtburg der Schenken von Erbach
in Michelstadt, in: dorts., Jg. 36, 1989, Heft 1, S. 18–27. – ders., Ein neuer
Baubefund in der Michelstädter Burg, in: dorts., Jg. 48, 2001, Heft 3,
S. 120–123. – ders., Eine »Heinrichsburg« des 10. Jahrhunderts in Michelstadt im Odenwald, in: Die Burg zur Zeit der Renaissance (= Forschungen
zu Burgen und Schlössern, 13), Berlin/München 2010, S. 181–187.

Miltenberg
Felix Mader/Hans Karlinger, Die Kunstdenkmäler von Unterfranken und
Aschaffenburg, Bezirksamt Miltenberg, München 1917 (D. Kunstdenkmä-
ler d. Königreichs Bayern, Bd. 3, Heft 18), S. 258–267. – Informationsblatt
»Die Mildenburg«, Hrsg. Stadt Miltenberg (und Tafel z. Entwicklung d.
Wohnbauten im Burghof!).

Minneburg
Adolf von Oechelhaeuser, Die Kunstdenkmäler des Grossherzogtums Baden, Amtsbezirke Mosbach u. Eberbach, Tübingen 1906, S. 15–24. – Fritz
Arens, Die Baugeschichte der Burgen Stolzeneck, Minneburg und Zwingenberg, in: Hist. Verein Heilbronn, 26. Veröff., 1969, S. 5–24 (auch veröff.
in: Eberbacher Geschichtsblatt, 1977, S. 35ff.). – Kurt Andermann, êre –

güete – minne, Die Burgen des Wimpfener Reichsforstes, in: Dt. Archiv f. Erforschung d. Mittelalters, 54, 1998, S. 97–117. – Rüdiger Lenz, Geschichte der Minneburg am Neckar, in: Der Odenwald, 46, 1999, S. 101–111.

Nauses
Max Herchenröder, Friedrich Behn, Die Kunstdenkmäler des Landkreises Dieburg, Darmstadt 1940 (D. Kunstdenkmäler in Hessen), S. 276–278. – Thomas Steinmetz, Schloß Nauses, ein Herrensitz des Niederadels, in: Schnellerts-Bericht, 1989, S. 19–22 (mit der älteren Literatur). – Wolfgang Martin, Nauses und Schloß Nauses, zur Geschichte, Besitz- u. Familiengeschichte bis 1476, in: Schnellerts-Bericht, 1989, S. 23–39.

Neckarsteinach
Wolfgang Einsingbach, Kreis Bergstraße, Textband u. Bildband, Berlin/ München 1969 (D. Kunstdenkmäler d. Landes Hessen), S. 404–426 – Günther Wüst, Zur Grablege der Landschaden. Neue Funde in der evangelischen Kirche Neckarsteinach, in: Geschichtsblätter Kr. Bergstrasse, Bd. 37, 2004, S. 5–44. – Stefan Grathoff, Mainzer Erzbischofsburgen, Erwerb und Funktion von Burgherrschaft an Beispielen der Mainzer Erzbischöfe im Hoch- u. Spätmittelalter, Stuttgart 2005 (Geschichtl. Landeskunde, Veröff. d. Inst. f. Geschichtl. Landeskunde an d. Univ. Mainz, Bd. 58). – Thomas Steinmetz, Burg Schadeck und die Burgenpolitik des Erzstiftes Mainz im unteren Neckartal, in: Burgen u. Schlösser, 54/2, 2007, S. 105–110. – ders., Burg Schadeck bei Neckarsteinach – Eine Burggründung Erzbischof Balduins von Trier, in: Der Odenwald, Ztschr. d. Breuberg-Bundes, 55/3, 2008, S. 92–102. – ders., Zu Geschichte und Baugeschichte der Hinterburg in Neckarsteinach, in: Burgen u. Schlösser, 51, 2010, H. 1, S. 17–23. – Jens Friedhoff, »... auch auf zerfallenden Trümmern sinnige Anlagen zu schaffen bemüht« ..., in: Die Pfalz Wimpfen und der Burgenbau in Südwestdeutschland, Petersberg 2013 (Forschungen zu Burgen u. Schlössern, Bd. 15), Petersberg 2013, S. 202–215.

Otzberg
Max Herchenröder, Friedrich Behn, Die Kunstdenkmäler des Landkreises Dieburg, Darmstadt 1940 (D. Kunstdenkmäler in Hessen), S. 232–242. – Cord Meckseper, Ausstrahlungen des französischen Burgenbaues nach Mitteleuropa im 13. Jh., in: Beiträge z. Kunst d. Mittelalters, Festschrift für H. Wentzel zum 60. Geburtstag, Berlin 1975, S. 135–144. – Wolfram Becher, Name und Ursprung der Burg Otzberg, in: Der Odenwald, Jg. 26, 1979, S. 3–26. – Axel W. Gleue, Vom Bau mittelalterlicher Burgbrunnen ..., Otzberg 2005. – ders., Die Burg Otzberg, vom Höhenring zur Bergveste, Otzberg-Hering 2010 (mit weiterer Lit.).

Reichenberg
Georg Schaefer, Kunstdenkmäler im Grossherzogtum Hessen. A. Provinz
Starkenburg, Kreis Erbach, Darmstadt 1891, S. 220–226. – Thomas Stein-
metz, Burgruine Reichenberg, Brensbach/Stierbach 1983, m. d. älteren
Literatur.

Reichenstein
Rüdiger Lenz, Geschichte der Burg Reichenstein bei Neckargemünd, ein
Beitrag über die Entwicklung des Reichsbesitzes und des Territoriums
der Kurpfalz am unteren Neckar, Heidelberg 1997. – Hans Peter Kuhnen,
Neues zur Burg Reichenstein in Neckargemünd, Rhein-Neckar-Kreis, in:
Archäol. Ausgrabungen in Baden-Württ., 1989, S. 252–253.

Rodenstein
Albrecht Heil, K. Krauß, Burg Rodenstein im Odenwald, in: Der Burgwart,
Jg. 28, 1927, Nr. 5/6, S. 90–99. – Max Herchenröder, Friedrich Behn, Die
Kunstdenkmäler des Landkreises Dieburg, Darmstadt 1940 (D. Kunst-
denkmäler in Hessen), S. 262–268.

Schauenburg
Thomas Steinmetz, Die Schauenburg und ihre Baugeschichte, in: Hei-
matverein Dossenheim, Berichte, Informationen, Mitteilungen, Heft 10,
1990, S. 9–19. – Christian Burkhart, Die Herren von Schauenburg an der
Badischen Bergstraße, in: dorts., S. 20–32. – Dietrich Lutz, Baubeglei-
tende Beobachtungen an der Ruine Schauenburg … in: Archäologische
Ausgrabungen in Baden-Württemberg, 1994, S. 269–273. – Christian
Burkart, Neue Erkenntnisse zur Baugeschichte der Ruine Schauenburg,
Gde. Dossenheim, Rhein-Neckar-Kreis, in: Archäologische Ausgrabungen
in Baden-Württemberg 2001, 2002, S. 242–246.

Schnellerts
Schnellertsbericht, Brensbach-Stierbach, bisher Hefte 1976–97. – Chri-
stof Krauskopf, »… davon nur noch wenige rutera zusehen seyn sollen …«,
Bamberg 1995. – Georg Dascher, Norbert Harre, Christof Krauskopf, Die
Burg auf dem Schnellerts im Odenwald, Führungsblatt …, Wiesbaden
1998 (Archäol. Denkmäler in Hessen, 142).

Schönberg
Wolfgang Einsingbach, Kreis Bergstraße, Textband u. Bildband, Berlin/
München 1969 (D. Kunstdenkmäler d. Landes Hessen, S. 124–129, Abb.
121–128. – Thomas Steinmetz, Die Burg der Schenken von Erbach auf
dem »schönen Berge« – zur Baugeschichte und architektonischen Ge-

stalt von Burg Schönberg an der Bergstrasse, in: »Der Odenwald« 54, 2007/2, S. 51–78.

Starkenburg
Ferdinand Koob, Die Starkenburg, in: 900 Jahre Starkenburg, Heppenheim 1965, S. 27–123. Wolfgang Einsingbach, Kreis Bergstraße, Textband u. Bildband, Berlin/München 1969 (D. Kunstdenkmäler d. Landes Hessen), S. 235–9, Taf. 376–7. – Thomas Steinmetz, Ein neuer Beitrag zur Baugeschichte der Starkenburg und anderer Burgen der südlichen Bergstraße, in: Geschichtsblätter Kreis Bergstraße, Bd. 19, 1986, S. 139–153.

Stolzeneck
Adolf von Oechelhaeuser, Die Kunstdenkmäler des Grossherzogtums Baden, Amtsbezirke Mosbach und Eberbach, Tübingen 1906, S. 179–182. – Fritz Arens, Die Baugeschichte der Burgen Stolzeneck ... (s. Minneburg!). – Rüdiger Lenz, Geschichte der Burg Stolzeneck am Neckar, in: Eberbacher Geschichtsblatt, 1991, S. 7–40. – Alexander Antonow, Burgen des südwestdeutschen Raums im 13. und 14. Jh. unter besonderer Berücksichtigung der Schildmauer, Bühl/Baden 1977 (Veröff. d. Alemannischen Inst. Freiburg i. Br., Nr. 40).

Strahlenburg
Thomas Steinmetz, unter Mitarb. v. Thomas Biller, Die Strahlenburg bei Schriesheim an der Bergstraße, in: Burgen und Schlösser 1990, Heft 1, S. 7–18.

Tannenberg
Astrid Schmitt, Burg Tannenberg bei Seeheim-Jugenheim/Lkr. Darmstadt-Dieburg, Eine spätmittelalterliche Ganerbenburg im Licht der archäologischen Funde, Bonn 2008 (Universitätsforschungen z. prähist. Archäologie, 151).

Wachenburg
K. Bockelühr, C. Weigandt, Günter Schaaff, Die Wachenburg des WSC, in: 100 Jahre Weinheimer Verband Alter Corpsstudenten 1903–2003, hrsg. v. ... Wulf Thommel, o.O. 2003, S. 41–44.

Waldeck
Georg Eiermann, Kellerei Waldeck, Geschichtliches aus d. oberen Steinachtal, Sonderdruck aus d. Heimatblatt »Das Steinachtal«, Neckarsteinach o.J. (etwa 1944). – Chr. Burkhart, Die Bischöfe von Speyer und Worms, die Lorscher Vögte und die Anfänge der Zisterzienserabtei Schönau im Odenwald im 12. Jahrhundert, Reich, Adel, Klöster u. frühe Bur-

gen am unteren Neckar, in: Zeitschrift für die Geschichte des Oberrheins
156, 2008, S. 1–84. – ders., Der Kraichgauvorort »Brettheim« als Ausstellungsort einer Wormser Bischofsurkunde des Jahres 1152 für Kloster
Schönau im Odenwald, in: Kraichgau 21, 2009, S. 41–56.

Wildenberg
Felix Mader und Hans Karlinger, Die Kunstdenkmäler von Unterfranken
und Aschaffenburg, Bezirksamt Miltenberg, München 1917 (Die Kunstdenkmäler des Königreichs Bayern, Band 3, Heft 18), S. 326–343 (feh-
lerreich, Datierung überholt). – Bodo Ebhardt, Deutsche Burgen, Bd. 1,
Berlin (1898–1902), S. 26–39. – Walter Hotz, Burg Wildenberg im Odenwald, ein Herrensitz der Hohenstaufenzeit, Amorbach 1963. – Thomas
Steinmetz, Die stauferzeitlicheBurg Prozelten und ihre Beziehung zur
Burg Wildenberg, in: Burgen u. Schlösser, 1988, Heft I, S. 22–36. – ders.,
Wolfram von Eschenbach auf Burg Wildenberg – neue Indizien für eine
alte These, in: Wertheimer Jahrbuch 2008/2009 (2010), S. 41–59.

Windeck
Hans Huth, Die Kunstdenkmäler des Landkreises Mannheim ohne Stadt
Schwetzingen, München/Berlin 1967 (Die Kunstdenkmäler Badens,
Bd. 10, Abt. 3), S. 440–449 (mit falscher Datierung).

Zwingenberg am Neckar
Adolf von Oechelhaeuser, Die Kunstdenkmäler des Grossherzogtums
Baden, Amtsbezirke Mosbach und Eberbach, Tübingen 1906, S. 186–
222. – Fritz Arens, Die Baugeschichte der Burgen Stolzeneck ... (s. Minneburg!). – Fritz Arens, Der Steinmetz Heinrich Isenmenger von Wimpfen,
der Erbauer der Burg Zwingenberg, in: Forschungen u. Berichte d. Archäol. d. Mittelalters in Baden-Württ., Bd. 8, Stuttgart 1983, S. 447–451.

Bildnachweis

Sollte es vorgekommen sein, dass Rechteinhaber nicht genannt sind oder nicht ausfindig gemacht werden konnten, bitten wir um entsprechende Nachweise die beteiligten Urheberrechte betreffend, um diese in künftigen Auflagen zu berücksichtigen.

Archiv Thomas Biller: S. 2, 15, 21, 25, 26, 27, 33, 37, 44, 46, 49, 53, 67, 70, 74, 77, 78, 83, 85, 89, 91, 97, 100, 102, 107, 111, 112, 115, 120, 122, 125, 131, 135, 137, 139, 149, 151, 152, 157, 161, 164, 169, 183, 184, 187, 189, 191, 195, 199, 203, 205, 210, 215, 219, 222, 225, 227, 230, 234, 236, 239, 241, 242, Coverbild hinten

Archiv Verlag Schnell & Steiner, Regensburg: Coverbild vorn, S. 93

Stadt Breuberg: S. 208/209

Manfred Czerwinski, Kaiserslautern: S. 63, 81

Germanisches Nationalmuseum Nürnberg: S. 41

Helicolor Luftbild, St. Augustin: S. 8/9

Hochschul- und Landesbibliothek Darmstadt: S. 57

M. Klefenz: S. 145

LMZ RP/Hammer: S. 163

Elisabet Petersen, Regensburg: S. 177, 179

Schlossmuseum Darmstadt: S. 87

Ulrich Spiegelberg, Hirschhorn: S. 142

Stadt Breuberg: S 208/209

Verwaltung der Staatlichen Schlösser und Gärten Hessen: S. 17 (Fotograf: Roman von Götz), 18, 214

Achim Wendt: S. 31, 105, 127